空间集聚与动态效率
从理论到实践

Spatial Agglomeration and
Dynamic Efficiency
From Theory to Practice

陶永亮　著

ZHEJIANG UNIVERSITY PRESS
浙江大学出版社

图书在版编目（CIP）数据

空间集聚与动态效率：从理论到实践 / 陶永亮著. —
杭州：浙江大学出版社，2018.8
ISBN 978-7-308-18427-4

Ⅰ.①空… Ⅱ.①陶… Ⅲ.①区域经济发展—经济发
展战略—研究—中国 Ⅳ.①F127

中国版本图书馆 CIP 数据核字（2018）第 160994 号

空间集聚与动态效率：从理论到实践

陶永亮　著

责任编辑	吴伟伟　姚　嘉
封面设计	续设计
责任校对	杨利军　郑成业　董齐琪
出版发行	浙江大学出版社
	（杭州市天目山路 148 号　邮政编码 310007）
	（网址：http://www.zjupress.com）
排　　版	杭州中大图文设计有限公司
印　　刷	杭州钱江彩色印务有限公司
开　　本	710mm×1000mm　1/16
印　　张	13
字　　数	254 千
版 印 次	2018 年 8 月第 1 版　2018 年 8 月第 1 次印刷
书　　号	ISBN 978-7-308-18427-4
定　　价	48.00 元

前　言

对经济系统发展趋势的分析,有两个维度不可或缺:一个是时间维度,即从时间轴上来看,经济体中长期增长趋势如何,增速是上升、下降抑或是围绕某个区间波动;另一个是空间维度,即从地理空间上来看,经济系统的空间分布状态如何,是更加集聚还是更加分散,向何处集聚又向何处分散。对这两个问题的回答构成了我们分析一个经济体发展趋势的基本框架,也是决策者所重点关注的内容。主流经济学家对前者的研究由来已久,而对后者的研究直到 20 世纪 90 年代初才逐渐形成和发展。事实上,经济活动的空间集聚现象在现实生活中非常普遍,我们从不同层面都可以观察到。从全球层面来看,自 20 世纪 80 年代以来的 30 年中,北美自由贸易协定区(NAFTA)、欧盟(EU)27 国以及东亚这三个区域的产值总和一直保持在世界总产值的 70％以上。从国家层面来看,美、日、欧等发达国家的经济活动呈现出明显的空间集聚趋势〔如土地面积仅占日本国土面积 10.4％的三大城市群经济圈(即东京圈、名古屋圈和阪神圈),其人口却占全日本的 48.6％,地区生产总值占全日本的 66.2％,工业占全日本的 68.9％〕。这些经验事实表明,经济集聚是世界经济发展过程中的普遍现象,它不仅表现在全球层面,也表现在世界主要经济体内部的地区层面。

一个有趣的发现在于,经济系统在空间维度上的集聚与时间维度上的增长具有密切的联系。自工业革命以来,经济活动的空间集聚就与现代经济增长相伴而生:从时间维度上来看,经济产出持续增长,经济结构不断优化提升;从空间维度上来看,经济活动不断向少数区域集聚。经济活动在时间和空间上的这些演进特点之间不应该是独立的。关于集聚与增长关系的研究也吸引了大量全球顶尖经济学家们的关注,如马歇尔在 1920 年出版的《经济学原理》中就指出,集聚可以通过共享劳动力市场,降低中间投入品成本,促进技术外溢等提升效率。遗憾的是，由于分析工具的缺乏，直到 20 世纪 90 年代，关于产业集聚与经济增长的研究才真正进入了主流经济学家们的视野。目前已有大量经验研究从不同角度对集聚与增长的关系进行了研究，研究者们普遍认为集聚与增长之间存在着复杂的联系机制，但对经济集聚与经济增长之间的相互作用机制并未达成一致。如早期的很多研究认为产业集聚对经济增长有促进作用，而一些新的经验证据指出空间集聚与经济增长之间具有非线性关系，对此现有理论研究并没有给出让人满意的解释。

就中国的经济发展来看，如果把其比作一辆高速行驶的列车，那么以大都市圈为核心的城市群就是这辆列车的发动机。大都市圈与城市群通过集聚大量的人才、资金、技术、信息等高端要素，成为创新活动的最重要的承载地，拉动着整个中国的产业转型升级，同时也不断地吸引着其他地区人口向其集聚。以我国五大城市群（京津冀城市群、长三角城市群、珠三角城市群、长江中游城市群、成渝城市群）为例，五大国家级城市群以我国东部沿海和长江流域为轴，面积 102 万平方公里，占全国 10.6% 的面积，聚集了全国 40% 的人口和全国 52% 的 GDP，其 GDP 量足足占据"半壁江山"。值得指出的是，由于区域和城乡差距常常与经济集聚相伴而生，这也使得经济集聚在我国备受争议，经济集聚已经不仅仅是一个经济问题，也是一个政治问题。特别是随着中国特色社会主义进入新时代，我国社会主要矛盾已经转化为人民日益增长的美好生活需要和不平衡不充分的发展之间的矛盾。

除了受市场自发力量所驱动，经济活动空间分布还在很大程度上受区域政策所左右。也许是受多年从事决策咨询工作的影响，我认为在谈论政策与市场的问题时应十分谨慎。经济学所要解决的，就是在约束条件下的最优决策问题，这也是市场力量驱动经济运行的基本逻辑，也就是说，在做最优决策之前，必须清楚我们所面临的约束条件。在参与浙江省大量区域规划编制与课题研究的过程中，我对现实世界的理解不断加深，并且深深地认识到，市场一定是根植于特定的制度环境与产业环境之中的，它不会存在于一个真空的没有摩擦的世界里。政策研究和学术研究的一个重要区别在于，前者侧重于在实际中可以怎么做，而后者则侧重于如何在理论上实现最优。因此，政策的制定必须基于对现实世界的深入研究，尤其是要了解影响制度变迁的约束条件所在，很多看似有着"帕累托改进"的政策，由于巨大的不确定性或者短期的阵痛，往往难以实施。

区域政策对经济活动空间分布的影响大体可以分为三个方面。首先是区域一体化政策。区域一体化问题为什么重要呢？可以这样说，如果整个空间在各个领域都高度一体化了，那么经济的空间分布问题也就不存在了，因为经济活动在任何区域分布都是无差异的。一体化作为影响经济活动空间分布的重要变量,在现实世界中政府是其主要推动者,而在主流的经济学理论中,它往往被作为一个外生变量处理。本书无意批评主流经济学的这种模型处理方式,但我们认为一体化在分析空间经济问题时应当占有更加重要的地位,其背后政府主体所面临的约束条件与政策手段同样值得我们重视。区域与城市经济一体化从来都不是一个简单的概念,而是涉及交通、物流、金融、商务、投资、财政、边检、海关等众多部门和多个行政主体的复杂内容。每一项致力于推进区域与城市经济一体化的政策都需要众多纵向行政部门和横向行政主体之间反复的协商谈判。以浙江都市圈建设为例,从全国来看,浙江的市场一体化程度一直位居全国前列,但在有关浙江都市圈的研究中,我们发现,从通勤一体化、水电等重大基础设施的共建到区域产业链构建、通关一体化、环境保护的协同再到教育、医疗、公共交通等的同城化,在都市圈层面都存在着较大的分割,如何破解这些分割将会涉及众多不同的行政部门,工作难度之大超乎想象。

其次是针对落后地区的区域扶持政策。这也是我们平时最容易联想到的区域政策,其余的如西部大开发、振兴东北老工业基地、中部崛起等都是国家战略层面上的重大区域政策。这类政策主要依托大规模的转移支付而实现,已有的一些研究成果表明,这类政策虽然对提升落后地区的经济增长速度有一定帮助,但是其可持续性仍然存疑。随着我国对平衡发展的重视程度越来越高,可以预见的是,在未来一个时期,致力于促进区域与城乡平衡发展的政策将会不断出台。最后,政府还常常通过打造增长极来促进集聚与增长。从空间视角看,政府促进经济增长的政策抓手,往往需要依托一定的功能平台作为政策实现的载体。这些功能平台往往也是带动地方经济发展的增长极核,常见的有各类试验区、示范区、国家级新区、自贸区,也包括开发区,等等。在政府的引导下,不仅各类基础设施会优先服务于这些功能平台的发展,而且大量的产业、资本、人才也会加速向这些平台集聚,甚至很多改革、开放的政策也会在这些地方先行先试,从而进一步强化产业、资本与人才在这些平台的集聚。随着经济的发展,这些平台区域不可避免地又会遇到各种各样的问题,于是,为了更好发挥这些平台区域增长极的功能,各级政府往往又会进一步赋予这些平台各类政策先行先试的权力,如此便形成了一种"政策特区—要素集聚—经济增长—制度瓶颈—新的改革政策—进一步集聚—新一轮增长"的正反馈机制。事实上,就我国区域发展实践来看,区域经济发展比较好的地区,往往也是享有先行先试政策比较多的地区,当然也有可能是因为享有先行先试的政策才使得这些地区发展比较好。但无论怎样,政策平台对于中国区域经济发展而言,都是非常重要的。

本书共分为三个部分。第一部分是文献回顾与评述,按照"现象—影响—政策效果"的路径,对关于中国经济集聚的经验进行了全面的总结和评述。研究认为,关于空间集聚与地区差距之间的关系已经达成了比较多的共识:一方面,人们逐渐认识到空间集聚是一种普遍现象,转移支付虽然在短期能够对缓解地区差距起到一定效果,但是从长远来看,消除控制商品和要素跨区域流动的制度性壁垒,促进商品和要素市场一体化才是关键。另一方面,现有研究对空间集聚和经济增长相互关系的看法还存在较多分歧,这部分内容也构成了本书重点研究的对象。第二部分是理论框架与实证检验,主要针对空间集聚与经济增长之间存在的分歧,发展了一个可以同时解释上述两种经验现象的理论框架,并以区域一体化和全球一体化为切入点,着重探讨影响空间集聚与经济增长及其相互关系的条件,然后利用此框架对我国区域经济发展过程中面临的"空间平等与动态效率权衡"的问题展开讨论,并引入中国城市层面的数据对提出的理论假说进行检验。第三部分是区域政策实践与展望,主要围绕国内外以及浙江省的一些重大区域发展战略展开讨论,并提出了一些有针对性的政策建议。总体来说,本书的研究意义在于不仅能对现有区域和城市经济发展的理论文献有所补充,同时也能为中国当前乃至下一阶段区域和城市经济发展的实践提供政策参考。

关于产业集聚与经济增长的研究是热点更是难点,特别是对于研究中国问题的学者而言,我国所倡导的平衡发展理念与经典经济学理论之间似乎存在着巨大的争议,如何理解它们之间的关系对于制定我国下一阶段的区域政策意义十分重大,也充满挑战。本书仅仅是对这个庞大领域的一次探索,如果书中的一些观点能够给读者带来一些启示,我将倍感荣幸。当然,受学识所限,书中难免出现这样那样的疏漏,也恳请读者不吝批评指正。

目 录

第一章 绪 论

第一节 研究的背景和意义

一、理论背景和意义

工业革命以来,经济活动的空间集聚是伴随现代经济增长的重要事实之一:(1)在时间维度上,经济产出持续增长(Romer,1986);(2)在空间维度上,经济活动不断向少数区域集聚(Krugman,1991a)。

主流经济学家对前者的研究由来已久。事实上,从经济学诞生之日起,经济学家们就从未间断过对经济增长原因的探索,亚当·斯密的《国富论》即是对这一问题展开研究的先行作品,并由此奠定了现代经济学的基石。而主流经济学家对空间问题的研究直到20世纪90年代初才逐渐形成和发展。事实上,经济活动的空间集聚现象在现实生活中非常普遍,我们从不同地理尺度都可以非常容易地观察到。从全球层面来看,根据世界银行2009年出版的《世界发展报告》,NAFTA(北美自由贸易区)、EU(欧洲联盟)和日本,三者的总人口不到10亿,却聚集了全世界75%的财富。从国家层面来看,世界范围内绝大多数国家和地区的经济活动也呈现出明显的空间集聚趋势。在更小的地理尺度上,不难发现一些特定的行业在地理空间上高度集中,如深圳面积仅为广东省的1.1%,但2014年深圳金融业增加值却占广东全省的49.3%,其中,福田区占深圳3.9%的土地面积,却贡献了占全市48.8%的金融业增加值。

新经济地理学(new economic geography,简称NEG)研究的就是关于经济活动空间集聚及其形成机理的问题。虽然空间经济学[①]有着长久的历史[②]，但是关于经济活动空间问题的研究却长期被主流经济学家所忽视。这并不是历史的偶然：由于空间经济学本身的某些特征，它从本质上就成为主流经济学家掌握的那种建模技术无法处理的领域（梁琦，2005），而经济学又总是倾向于沿着一条不抵制数学的方向发展（Krugman，1991a）。直到20世纪90年代，Krugman（1991a，1991b）以规模经济、垄断竞争和运输成本为基石构建的理论模型成功地解释了经济活动的空间集聚现象，空间经济学才进入了主流经济学家的视野，这同时也标志着新经济地理学的诞生。

新经济地理学诞生以后在学术界和公共政策研究领域都获得了很大的发展。在学术界，Krugman在2008年获得诺贝尔经济学奖标志着主流经济学界对新经济地理学的认可和重视；在公共政策制定领域，世界银行在2009年从新经济地理学的视角对全球经济地理格局展开了研究，并发布了《重塑世界经济地理》的发展报告。

虽然在过去二十年中，新经济地理学获得了较快发展，但却仍然远远不够[③]，尤其是关于新经济地理学动态理论方面的研究十分匮乏。无可否认，关于经济活动在时间维度上的增长问题和空间维度上的集中问题是混合在经济发展过程中难以分离的两个维度，并且现有研究证实二者之间确实存在着复杂而又紧密的联系渠道，然而人们对二者之间相互作用的关系仍然并不十分清楚。这主要表现在以下四个方面：第一，无论是从理论上还是从实证上来看，人们对空间集聚和经济增长相互关系的认识并未达成一致。总体来看，早期的研究者倾向于支持空间集聚促进经济增长，代表性的经验研究和理论研究分别有 Ciccone 和 Hall（1996）、Martin 和 Ottaviano（1999）。近来的一些研究则倾向于认为空间集聚与经济增长的关系依赖于一定的条件，代表性的经验研究和理论研究分别有 Bruhlart 和 Sbergami（2009）、

---

① 《新帕尔格雷夫经济学大辞典》对"空间经济学"的解释为：空间经济学研究资源的空间配置和经济活动的区位选择问题。从这个意义上来说，空间经济学包含了所有经济学分支中与空间维度有关的内容，如国际贸易问题、城市经济问题和区域问题等，自然也就包括了新经济地理学。事实上，Fujita 和 Mori（2005）在其发表的关于新经济地理学的综述中就明确指出，新经济地理学代表了空间经济学的一个最新分支。

② 新经济地理学的理论渊源最早可追溯到19世纪古典经济学家对于农业区位选择的研究，即冯·屠能（Von Thünen）于1826年出版的《孤立国同农业和国民经济的关系》（简称《孤立国》）。在此之后，韦伯于1909年出版的《工业区位论》也对区位理论进行了系统的讨论，并发展成了空间经济学的另一流派（梁琦，2005）。

③ 即使是现在，很多经济学入门教材仍在描述一种因为没有城市和区域从而没有空间维度的"完美"经济（殷广卫，2009）。

Cerina 和 Muredd(2012)①。第二,关于空间集聚与经济增长新的经验证据,即空间集聚与经济增长之间的非线性关系,现有理论研究并没有给出让人满意的解释②。总体来看,现有理论研究倾向于强调集聚对经济增长的促进作用,但是却忽视了空间集聚不利于经济增长的可能。第三,虽然有一些研究探讨了空间集聚与经济增长相互作用的机制,但是却少有相应的经验研究对这些机制进行检验(赵婷,2012)。第四,关于不同维度的区域壁垒问题。现有新经济地理学研究对空间问题的讨论主要集中在商品贸易成本上,就集聚与增长相互关系的讨论,现有理论研究主要强调了在不同的商品贸易成本水平下,产业集聚与经济增长及其相互关系的均衡情况,但是却忽略了区域壁垒的其他维度,包括区域间资本流动和知识流动对空间集聚与经济增长及其相互关系的影响③。本书的研究认为区域壁垒是区域问题中的核心概念,在极端情况下,如果区域壁垒完全不存在,那么整个空间就可以蜕变成一个点,商品与要素在经济系统中的任何位置进行交易都不会因为距离而产生成本,那么经济活动的空间分布问题也就不存在了,而这显然与现实相去甚远。同时,区域壁垒也是一个多维度的概念,对不同维度的区域经济一体化进程以及对产业区位分布的影响都大不相同。例如,海运的兴起极大地降低了商品在不同国家和地区间的运输成本,但是对于资本流动的影响不大;再比如,无线电话的普及极大地加快了知识在不同区域间传递的速度,但是对商品运输成本的影响却非常微小,并且海运的兴起与无线电话的普及这两个事件之间并没有任何内在的联系。鉴于空间集聚和经济增长问题目前在学术界还存在着较大的争议和空白,因而从空间和时间两个维度出发探讨经济活动空间分布对经济增长的影响无疑是前沿的和新颖的。

---

①　这方面的研究还非常少,并且这些研究对于影响空间集聚与经济增长相互关系的条件也未达成共识,甚至呈现出理论研究的结论没有经验研究证实,经验研究的结论又没有理论研究支撑的窘境。

②　已有经验研究发现空间集聚与经济增长的关系与经济发展水平相关:当人均 GDP 较低时,空间集聚促进经济增长;当人均 GDP 较高时,空间集聚不利于增长。然而并没有理论研究能够对这一现象做出解释。

③　这一方面是因为商品是有形的消费品,对商品运输成本的研究由来已久,如萨缪尔逊(Samuelson)于 1954 年提出的"冰山运输成本"概念,在很多研究领域都有着广泛的应用,然而对资本流动成本和知识溢出的研究相对要少得多;另一方面是因为在新经济地理静态模型中,关于资本流动壁垒和知识溢出等概念几乎都没有被提及。

二、现实背景和意义

自改革开放以来,中国经济活动的空间集聚程度不断提高。从全国层面来看,以中国省际工业总产值的 HHI 指数(赫芬达尔—赫希曼指数)为例,1978 年中国 31 个省、自治区、直辖市的 HHI 指数为 557.31,2009 年该指数为 729.44,提高了 30.89%[①]。从区域层面来看,2009 年占全国土地面积不到 3%的长三角——江、浙、沪两省一市集聚了 31 个省、自治区、直辖市 22.14%的工业总产值,完成了 40.87%的出口贸易和 43.06%的进口贸易,创造了 21.29%的 GDP。

与中国经济向少数区域集聚相伴随的是经济的高速增长。在中国区域经济版图中,经济活动最为活跃的三大经济圈(长三角经济圈、珠三角经济圈和环渤海经济圈),既是产业集聚的中心,也是推动中国经济发展最重要的引擎。经济总量的持续增长与经济向少数地区集聚之间的正相关关系绝非是偶然的。经济集聚至少通过以下几个方面有利于经济效率的提高:(1)劳动力市场共享,在企业向少数特定区域与城市集聚的过程中,工人为了寻找到更好的就业机会,便会向这些区域集中,工人的集中有利于企业更便捷高效地雇用到合适的工人,这又会吸引企业继续向这些区域集中,这样就形成一种正反馈机制,因为在这样一个过程中,可以同时降低企业和工人的搜寻成本;(2)低成本中间投入品的提供,产业的集中为专业化供应商带来了广阔的市场,可以吸引大量专业化的供应商在这些区域集聚,与此同时,专业化供应商的集中反过来也会使这个产业更有效率;(3)技术外溢,信息在当地流动比远距离流动更加容易,产业的集中可以使人们更容易获得有关这个行业的最新的知识,从而有助于生产效率的提高(Marshall,1920)。

虽然,经济活动空间集聚对经济增长有明显的促进作用,但是在经济集聚的过程中,往往伴随着空间不平等程度的扩大,这使得生活在不同区域的人们生活福利水平呈现较大差距,从而让经济集聚现象受到广泛争议。在我国,大量经验研究表明,自 20 世纪 90 年代初以来,地区差距扩大趋势非常明显,成为我国居民收入差距扩大的重要原因之一(陈秀山和徐瑛,2004;管卫华等,2006;Wan et al.,2007;万广华等,2005;王小鲁和樊纲,2004;魏后凯和

[①] 在计算中国 31 个省、自治区、直辖市的工业总产值的 HHI 指数时,为了统一统计口径,将重庆和四川合并计算。

孙承平,2004;许召元和李善同,2006;等等)[①]。

为了促进我国区域经济协调发展,缩小地区差距,进入21世纪以后,中央政府先后实施了"西部大开发""振兴东北等老工业基地"和"中部崛起"等区域均衡发展战略,在中西部地区加快基础设施建设,加强生态环境保护建设,积极调整产业结构,加大改革开放力度等。从2000年至2009年9月,中央财政向西部地区下达中央建设投资累计达5507亿元,并适当提高了对西部地区项目补助比例,使中央预算内基本建设资金和国债项目资金用于西部基础建设的投入不断增加。一些研究认为,这些区域政策对缓解区域差距起到了一定的效果(魏后凯和孙承平,2004;许昭元和李善同,2006),尤其是在2004年之后,以东部地区与中西部地区的人均GDP比值来衡量的地区差距呈现出一定幅度的下降趋势(刘生龙等,2009)。

关于中国区域发展战略的讨论,似乎有两条路径可供选择。一条是通过加大对中西部地区、中小城市等的扶持力度,引导劳动、资本和产业等向欠发达地区流动,从而实现共同富裕,如西部大开发战略、振兴东北老工业基地等;另一条是继续推进经济向沿海地区和大城市集聚,使大城市获得更加持久与高速的增长,并充分发挥大城市的溢出效应,使广大内陆地区和中小城市共享经济发展的成果,从而实现在集聚中走向人均意义上的平衡。值得指出的是,虽然这两条路径似乎都为中国经济的未来描绘了一幅美好蓝图,但是这两条发展路径似乎又都遇到了一些问题。第一条路径虽然可以使中西部地区和中小城市获得相对更快的发展,但却有可能牺牲东部沿海地区和大城市的发展,继而使中国失去进一步增长的动力源泉;第二条路径虽然有利于东部沿海地区和大城市继续实现高速的发展,但却有可能使广大内地以及中小城市陷入非常贫穷的境地,甚至不利于社会稳定。

我们认为对中国区域发展战略的讨论,必须要结合中国区域与城市发展的背景以及经济发展的阶段[②],在此基础上,必须要对以下问题做出回答:第

---

① 需要指出的是,上述研究中除 Wan et al.(2007)和万广华等(2005),大部分研究并没有严格区分地区间的收入差距和人均 GDP 差距。严格来说,收入差距和人均 GDP 差距是两个不同的概念。就本书而言,一方面详细讨论二者之间的区别已超出了本书范围;另一方面就本书所讨论的主题来看,人均 GDP 差距的变动已经提供了足够的信息。因此,在本书后面的论述中,将不再对人均 GDP 差距和人均收入差距做严格区分。

② 中国目前正处于重塑经济地理格局的关键时期,在这一时期中国呈现出两大特点:从区域层面来看,沿海地区土地、劳动力等要素成本不断上升,产业结构调整和优化升级压力不断增大,以劳动密集型产业为代表的传统产业向内陆地区转移的步伐加快。从城市发展来看,中国还处于城市化进程的中期,在今后一段比较长的时期内还会有大量的农村人口涌向城市,如何引导和规划未来中国城市规模的布局对政府来说是一个挑战。

一，中国经济的空间集聚程度是不是真的过大？经济活动向沿海地区的集聚是不是要为地区间人均收入差距扩大负主要责任？以"西部大开发"为代表的一系列区域发展战略对重塑中国区域经济版图起到了什么效果？第二，从理论上来说，通过以上两种发展路径是否真的都能实现共同富裕的目标？[①]动态效率和空间平等是否可以实现兼顾，如果能，那么实现这种均衡的条件是怎样的？第三，从中国区域经济发展的实践经验来看，空间集聚与经济增长之间的相互关系以及作用机理是怎样的？[②] 在中国经济发展过程中，空间集聚与经济增长的关系是否发生了变化？如果是，那么发生这些变化的原因何在？这些问题的回答和解决无疑为我国协调区域经济发展，选择最佳的城市化发展路径提供了参考。

第二节　研究方法

本书主要采用理论研究和实证研究相结合的研究方法，同时又辅之以跨国比较研究作为支持。之所以采用跨国比较研究是因为，国际比较历来是我们审视中国问题的一个重要视角，尤其是对中国这样的发展中国家而言，发达国家的城市与区域经济发展经验、产业发展经验以及经济增长路径等都可以作为我们分析中国当前发展形势的一个标杆。通过国际比较，我们可以对中国当前城市与区域经济发展形势进行判断，并对未来进行预测。此外，就空间集聚与经济增长这个研究领域而言，国内的研究还比较少，而国外的研究则相对比较丰富，这也恰恰说明了在中国进行空间集聚与经济增长的相关研究，具有重要理论和实践价值。

在理论研究方面，主要是结合我国区域经济发展的现状和新经济地理与

---

① 也就是说，是否存在一种理论框架，在这个框架中，空间平等与动态效率是可以同时实现的。

② 事实上，已有一些文献对中国空间集聚和经济增长的关系进行了探讨，但这些文献存在着如下几个方面的问题。第一，很多研究使用的数据是 2005 年之前的，尤其是国外几项颇具影响的研究，如 Au 和 Henderson（2006）、Henderson（2007）等，他们所得结论基于的资料更是中国 2000 年以前的数据。然而自 2000 年以来，不仅中国的经济社会获得了极大的发展，而且中国的区域经济格局和城市化水平也发生了显著的变化。因而如果过分强调使用较早数据得出的结论，以指导当前中国区域经济发展的实践，可能是有失偏颇的。第二，早期的很多研究忽视了空间集聚和经济增长的非线性特征，这与新经济地理理论研究并不相符，因而计量模型的设置可能并不恰当。第三，许多针对中国城市经济集聚问题的研究，使用的大多是户籍人口数据，而非常住人口数据，由于在经济实际运行的过程中，与经济系统发生直接作用关系的是常住人口，而非户籍人口；因而使用户籍人口数据对中国城市经济集聚程度进行评估存在一定的问题。

增长理论(简称 NEGG 理论),构建新经济地理动态模型并对其进行分析。由于这类模型求解往往比较困难,甚至很多都无法获得解析解,因而在求解的过程中,我们采用了分类处理的方式:对于能够求解模型解析解的情况,通过获得解析解进行分析;对于无法得到解析解的情况,则综合运用隐函数等分析方法得到模型达到均衡时的主要性质;对于难以运用隐函数进行分析的情况,主要采用了数值模拟的分析方法,这也是在空间经济学领域较常使用的一种研究方法[①]。

在实证研究方面,本书主要依托于已有框架,对中国经济集聚的趋势和影响等进行检验。与以往研究相比,重点强调了以下两个方面:一是空间集聚与经济增长之间具有非线性特征;二是随着经济发展水平以及基础设施等配套水平的提高,中国空间集聚的状况及其影响等都正在发生变化。

第三节　主要创新点

第一,综合考虑三种不同区域壁垒,构建新经济地理动态理论模型,从理论上解释了在经济发展的不同阶段,产业集聚对经济增长作用效果方向发生变化的原因。研究认为在经济发展的过程中,随着促进人员流动的交通基础设施和通信基础设施等的发展,强化了区域间的知识溢出,同时削弱了要素集聚对经济增长的促进效果。另一方面,随着区域与城市集聚度的提高,空间集聚的成本在不断增加。在这样一个此消彼长的过程中,最终集聚的成本将会超过收益,于是空间集聚对经济增长的作用也从促进转变为抑制。

第二,在同一框架内探讨了三种不同区域壁垒对产业集聚、经济增长以及地区差距的影响。研究表明,三种不同区域壁垒既相关又互相区别,而且三种区域壁垒对经济系统的影响有很大不同,比如商品市场一体化有利于促进产业集中布局,而知识溢出则有利于产业分散布局。因此,当我们在讨论区域一体化政策及其影响的时候,必须要谨慎,不加区分地讨论区域一体化及其效果不仅在理论上有失严谨,而且在实践中可能造成重大政策失误。

第三,利用本书构建的新经济地理动态分析框架,从理论上我们就中国区域经济发展面临的动态效率和空间平等问题展开讨论。本研究认为动态

---

① 如克鲁格曼等人在《空间经济学——城市、区域与国际贸易》(*The Spatial Economy: Cities, Regions, and International Trade*)一书中建立的所有模型,都是借助于数值方法来解决的(梁琦, 2005)。

效率与空间平等这两个目标之间并非总是冲突的,在产业不断集聚的过程中,发达地区和欠发达地区居民福利可能会呈现出三种不同的变化组合:发达地区居民福利增加,欠发达地区居民福利减少;发达地区居民福利增加,欠发达地区居民福利增加;发达地区居民福利减少,欠发达地区居民福利减少。然后本研究给出了上述每一种组合出现时所依赖的条件。这是对已有研究的进一步补充和完善,它既展示了理论上确实存在两者在集聚中实现双赢的可能,也警示政策制定者两者过度集聚或者分散都可能导致双输的困境。

第四,结合已有的两区域新经济地理动态模型和两国多地区新经济地理静态模型,本书首次发展了一个两国三地区的新经济地理动态框架,从而可以在同一框架内分析不同的经济一体化政策对经济增长和居民福利的影响。在此框架中,不仅可以同时分析区域经济一体化和国际经济一体化对产业集聚与经济增长的影响,而且研究结论也颠覆了静态模型的一些观点。

第五,采用中国地级市层面的面板数据,本书的研究证实了空间集聚与经济增长之间的非线性关系。具体来说,以人均国内生产总值4.57万元为临界点,当经济发展水平处于临界点之下时,集聚促进增长;当经济发展水平处于临界点之上时,集聚不利于增长。然后进一步对空间集聚非线性效应产生的机制展开了研究,同时对本书所提出的理论假说进行验证。研究证实了在经济发展的过程中,交通基础设施的改善、移动电话普及率的提高,以及科研人员占总人口比重的增加,将会提升区域间知识溢出的水平,从而削弱集聚对增长的促进作用。

第六,就笔者所知,本书首次分析了政府政策对集聚与增长的影响及其作用机制,政府通过建立各种经济发展平台来实施政策,集聚与增长及两者之间的相互关系也在这些平台中得到了充分的体现。与市场力量自发形成的集聚相比,通过政策手段产生的集聚更为直接、见效更快,政府通过对一个地区进行规划使其发展,给予该地区基础设施、土地、财政、税收等方面的支持,将会促进产业、资本、人才在此集聚,产业、资本、人才的集聚通过发生一系列化学反应,实现了很好的增长。并且当这些区域在发展中不可避免地遇到各种新的问题时,各级政府往往又会进一步赋予这些平台各类政策先行先试的权力,如上海、深圳等地,从最早的经济特区、浦东新区,到后来的国家自主创新示范区、自由贸易试验区,它们既是我国经济发展水平最高的地区,也是最先享受各类改革开放政策的地区。从地方政府的视角,我们似乎看到了另一条不一样的集聚与增长的循环链条,即"政策特区—要素集聚—经济增长—制度瓶颈—新的政策—进一步集聚—新一轮增长"。

第四节　基本结构和框架

本书从新经济地理学的视角出发,总体上遵循了从现象到理论、再从理论到实证、最后从实证一般规律到区域政策实践的研究思路,我们希望能够利用区域经济学发展的一些最新理论,结合全球经济贸易发展的新形势,为政府在全球新一轮开放发展中的战略选择提供一些意见与建议。全书共分为九个章节,除本章绪论,余下各章节主要内容如下:

第一部分包括第二章和第三章,是本书的文献回顾与评论部分。其中,第二章为新经济地理学理论文献综述部分。首先对最初始的中心—外围模型进行了讨论,然后以此展开,讨论了初始中心—外围模型的一些拓展情形,重点是将原有两区域模型框架拓展到了多区域。在对静态模型有了比较充分讨论的基础上,继而转向对新经济地理动态模型的讨论,这里我们主要讨论了新经济地理学与增长理论的两大分支,即基于物质资本积累的 NEGG 模型和基于人力资本积累的 NEGG 模型,并分析了在上述两种不同的资本积累方式下,空间集聚与经济增长、区域差距之间的关系。最后从新经济地理学视角对一些典型的区域政策的效果进行了回顾。第三章按照现象—影响—政策效果的路径,对中国空间集聚的经验进行了全面的研究和总结,主要围绕空间集聚产生的影响和带来的问题展开讨论。通过本章可以看出关于空间集聚和区域差距的问题已经达成了一些共识,然而关于空间集聚和经济增长的相互关系仍然存在着比较多的争议。关于空间集聚与区域差距相互关系的共识主要体现在:研究者们逐渐认识到空间集聚并不必然导致区域差距扩大,转移支付对在短期内缓解地区差距可以起到一定效果,但是从长远来看,消除限制商品和要素跨区域流动的制度性壁垒,促进商品和要素市场一体化才是实现区域协调发展的关键。关于空间集聚和经济增长相互关系的分歧则主要体现在:虽然很多文献支持了空间集聚促进经济增长的命题,但是也有一些文献认为二者之间的关系存在某个临界值,即在这个临界值之下,空间集聚促进经济增长,在这个临界值之上,空间集聚不利于经济增长。

第二部分包括第四章至第六章,是本书的理论研究框架与实证检验。其中,第四章针对空间集聚与经济增长之间关系存在的分歧,发展了一个综合三个维度区域壁垒的两区域动态模型,从而对以上分歧进行了解释。模型的均衡主要是由三种不同维度的区域壁垒所决定的,即商品流动壁垒、资本流动壁垒和知识流动壁垒[①]。本章的内容可以分为三个方面:首先探讨了在经济发展的过程中,空间集聚与经济增长的关系是如何变化的,从而得以在同一框架内对不同的经验研究结论进行解释;其次分析了三种不同维度区域一体化对产业集聚和区域差距的影响;最后利用本章的框架,进一步对产业集聚的福利效应展开讨论,指出在产业集聚的过程中,发达地区和欠发达地区居民的福利可能呈现"一输一赢""双赢"和"双输"三种可能性,并给出了每一种可能性出现的条件。第五章在两区域新经济地理动态模型的基础上引入了"外国",从而可以在同一框架内分析不同的经济一体化政策对经济增长和各地居民福利的影响。研究表明国内经济一体化和国际经济一体化对于产业空间分布的影响有很大不同,由此引发的对增长的影响也大为不同。然后进一步在此框架下分析了国内经济一体化和国际经济一体化对不同国家和地区居民福利的影响,研究结论颠覆了传统静态模型的看法。第六章采用2003—2011年中国286个地级城市的数据,对本书理论部分提出的假说进行了验证。为了使本书的结果更加稳健,我们构建了两种不同的集聚指标,对城市经济集聚与经济增长的关系进行检验。在计量模型的设置上,强调了空间集聚与经济增长之间的非线性特征,实证结果证实了理论部分提出的假说。

第三部分包括第七章和第八章,主要是针对全球和中国开放型经济发展的一些新变化开展的政策性研究,希望能够为推动我国区域经济更好发展提供一些有价值的参考。其中,第七章结合自金融危机以来的全球贸易保护主义有所抬头的现象,深入讨论了中国为应对新一轮开放发展而提出的最新的几项国家战略,主要包括"一带一路"倡议、长江经济带战略、自由贸易试验区战略和以城市群为主体形态深入推进新型城镇化建设的城市发展战略。在对这些战略进行深入分析的基础上,我们结合前面章节中的理论结论,提出了一些能够更好推进这些国家战略实施的意见与建议。第八章我们从地方政府层面探讨了省级政府如何能够抓住新一轮开放发展的机遇参与全球竞争,并重点选择浙江省为研究对象,从两个方面进行分析。一是要打通与国家战略之间的战略通道,既包括基础设施的通道,也包括体制通道。二是要打造自身的开放极核,重点就是要形成一个能够有效应对国际新规则、特色明显和监管高效的国际投资贸易新高地。

第九章是结束语。对以上各章节内容进行总结,并根据研究结论提出相

---

① 严格来说,区域壁垒中还应包括制度性壁垒。但是为了表述的方便,并根据新经济地理学的研究特点,在本书以后的论述中,除非特别说明是制度性壁垒,否则区域壁垒即指商品流动壁垒、资本流动壁垒和知识流动壁垒。

应的政策建议,最后在本章的结尾指出本书中存在的不足和进一步可能的研究方向。

　　本书的研究思路与框架结构如图 1.1 所示。

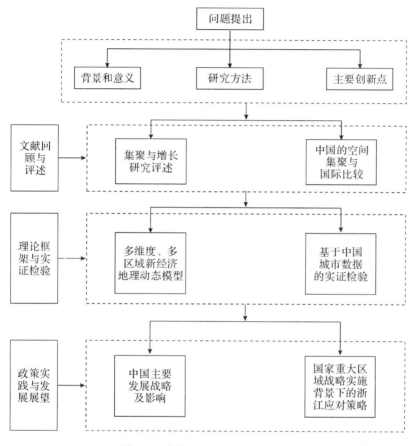

图 1.1　本书研究思路与框架结构

第二章 集聚与增长研究评述

第一节 新经济地理学的兴起

新经济地理学的理论渊源最早可追溯至 19 世纪古典经济学家对于农业区位选择的研究。冯·屠能（Von Thünen）于 1826 年出版《孤立国同农业和国民经济的关系》（简称《孤立国》），该书探讨了一个由城市及其周边农业区组成的孤立国中农业生产的区位选择问题。令人遗憾的是，直到 20 世纪 90 年代初，人们对经济地理问题的研究一直处在主流经济学界的外围（Krugman，1991b）。Krugman 认为主流经济学忽略经济活动的区位选择问题缘于一个关键的技术难题：如何思考市场结构？从本质上讲，对于经济活动区位选择问题的讨论必须偏离规模报酬不变和完全竞争的新古典范式。只要经济学家缺乏分析工具来严谨地思考收益递增和不完全竞争，那么对经济地理的研究就会徘徊于主流之外。所幸的是，迪克西特和斯蒂格利茨（Dixit 和 Stiglitz，1977）通过一种巧妙的简化处理将规模报酬递增和不完全竞争市场成功地纳入到一般均衡的分析框架中，为新经济地理学的诞生扫清了技术障碍。基于 Dixit-Stiglitz 模型的技术处理，Krugman（1991a，1991b）以规模经济、垄断竞争和运输成本为基石构建的理论模型成功地解释了经济活动的空间集聚现象，这标志着新经济地理学的诞生。与研究经济活动区位选择的传统范式不同，新经济地理学更加注重对个体选择和市场出清之间微观基础的刻画：要素及产品在区域间的流动取决于集聚力量（agglomeration forces）和分散力量（dispersion forces）的相对强弱，从而经济活动的空间集聚在模型中是被内生决定的（朱希伟和陶永亮，2011）。本章将对新经济地理学的经典理论进行回顾,并围绕产业集聚与区域协调问题展开讨论。

第二节　一个基本的分析框架:两区域静态模型

Krugman 最早建立的是中心—外围模型(core-periphery 模型,简称 CP 模型),其考察的是由初始禀赋相同的两地区构成的经济系统,该经济系统包括垄断竞争的工业部门和完全竞争的农业部门,以及可流动的熟练劳动力和不可流动的非熟练劳动力两种生产要素。静态 CP 模型没有资本积累,差异化工业品的种类数保持不变。均衡状态的工业企业地理分布由集聚力量和分散力量的相对大小决定,见图 2.1。

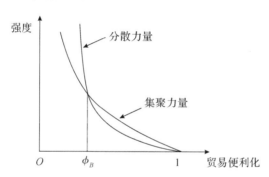

图 2.1　运输成本与集聚力量、分散力量

集聚力量一般有以下两个来源:(1)母国市场效应(home market effect,简称 HME)。这是指由于运输成本的存在[1],工业企业倾向于在市场需求较大的地区选址,向市场需求较小的地区出口产品,以降低总的运输成本。也就是说,当均衡状态时,选址于市场需求较大地区的企业总产出占全国所有企业总产出的比重,将超过这一地区市场需求规模占全国市场需求总规模的比重。换言之,市场需求较大的地区将吸引超过其自身需求规模比例的工业企业数量,具有放大效应。(2)价格指数效应(price index effect)。由于运输成本的存在,工业企业较多地区的消费者价格指数较低,在两地名义工

---

[1]　新经济地理学模型中一般使用 Samuelson 的"冰山型"(iceberg form)运输成本,即 $\tau > 1$ 单位工业产品从出发地运出,只有 1 单位运达目的地。定义 $\phi \equiv \tau^{1-\sigma} \in (0,1)$,其中,$\sigma > 1$ 代表不同种类工业品之间的替代弹性,那么 ϕ 代表贸易自由化或商品市场一体化程度,ϕ 越大表明贸易自由化或商品市场一体化程度越高。

资率相同的情况下，该地区的熟练劳动力可以获得更高的实际工资率，从而可流动的熟练劳动力倾向于流动到工业企业较多的地区。换言之，工业企业较多地区的企业可以支付相对较低的名义工资率，继而能吸引到熟练劳动力，从而获得相对较高的利润，这也将促进工业企业流向企业较多的地区。前一种集聚力量是后向关联(backward linkage)，后一种集聚力量则是前向关联(forward linkage)。

分散力量一般有以下两个来源：(1)市场拥挤效应(market crowding effect)。在其他条件相同的情况下，一方面，企业较多的地区的市场竞争更加激烈，使该地企业面临的本地市场需求低于另一地的企业。另一方面，运输成本具有"贸易保护效应"，这使外地市场需求与本地市场需求相比，对企业利润的影响需要"打折"。因此，企业较多地区的企业利润水平相对较低，促使其流向企业较少的地区。(2)非流动要素(immobile factors)。由于非流动要素(非熟练劳动力)也存在对工业品的消费需求，故对称分布的非流动要素相对于流动要素(熟练劳动力)的数量越多，均衡时两地对工业品的需求规模差异越小，工业企业越可能均匀分散在两地。

集聚力量与分散力量的相对强弱将决定均衡时工业企业的空间分布，而运输成本的高低对集聚力量与分散力量的相对强弱具有决定作用。具体来说，当经济系统的运输成本处于较高水平时，经济系统的分散力量大于集聚力量，从而两地农业和工业保持稳定的对称分布状态。随着运输成本的下降(或者说商品市场一体化程度的提高)，集聚力量和分散力量都下降，但是分散力量比集聚力量对运输成本下降更加敏感，亦即分散力量下降的速度更快。这就存在运输成本的某个临界水平(ϕ_B 称为"间断点"，break point)，当运输成本低于间断点($\phi > \phi_B$)时，集聚力量大于分散力量(参见图 2.1)，对称均衡便是不稳定的。随着运输成本的进一步下降，工业企业逐步流向某一地区，两地工业企业数量不再相等。进一步的，又存在运输成本的又一临界水平(ϕ_S 称为"维持点"，sustain point)[①]，当运输成本低于维持点($\phi > \phi_S$)时，所有工业企业都集中于一地，另一地只有农业生产的集聚均衡是稳定的，经济系统就形成"中心—外围"结构。

从福利角度看，由于工业品运输需要支付运输成本，中心地区的消费者

---

① 在新经济地理学模型中，间断点和维持点往往是不相等的，两者的相对大小会形成不同的"分岔"(bifurcation)。当 $\phi_B > \phi_S$ 时，形成 tomahawk(战斧型)分岔(如 Krugman，1991a；Fujita et al.，1999)；当 $\phi_B < \phi_S$ 时，形成 pitchfork(叉式型)分岔(Pflüger，2004)；当 $\phi_B = \phi_S$ 时，不存在非对称内点均衡(如，Ottaviano et al.，2002)。

价格指数(CPI)低于外围地区,从而中心地区的消费者(熟练劳动力和非熟练劳动力)的福利水平高于外围地区非熟练劳动力。当运输成本处于很高水平时,两地维持初始的对称分布,两地熟练劳动力之间以及两地非熟练劳动力之间的福利水平相等,但熟练劳动力的福利水平高于非熟练劳动力的福利水平。随着运输成本降低到间断点之下后,对称均衡不稳定,部分工业企业从一地流向另一地,带来了两地消费者价格指数的差异,使得两地非熟练劳动力的福利水平不再相等。随着运输成本降低到"维持点"之下后,两地形成"中心—外围"结构,所有熟练劳动力都集聚在中心地区,两地消费者之间的福利水平依次为:中心地区的熟练劳动力福利水平,并高于中心地区的非熟练劳动力的福利水平高于外围地区的非熟练劳动力的福利水平。当运输成本下降并趋近于零时,中心地区与外围地区的消费者价格指数趋向相等,两地非熟练劳动力的福利水平最终相等[①]。因此,在运输成本从无穷大降低到零的过程中,两地居民实际收入水平的差距呈现出先增加后减少的倒 U 型趋势(参见图 2.2)。地区间实际收入差距呈倒 U 型变化趋势给我们的启示是,政府在推进商品市场一体化过程中,必然会导致"一部分人先富",而且在较长一段时期内,先富地区与落后地区之间的收入差距不断扩大,只有商品市场一体化推向纵深阶段时,全体国民福利提高的同时,地区之间的相对福利差距才能不断缩小。

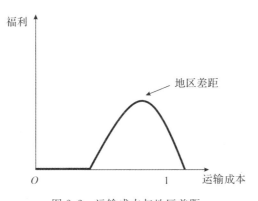

图 2.2   运输成本与地区差距

①   熟练劳动力的名义工资率是否等于非熟练劳动力的名义工资率取决于模型的参数设置,在 Cobb-Douglas 效用函数假定下,消费者对工业品的支出份额等于熟练劳动力占全部劳动力的份额(如 Krugman,1991b),则熟练劳动力和非熟练劳动在零运输成本情况下获得相同的名义工资率,此时所有消费者的福利水平都相同。关于在零运输成本下,熟练劳动力和非熟练劳动力名义工资率的进一步讨论参见 Song et al.(2010)。

最初的新经济地理理论(简称 NEG 模型)在很大程度上依赖于效用函数、生产函数和运输技术等的特定函数形式(Fujita 和 Tomoya,2005)。理论拓展方向便是通过逐渐放松这些假定来检验模型结论的稳健性,并对理论进行发展。后来的一些研究发现,放松这些严格的假定之后,不仅工业的再分散是可能的,而且即使在工业继续向发达地区集聚的条件下,落后地区仍能增加人均收入,并可能超过发达地区。也就是说,在理论上,经济活动的集聚并不必然导致地区间收入差距的扩大。下面,我们将通过几个例子来说明这一点。

(1)农产品运输成本与工业再分散。早期的新经济地理学学者在考察产业集聚及其机理时往往忽视农业部门的作用。众所周知,农业部门在大多数发展中国家扮演着非常重要的角色。Picard 和 Zeng(2005)将多样化农产品和农产品的运输成本引入 Ottaviano et al.(2002)模型,研究发现农业部门的运输成本对于工业部门的空间分布有着非常重要的作用。具体来说,当农产品的运输成本高于某一水平时,工业部门的分散力将会非常强,其集聚将永远不会发生;而当农产品的运输成本低于某一水平时,随着工业品运输成本的下降,工业部门的空间布局会出现一个从分散到集聚,再从集聚到再分散的过程。这似乎意味着,当商品市场一体化推向纵深阶段时,地区间工业部门的规模差距以及收入水平差距将会出现收敛。

(2)制造业内部产业细分。Zeng(2006)、Picard 和 Zeng(2005)建立了一个有多个制造业行业的模型来分析产业的分散—集聚—再分散过程。他们的研究在时间轴上,将产业在空间中的分布状态分为三个阶段:产业分散分布、产业集聚、产业再分散分布。研究发现产业的再分散分布与产业在初始状态下的分散分布有很大不同。具体来说,在初始状态下的产业分散分布状态中,所有的制造业行业都处于分散状态,而在产业再分散分布过程中,最多只有一个制造业行业处于分散状态,其他制造业行业则会在不同区域聚集。

(3)非贸易品与地区差距。随着非贸易品产业(如教育、医疗、旅游业等)在现代经济活动中扮演着越来越重要的角色,其对经济地理格局的影响值得探讨。Zeng 和 Zhu(2011)通过建立两区域三部门三要素模型,探讨了在大国开放经济背景下非贸易品部门扩张对工业布局的影响及其福利含义。研究发现,作为非贸易品的旅游服务业发展会给该国工业的发展带来收入效应和转移效应。收入效应是指服务业发展会增加该国的收入水平进而增加对工业品的需求,故对工业发展具有正向促进作用;转移效应是指旅游服务业的发展会与工业部门竞争资源,使得一部分资源从工业部门流向旅游服务业,形成对工业发展的负向挤出作用。因此,旅游服务业发展究竟是促进工业集聚还是阻碍工业集聚与外生参数有关。从社会福利角度看,如果两国居民都消费本国和外国的旅游服务品,那么随着人们对旅游服务品支出比例的提高,小国居民的相对福利会不断提高,以至于超过大国居民的福利水平。这是因为,大国对小国旅游服务业的需求会超过小国对大国旅游服务业的需求,当旅游服务品支出比例较高时,旅游服务业在小国的收入效应超过转移效应,大国则正好相反。这对于协调区域发展有着重要的政策含义,外围地区的本地需求规模较小,可以通过发展旅游服务业等非贸易品部门来增加外围地区居民的收入水平,从而有助于实现区域协调发展;另一方面,随着外围地区居民收入水平的上升,外围地区市场需求上升,这就为相关规模报酬递增行业迁往外围地区创造了条件,也同样有利于促进地区间人均收入的收敛。

理论拓展的另一个方向是同时考虑国内经济一体化和国际经济一体化的影响。以中国的产业集聚为例,如果将中国的产业分布格局分为东部和中西部两区域来看,那么产业向东部的集聚是中国改革开放40年来显著的经济事实之一。但是,如果把中国的产业集聚仅仅归因为 CP 模型中所预言的运输成本下降,则明显有违事实,一些研究认为东部地区率先开始的对外开放政策才是中国经济向东部沿海地区集聚的关键。下面我们就对同时存在于国内经济一体化和国际经济一体化的文献进行回顾。

第三节　开放经济下的产业集聚与分散

全球化是当今世界发展的一个基本趋势,各国经济活动的空间布局也不可避免地受到经济全球化的影响。总体来看,全球化无疑会为世界经济发展带来巨大的推动作用,但是从不同国家自身角度出发,全球化在给一些国家带来重大机遇的同时,也难免会使一些国家在全球化的过程中利益受损。例如在欧洲,Behrens et al. (2007)研究指出,随着欧盟一体化的深入,一些欧盟成员国从一体化过程中获益,而另一些成员国则在一体化过程中蒙受损失,这种由欧盟一体化所导致的利益分配不均难以避免,这不仅会引发不必要的政治动荡和社会混乱,而且可能会动摇欧盟的基础。对于中国来说,在过去的近 40 年中,对外开放政策是促进中国经济高速增长的重要动力之一,而且对外开放政策也深刻改变了中国的经济版图,例如 Fujita(2001)认为中国政府实行的对外开放政策是中国经济向东部沿海地区集聚的重要因素之一。因此,深入探讨全球化对空间经济活动分布的影响对于一个国家或者地区来说具有重要战略意义。

　　自 Krugman(1991a)以来,后续大量研究在开放经济条件下探讨全球经济一体化对多国(或多地区)产业空间分布及其福利的影响(Furusawa 和 Konish,2007;Krugman 和 Venables,1995;Tabuchi et al.,2005)。Krugman 和 Elizondo(1996)通过把初始的两区域 CP(Krugman,1991a)模型拓展到三区域,来研究国际贸易对一国城市规模的影响。他们的研究发现,当一国的贸易政策和城市发展之间存在着很强的联系时,在封闭的市场条件下更有利于促进大城市的产生,而在开放的市场条件下城市的规模则更加平等。Behrens et al.(2007)通过考察不存在区位优势和资源禀赋优势的两国四区域模型后发现,当一国的国内贸易成本较高时,较高的国际贸易成本将扩大该国地区间的差距;当国际贸易成本较低时,一国较高的国内贸易成本将有利于该国地区间的平衡发展。后继文献引入了区位差异和规模差异,进一步探讨了对外开放程度的提高对一国内部地区差距的影响。宋华盛等(2010)基于一国内部存在地区规模差异的研究发现,当母国对外开放水平逐渐提高时,母国地区间的产业规模差距呈现先递增后递减的态势,故较低或较高的对外开放水平都有利于母国地区间的平衡发展,且任意开放状态下的产业规模差距都大于不开放时的差距。Zeng 和 Zhao(2010)构建了一个基于"松脚型资本"(footloose capital)假设的两国四区域模型,即资本在国家间和地区间都能无成本地自由流动。他们的研究发现,首先,一国内部的区域间差距不仅取决于该国内部的基础设施水平(国内贸易成本水平),还取决于其他国家内部的基础设施(国内贸易成本)状况。其次,对于大国而言,随着对外开放程度的提高,大国内部的地区差距呈倒 U 型变化。这是因为,一方面集聚力量主要来源于工业部门的规模报酬递增技术,国际贸易成本下降也就意味着各国面临的国际市场需求变得更大,这有利于工业部门获得规模报酬递增带来的收益,导致资本和工业向大国以及大国的产业集中的区域进一步集聚。另一方面,由于母国市场效应的存在,国际贸易成本的下降将会使企业从小国向大国迁移,这会减弱国际市场需求对大国工业发展的促进作用,使大国工业的空间分布趋向分散。当对外开放程度较低时,母国市场效应占主导,这会导致地区差距的扩大;随着对外开放程度的提高,价格市场效应的强度逐渐增强并超过母国市场效应,从而促使地区差距呈现收敛趋势。总体来看,这些研究都表明,在一国内的不同地区有着相同对外贸易成本的条件下,不断提高对外开放程度将有利于缩小该国内不同地区间的产业规模差异,从而促进区域协调发展。

　　由于上述模型都假定一国内部的不同地区有着相同的国际贸易成本,这一简化假定显然不符合中国的实际情况。由于中国的东部地区靠海,其国际贸易的成本远小于中西部地区;也就是说,中国东部地区有较大的国际贸易优势,这种国际贸易的优势客观上也会促进产业更多地在东部沿海地区集聚。为了消除东部地区与中西部地区之间的差距,中国政府逐渐提高了中西部的对外开放程度,如"一带一路"倡议的重点任务之一就是要加强与中亚、南亚和东南亚等国家之间的互联互通,中西部地区对外开放程度的提高势必会对中国的产业空间分布产生重要影响。邓慧慧(2009)以中国为背景,建立了一个两部门、三要素、三区域的开放经济模型,并将东部地区的国际贸易成本和西部地区的国际贸易成本设定为不同水平,研究发现在东部地区的国际贸易成本优势足够大的条件下,即使中国不同地区间贸易成本很高,也会导致中国的资本和工业部门向东部地区集聚。随着西部地区国际贸易成本的降低,东部地区的国际贸易成本优势逐渐减弱,这将促使中国的资本和工业部门趋向分散布局。但如果西部地区的国际贸易成本下降与中国地区间贸易成本下降同时发生的话,国内一体化将抵消甚至超过国际一体化对东部带来的不利影响,使东部地区能继续维持产业集聚和收入水平的提高,从而带来中国地区间的收入差距和规模差距趋向扩大。宋华盛等(2010)研究也发现,一国提高国内一体化水平将使该国不同地区间产业规模的差距不断扩大。

将上述地区间产业规模差距演化的一般规律与中国的制度背景相结合就不难理解:为什么在中国越是落后的地区,其地方保护和市场分割程度越高。欠发达地区政府往往会通过对地区间自由贸易设置障碍等方式,以保护本地市场,限制外来竞争,从而在一定程度上保障本地企业的利益,客观上也就达到了阻止本地企业和产业向发达地区迁移的目的,最终为本地创造就业机会和获得收入水平提高的机会。因此,探讨全球化对中国经济版图重塑的影响,除了沿海和内地的天然区别,中国市场经济体系不完善、各地区之间的市场分割和地方保护等制度因素也值得关注。

朱希伟等(2005)从中国的经验事实出发,将市场分割和地方保护引入新经济地理学静态模型,研究发现国内市场分割与国际市场进入成本是影响企业选址决策的重要因素:一方面,如果国外市场的进入成本介于本地市场和本国外地市场的进入成本之间,那么均衡时低能力企业进入本地市场,中等能力企业进入本地市场和国外市场,高能力企业同时进入本地市场、国外市场和本国外地市场;如果国内市场分割严重导致国外市场的进入成本低于本地市场的进入成本,那么均衡时低能力企业进入国外市场,中等能力企业进入本地市场和国外市场,高能力企业同时进入本地市场、国外市场和本国外地市场。这就可以解释中国目前为什么会有大量的民营企业通过 OEM(原始设备制造商)方式向国外出口产品,但在国内市场却没有该产品销售的这种"舍近求远"的反常现象。另一方面，随着中国对外开放的不断深入，中国地区间国际贸易规模的差距持续扩大，这已成为地区经济发展差异的重要原因之一（李斌和陈开军，2007）。金祥荣等（2008）在市场分割条件下引入地方企业异质性假定，建立了一个两国三地区的垄断竞争开放模型，探讨了地方制度质量差异对企业生产效率和地区出口规模的影响。研究发现，在控制了地区技术水平、地理因素、劳动人口、FDI（国外直接投资）流入等变量差异后，法律制度和产权保护制度因素对地区出口差异具有显著影响，其敏感性呈上升趋势，并超过了地理和外资分布差异的敏感性。因此，通过改善企业生存的制度环境，有助于缓解地区出口差异，缩小地区间经济发展不平衡。

第四节　产业集聚与经济增长

在新经济地理学的静态模型有了充分的发展之后，研究者们开始思考空间集聚与经济增长的关系，这并不是一个巧合。首先，从经济发展实践来看，在经济增长的过程中往往伴随着经济活动的空间集聚，库兹涅茨在描述现代经济增长历程时就将经济活动的空间集中作为最典型的特征之一。事实上，在很早以前，研究者们就注意到经济活动的集中分布有利于劳动生产率的提高。其次，从理论上看，新增长理论和新经济地理学的研究内容有很强的内在联系：新增长理论的研究目标之一就是解释新的经济活动是如何通过技术创新产生的；而新经济地理学则研究这些经济活动是如何被选址的，以及为什么它们会如此集中。因此，可以将新的经济活动被创造的过程和它们被选址的过程结合在一起进行考虑。事实上，从方法论的角度来看，这两个研究领域都是在 D-S 模型的基础上发展起来的，这也为两个研究领域的交叉融合提供了条件和可能。

一、新经济地理动态模型基本思想

新经济地理动态模型与静态模型最大的不同之处在于有无资本积累。众所周知，对于持续的增长而言，最关键的因素就是资本积累，为此动态模型在静态模型原有的两个生产部门（农业部门和制造业部门）的基础上引入了资本生产部门，在新经济增长理论中该部门往往也被叫作研发部门。我们假定每一单位的资本中蕴含一种专利，每一种专利可以被用来生产一种工业品，当资本由研发部门生产出来之后会被投入到制造业部门使用，随着研发部门生产的资本数量越来越多,工业品的种类数也就越来越多。研发活动(知识创新)往往具有"溢出"效应,体现出"站在巨人肩膀上"的特征,这就是说随着研发部门生产的总资本量越来越多,新生产一单位资本的边际成本随之下降,新产品创新速度也就越来越快。

值得指出的是,与新增长理论有所不同,新经济地理学动态模型的关注点并不仅仅在于经济增长,更在于经济活动空间分布与经济增长之间的关系。这是因为在新经济地理学中,经济活动在空间中不再是以"点"的形态出现,工业部门和农业部门是这样,研发部门以及研发部门生产所依赖的知识同样是这样。

我们已经知道,在新经济地理学静态模型中,商品在区域间贸易需要耗费一定的成本,与此相类似的一个合理假设是,研发部门生产所需要的知识在区域间流动也会发生损耗。这一推测在现有的实证研究中有着广泛的经验支持:区域间或者国家间确实存在着知识扩散,这构成了解释不同国家经济增长速度差异的重要组成部分;然而随着地理距离的增加,知识扩散的强度迅速衰减(Glaeser et al.,1992;Henderson et al.,1995;Jaffe et al.,1993)。这一思想在新经济地理动态模型中也叫局部知识溢出,将其具体到新经济地理学动态模型中是指,研发部门可以完全"获悉"本地工业品的"专利"或"知识",但只能部分"获悉"外地工业品的"专利"或"知识"。换言之,外地"专利"或"知识"对本地研发活动的溢出需要"打折",而本地"专利"或"知识"对本地研发活动的"溢出"不需要"打折"。在工业企业数给定的情况下,"溢出随距离衰减"的特征使得工业企业的空间分布会影响经济系统的研发效率。如果工业企业完全集聚在某一地区,对经济系统而言可以获得最高的研发效率,带来产品种类数的最快增长,使消费者价格指数以最快的速度下降和福利水平以最快的速度上升。但是,工业企业完全集聚在某一地区,使得外围地区的消费者价格指数高于中心地区的消费者价格指数,这将导致外围地区非熟练劳动力的福利水平低于中心地区非熟练劳动力的福利水平。简言之,工业企业的空间集聚可以获得最高的动态效率,但空间不平等程度也最高;工业企业的空间完全分散(即对称分布),"溢出随距离衰减"使得"动态效率"最低,但空间完全平等。因此,新经济地理学的动态模型将面临"动态效率"与"空间平等"之间的权衡。

经济地理与增长之间的关系在很大程度上还依赖于资本的属性,即在整个经济体系中被积累的资本是物质资本还是人力资本。二者的一个重要区别在于:物质资本所有者持有的资本可以在本地区投资,也可以跨地区投资;而人力资本与其所有者是不能分离的。也就是说,物质资本的集聚会带来工业生产活动的集聚，但不会带来消费的集聚；人力资本的集聚不仅会带来工业生产活动的集聚，也会带来消费的集聚。下面我们就按照物质资本和人力资本的分类，对产业集聚与经济增长的文献进行回顾。

二、物质资本积累、经济增长与区域差距

Martin 和 Ottaviano(1999)较早探讨了产业区位与内生增长之间的关系。他们的研究把 Romer(1990)、Grossman 和 Helpman(1991)的增长框架与 Martin 和 Rogers(1995)的区位框架结合在了一起，考察了初始禀赋存在差异的两区域动态一般均衡模型，即发达地区比欠发达地区拥有更高的人均初始资本水平。研究发现，如果知识溢出是全局性的，则经济地理并不会影响增长。然而，如果知识溢出是局部性的，经济活动的空间集聚则会促进增长。这又进一步意味着区域间运输成本的下降会通过其对经济地理的影响来促进增长。他们研究的另一个贡献在于首次分析了总量增长与区域平等之间的关系。在他们的模型中，工业企业集聚与地区收入差距变动之间存在三种作用渠道：(1)增长效应(growth effect)。工业企业在发达地区集聚可以促进研发部门获得最高的效率，从而带来工业品种类数最快的增长，这将降低每个地区的消费者价格指数，使所有地区居民都可以均等地获得增长对实际收入带来的正效应。(2)财富效应(wealth effect)。工业企业在发达地区集聚促进研发部门效率的提高，由此带来的资本存量的增加会使竞争加剧，从而每一单位资本的价值将会下降。由于发达地区居民初始的人均财富拥有量高于欠发达地区居民，资本价值减少的负效应对发达地区居民而言更加严重，从而有利于地区收入差距的缩小。(3)运输成本效应(transport cost effect)。由于工业品贸易存在运输成本，工业企业在发达地区集聚使发达地区的消费者价格指数低于欠发达地区，因此集聚对发达地区居民的实际收入带来正的运输成本效应，对欠发达地区居民的实际收入带来负的运输成本效应，从而扩大了发达地区与欠发达地区居民之间的收入差距。从边际意义上看，工业企业在发达地区集聚给发达地区居民带来实际收入增加的正运输成本效应的绝对值低于欠发达地区居民实际收入减少的负运输成本效应的绝对值。因此，工业企业在发达地区集聚带来的正增长效应是各地居民获得福利改进的基础。但是，由于初始人均财富水平的差异(禀赋差异)或居住区域的差异(区位差异)，不同地区的居民在工业企业集聚促进增长过程中受到的财富效应大小和运输成本效应的方向与大小存在差异，而两者对欠发达地区居民都是负的，因此，只有集聚促进研发效率提高带来的增长效应足够强，欠发达地区居民的福利水平才有可

能提高。就地区收入差距而言，只有发达地区居民与欠发达地区居民初始拥有的人均财富相差足够大，这时发达地区居民才会更大幅度地遭受到增长带来初始财富"贬值"的负效应，最终才可能缩小两地居民之间的收入差距。

在新经济地理动态研究中，由于区域的存在而需要考虑的另一种成本是，资本也即专利跨区域流动的成本。这是因为考虑到语言、产业政策环境、劳动者专业技能等方面，在本地生产出来的专利往往更容易被本地的劳动者所掌握使用。或者说当一项技术被发明出来，要把这项技术运用到另一个地区的时候，这项技术的使用效果将会打折。Basevi 和 Ottaviano(2002)对在这种情况下可能产生的影响进行了分析。在 Martin 和 Ottaviano(1999)基础上，Basevi 和 Ottaviano(2002)考察了创新区域企业向非创新区域迁移所需要成本的情况。他们的研究认为由于正的地方性知识外溢的存在，利润最大化企业可以内生地持续发明新的产品。在新产品发明以后，企业将面临两种选择：出口新产品或者将企业搬迁到非创新区域去。然而，创新区域的企业向非创新区域迁移，会导致产业集聚程度的下降，从而不利于经济增长，并且会对创新区域的福利造成损失。

与上述理论研究假设研发部门投入以劳动力为主不同，Martin 和 Ottaviano(2001)考察了研发部门生产投入以工业制成品为主的情形。他们的研究发现产业集聚与经济增长之间存在着相互促进的关系。由于交易成本的存在，产业在一个地区的集聚可以通过金融外部性(pecuniary externalities)①降低创新成本，从而促进增长。与此同时，创新部门的生产需要投入工业品，这相当于增加了对工业品的需求，因此企业会有动力向创新部门集中的地区集聚。

集聚与增长理论研究的一个拓展方向是，不同区域之间的知识外溢可能是非对称的。譬如有大量经验研究表明发达国家对发展中国家的知识外溢要强于发展中国家对发达国家的知识外溢。Hirose 和 Yamamoto(2007)考察了区域之间知识外溢非对称的情况，并将其与区域间知识外溢是对称时的情况进行了对比。研究发现如果区域间的知识外溢是对称的，那么创新部门一定是在市场规模较大的区域。然而，当知识外溢在区域间不对称时，创新部

---

① 金融外部性是指市场参与主体通过价格机制对其他参与主体施加的正的或负的影响，它与纯粹的技术外部性(如研发溢出效应)相区别。在新经济地理学文献中，金融外部性主要是指通过需求和供给联系(即前向关联和后向关联)带来的外部性，如 A 地企业数量增加会提高 A 地工资水平，吸引更多工人流向 A 地；这些流向 A 地的工人又会增加 A 地的需求规模，从而提高 A 地企业的利润水平，促使 A 地企业数量进一步增加。……在上述过程中，任何参与主体的行为都通过价格机制对其他参与主体产生影响，这种影响称为"金融外部性"。

门也有可能在市场规模较小的地区，这依赖于两个区域创新成本的高低。如果市场规模较大的地区的创新成本较低，那么经济增长速度将会随着运输成本的下降而上升；如果创新成本在市场规模较小的地区更低，那么经济增长速度将会随着运输成本的下降而降低。

三、人力资本积累、经济增长与区域差距

Baldwin(1999)发展的内生资本模型为这一类研究提供了一种分析框架。与 Martin 和 Ottaviano(1999)最主要的不同之处在于，他们的研究假定资本在区域间不能流动。此外，他们研究的关注点在于内生资本对于经济地理的影响，而并没有考虑资本生产部门的知识外溢要素，因此也就没法获得持续的经济增长。尽管如此，由于他们的分析框架非常简单，并且可以获得解析解，这为后续集聚与增长的研究奠定了基础。

Baldwin et. al(2001)在 Baldwin(1999)的基础上建立了阶段式增长（stage-of-growth model）的模型。他们的研究把后工业化时代的四种现象联系在了一起，即北方国家的工业化、经济增长起飞、全球收入差距的扩大以及贸易量的迅速扩张。研究认为在贸易成本持续下降的过程中，上述四种现象是内生地联系在一起的。第一阶段，由于贸易成本很高，产业在不同国家分散分布，经济增长也比较缓慢；第二阶段，随着贸易成本的下降，北方国家迅速工业化，经济增长开始起飞，与此同时，全球范围内的收入差距也扩大；第三阶段，随着贸易成本的进一步下降，高速的经济增长和全球范围内的地区差距形成了一种自我持续的机制；第四阶段，国家间思想流动的成本开始下降，由此带来南方国家的工业化以及国家间收入差距的收敛。

Cerina 和 Muredd(2012)在一个工业产品支出份额内生决定的框架中考察了产业集聚与增长的关系。他们重点考察了工业产品与传统产品的替代关系对经济地理和增长的影响，具体来说：如果工业品和传统产品是比较好的替代品或是非常差的替代品，经济系统会出现两个稳定的非对称内点均衡，但是当两类产品的替代性处于中间水平时，上述两个非对称内点均衡将变得不再稳定，与此同时，对称均衡以及中心外围均衡变为稳定均衡；如果工业品和传统产品是非常好的替代品的话，无论处于何种商品贸易成本下，集聚过程都会发生。就产业集聚和商品市场一体化对增长的影响而言，他们的研究发现集聚并非总是促进增长，这与新经济地理学先前的理论研究存在出入，但却与近来的一些经验研究结论一致。与此同时，由于工业产品与传统产品之间替代关系的引入，他们的研究发现，即使知识溢出是全球性的，经济

活动在区域间的分布也会影响经济增长,因此,对增长而言,地理总是重要的。最后,引入工业品和传统产品之间的替代性存在多种可能之后,商品市场一体化对经济增长的影响变得不确定了,它可能促进经济增长也可能抑制经济增长。他们的研究认为当且仅当工业产品和传统产品是好的替代品时,商品市场一体化才促进增长。

值得一提的是,上述理论研究都假定资本是不能跨区域流动的,那么如果劳动力在区域间可以流动,长期稳态均衡将展现出如何的发展前景呢?Fujita 和 Thisse(2003)基于初始状态完全相同的两地区、两要素(可流动的熟练劳动力和不可流动的非熟练劳动力)和"溢出随距离衰减"假设的研究发现,稳态时只有两种情况:(1)集聚均衡,所有工业企业和研发企业都集中在某一地区(中心),另一地区(外围)只有非熟练劳动力和农业;(2)对称均衡,两个地区都拥有相同数量的工业企业和研发企业。通过稳定性分析发现,对称均衡是不稳定的,集聚均衡是稳定的。此外,从绝对福利水平来看,如果集聚促进增长的效应足够强,无论是中心地区的熟练劳动力和非熟练劳动力,还是外围地区的非熟练劳动力,都能从集聚均衡中获得比分散均衡更高的福利水平。从相对福利水平来看,中心地区熟练劳动力的福利水平最高,外围地区非熟练劳动力的福利水平低于中心地区非熟练劳动力的福利水平,两地非熟练劳动力的相对福利水平长期保持某一不变的比例。简言之,穷者在动态中不断改善,但永远赶不上富者。

这些研究为我们思考产业集聚与经济增长的关系提供了许多有益的洞见,新经济地理学动态理论的发展使得人们对空间集聚与经济增长的研究不再仅仅局限于一些描述性的分析,而是通过构建微观基础,并利用严格的数学推导对产业集聚与经济增长相互作用的机制展开了探讨。在这些理论模型的基础上,后续相继涌现出了大量的经验证据对这些研究进行检验。在下一章节中我们将会看到,虽然绝大多数实证结果都支持了空间集聚促进经济增长的结论,但是随着经济发展水平的提高,研究者们也开始注意到在一些经济发展程度较高的国家和地区,空间集聚可能会不利于经济增长。这一新的经验证据亟须研究者们从理论上进行解释,这也是本书的主要研究目的之一。此外,关于空间集聚与经济增长的另一个问题在于,无论是从理论上还是从经验上来看,深入探讨空间集聚与经济增长相互作用机制的研究还比较少见。在理论研究方面,大多数研究都简单地假定了空间集聚可以降低研发成本,由此促进增长;在经验研究方面,大多数研究更多的是回答了空间集聚能否促进经济增长的问题,但是对于空间集聚为什么能够促进或者抑制经济增长则涉足较少。

第五节　公共政策与区域协调

　　沿着前一小节的论述,本小节将重点探讨政府政策对产业集聚的影响以及区域协调发展的可能。需要指出的是,虽然新经济地理学刻画的规模报酬递增、不完全竞争市场以及运输成本架构的作用机制十分复杂,但现实经济的复杂程度远胜于新经济地理学理论模型设置的环境,本节我们将着重说明许多试图促进区域协调发展的公共政策所产生的效果很可能适得其反,因而政策制定者需要特别小心。

一、对落后地区的补贴

　　Dupont 和 Martin(2006)研究发现,对落后地区进行补贴方式的不同而使得政策目标的实际效果有着显著差异。具体来说,(1)对落后地区企业的投资进行总量补贴,包括免费赠予或者按低于市场的价格将土地出售给企业等,相当于对企业的固定成本进行补贴。由于发达地区初始的收入水平高于欠发达地区,那么实行该政策的时候,看似是一种从发达地区向欠发达地区的再分配而有助于欠发达地区收入水平的提高,从而减小地区间的收入差距。但事实上,在资本可流动的条件下,对欠发达地区企业利润的补贴将会同时提高两个地区资本的收益率,这事实上加剧了资本所有者与普通工人之间的收入差距。由于发达地区比欠发达地区拥有更多的初始资本,最终发达地区和欠发达地区之间的收入差距扩大。(2)对欠发达地区企业按其创造的工作岗位数进行补贴。与对投资的补贴有所不同,直接对工人的补贴提高了工人的实际收入,有利于缩小地区间的收入差距。值得关注的是,Dupont 和 Martin(2006)将美国和欧洲进行比较后发现,虽然美国和欧洲都有对落后地区的扶持政策,但是,相对于美国,欧洲对落后地区的资助力度要大得多。他们发现其中一个很重要的原因就在于美国劳动力的流动性更高。虽然经济活动在美国的集聚程度远高于欧盟,但美国劳动力在不同区域间的高流动性使得人均收入差距在美国各州之间并没有显著扩大。上述研究对我国的区域发展实践有着重要的政策启示:一方面,中国政府应该继续坚定不移地推动户籍制度、社会保障、土地政策等方面的改革,降低劳动力跨区域流动的成本,使外来人口更好地享受流入地的公共产品,从而达到同时消除发达地区与欠发达地区之间的差距,以及人口流入地户籍人口与非户籍人口之间的差距;另一方面,在对落后地区进行扶持时,中国政府应重点把钱投在人上,而不应通过对资本的税收优惠和压低土地价格等方式来吸引投资,因为这些方式实际上是对资本的变相补贴,也就是说这种区域政策更多补贴的是富人,这样可能不仅不利于落后地区的长远发展,而且会导致地区差距的扩大。

二、加速区域一体化

现有文献对区域一体化的政策效应的研究主要从两个方面进行:一是地区间商品与货物贸易的自由化程度,其政策影响在前文中已有较多讨论,在此不再赘述。二是地区间人员流动的自由化程度。Baldwin 和 Forslid (2000)的研究发现,促进思想交流或增加知识溢出水平的公共政策将推动经济活动的分散,而降低商品贸易成本的一体化政策将促进经济活动的集聚;经济活动的集聚持久地改变了地区之间的资本劳动比,从而地区间实际资本收益的差异随着贸易一体化程度的提高而无法消除。

三、政策的动态效应

从动态的角度来看,Martin(1999)的研究发现,落后地区不仅初始人均财富较低,而且基础设施也更落后,因此,中央政府采取不同的区域协调发展政策不仅具有不同的政策效应,而且很多貌似有利于落后地区发展的政策很可能会起到相反的效果。

(1)转移支付政策。从发达地区转移一部分财富给欠发达地区虽然会降低两地的实际收入差距,但是这种转移支付只是"人为"地提高欠发达地区的需求规模,导致一部分工业企业从发达地区流向欠发达地区,这会降低研发部门的效率造成低的经济增长。或者说,转移支付政策促进地区收入差距缩小是以牺牲长期经济增长为代价的。

(2)基础设施政策。①如果中央政府致力于改善欠发达地区的基础设施以降低欠发达地区的运输成本,这将使部分工业企业从发达地区流向欠发达地区从而带来经济增长的放缓。通过这一政策,一方面使欠发达地区的消费者价格指数相对于发达地区的消费者价格指数下降,另一方面研发效率下降将会带来增长速度放缓,同时新产品生产速度降低使得竞争减弱,资本可以在更长的时期内获取超额回报,进而使资本价值"贬值"速度放缓。初始人均财富较高的发达地区相对欠发达地区的资本收入差距较大,最终两地居民实际收入差距的变化并不确定。这一政策不仅使经济增长速度放缓,而且增长速度放缓将降低工业品企业之间的竞争，使得资本价值"贬值"速度放缓，从而提高了资本相对于劳动力的收益水平，对资本所有者有利。②如果中央政府致力于改善发达地区与欠发达地区之间的基础设施（比如修建跨省区的高速公路），那么部分工业企业将从欠发达地区流向发达地区从而带来研发效率提高和促进经济增长，即出现企业空间分布的改变和经济增长的加速。首先考察经济增长加速对两地人均收入的影响，其有两种作用渠道：一是经济增长的加速可以均等地提高两地居民的人均收入水平，但不影响两地人均收入水平的相对差距；二是经济增长加速将会加快资本贬值而不利于人均财富较高的发达地区居民，这会缩小两地人均收入水平的相对差距。接着，考察企业空间分布改变对两地人均收入水平的影响。容易发现，发达地区的消费者价格指数因为本地工业企业增加而大幅降低，而欠发达地区的消费者价格指数由于本地工业企业减少的负效应与向发达地区"进口"工业品运输成本降低的正效应并存而无法确定。但可以确定的是，发达地区消费者价格指数下降幅度将超过欠发达地区。最终，上述三种效应加总后对两地实际人均收入差距的影响变得很不确定。值得注意的是，如果一国初始的基础设施十分完善，进一步改善发达地区与欠发达地区之间的基础设施后，两地相对消费者价格指数变化较少，这将导致两地实际收入差距缩小。①

（3）研发补贴政策。中央政府对研发活动进行财政补贴以降低企业的研发成本，这将促进经济更快增长，并通过资本贬值缩小发达地区与欠发达地区的消费支出差异，从而吸引部分工业企业从发达地区流向欠发达地区，缩小地区间收入差距。因此，与转移支付政策和基础设施政策相比，研发补贴政策既能缩小地区间差距，又能获得较高的经济增长，可以较好地解决"动态效率"与"空间平等"之间的冲突。他们的研究给我们的启示是，政府要更多地对企业的研发活动给予政策扶持，刺激企业加大研发投入，促进新产品开发，提高自主创新能力，使全体国民分享经济增长带来的好处。

第六节　本章小结

本章按照从两区域到多区域②、从静态到动态的思路对新经济地理学的

---

① 中央政府改善发达地区内部基础设施的效果与改善发达与不发达地区之间基础设施效果类似，不再赘述。

② 新经济地理的基本模型是由两区域构成，这里的多区域是相对于新经济地理两区域模型而言。为了表述的方便，本书将两区域以上的新经济地理模型称之为多区域模型。

理论模型进行了回顾。从新经济地理学静态分析框架来看,不难看出现有文献对于产业集聚与地区差距的看法已经达成了较多的一致,即在贸易一体化的早期阶段,地区差距与产业集聚相伴而生,但是随着贸易一体化继续向纵深推进,地区差距问题最终可以得到解决。此外,考虑到全球一体化程度不断提高,对外开放对重塑本国经济地理格局的影响日渐突出,现有研究普遍认为在一国经济从封闭走向开放的过程中,本国内部区域差距会经历一个先扩大再缩小的过程。

从新经济地理学动态分析框架来看,已有研究取得了一些重要的进展,并发现了一些在传统经济理论研究框架下无法得出的结论,如新经济地理动态理论认为地区间的总量差距并不是最主要的,通过集聚的方式能够使整个经济系统获得更高的动态效率,欠发达地区居民也从集聚中获益。然而,由于这方面的研究起步时间较晚,在理论和经验方面仍然存在着许多盲点和不足。第一,现有理论研究还存在着不少研究的盲点。如针对中国目前区域经济发展所面临的动态效率与空间平等的权衡问题,现有理论研究无法给出一个两全其美的理论框架进行分析;再比如中国的区域经济发展具有明显的国际化和对内开放特征,如何在动态框架下考虑二重开放的影响也是一个亟须解决的问题。第二,现有研究对空间集聚、地区差距与经济增长之间相互关系的看法还并不一致,理论研究普遍认为空间集聚促进了经济增长,但却有经验研究指出过度集聚有可能会不利于增长,这种情况尤其会在一些经济发展水平较高的国家和地区中出现。进一步来说,根据跨国数据的经验结果[1],如果空间集聚与经济增长相互作用关系真的存在拐点的话,那么我国当前许多城市的经济发展水平可能正处于这一拐点附近。如果这一假说得到证实的话,那么针对我国区域与城市发展的政策也将要发生一个大调整。然而值得指出的是,相对于空间集聚促进经济增长的经验证据来说,空间集聚与经济增长之间关系存在拐点的命题并没有得到来自经验的广泛证实。尤其是针对我国区域经济发展实践的这方面研究还非常缺乏,跨国经验的证据是否适用于我国区域经济发展实践仍然是一个有待检验的命题。第三,空间集聚与经济增长之间相互作用的机制并不清晰。事实上,人们之所以对空间集聚与经济增长关系争论不休,在于人们对空间集聚与经济增长相互关系的作用机制还并不十分清楚。这也进一步说明了从理论上和经验上探讨空间集聚与经济增长相互关系的重要性和必要性。

---

① 跨国数据显示,当人均 GDP 处于 1 万美元以下时,空间集聚促进增长;当人均 GDP 处于 1 万美元以上时,空间集聚不利于经济增长。

第三章 | 中国的空间集聚与国际比较

第一节　有关中国经济集聚的几个核心问题

本章按照现象—影响—政策效果的路径,对中国经济集聚的经验进行了全面的总结和研究,主要围绕空间集聚产生的影响和带来的问题展开讨论。一方面,中国区域与城市经济的空间集聚是伴随经济增长而发生的,被认为是促进中国经济增长的重要动力源泉之一;另一方面,区域与城市差距在这一时期也显著扩大,因而空间集聚往往又被认为是造成区域与城市差距的主要来源之一。这些经验事实似乎意味着在经济发展的过程中,效率目标与公平目标是难以兼得的。

在讨论中国经济集聚与区域协调的关系之前,我们认为有必要先对中国经济集聚的现状与趋势有一个整体的了解,然后结合国际经验对中国空间集聚问题进行横向比较分析。在此基础上,本章将着力于对以下几个问题进行回答:第一,经济集聚对中国经济产生了什么样的影响?经济活动向少数地区的集聚促进了增长吗?第二,经济集聚是不是要为地区间人均收入差距扩大负主要责任?第三,以"西部大开发"为代表的一系列区域发展战略对重塑中国区域经济版图起到了什么效果?最后,是否有好的办法能实现经济增长与区域协调的兼顾?

在对上述问题进行讨论的过程中,我们将始终秉持着以下两大原则:第一,对中国经济的理解不应该脱离世界范围内主要经济体发展过程的一般规律,这构成了我们理解中国问题的基础,也是我们把握中国区域与城市发展的重要参考;第二,对中国经济的理解同样也要结合中国自身的发展阶段,这是我们准确判断中国问题的关键。此外,为了尽可能对中国经济集聚的趋势与影响有一个全面的把握,本章特别强调了现有文献对于上述问题已经达成的共识和存在的分歧。

第二节　中国经济集聚趋势及国际比较

一、中国经济集聚趋势

目前已经有大量文献采用不同指标和方法对中国制造业的空间集聚及其演变趋势进行了分析。从制造业总体集聚趋势来看,通过计算改革开放以来中国 31 个省区市的地区生产总值和工业总产值的 HHI 指数,发现中国省域地区生产总值和工业总产值的空间集聚总体呈加强趋势,但是期间制造业集聚程度也出现过下降(参见图 3.1)。具体来说,在 20 世纪 90 年代之前,经济集聚趋势并不明显,甚至在 80 年代中期,省域工业总产值的

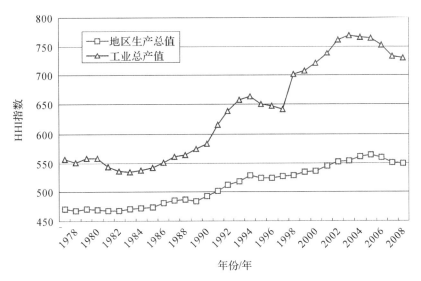

图 3.1　中国省域地区生产总值和工业总值 HHI 指数(1978—2009 年)

资料来源:1978—1997 年数据来自《新中国五十年统计资料汇编》;1998—2009 年数据来自历年《中国统计年鉴》。

注:为了统一统计口径,重庆市的数据合并进入四川省计算。

HHI 指数还出现了下降;进入 90 年代之后,省域工业总产值的空间集聚程度开始迅速上升,至 2004 年,省域工业总产值的 HHI 指数达到最高值768.91,之后开始小幅下降。

从省域地区生产总值的 HHI 指数来看,其变化趋势与省域工业总产值的 HHI 指数基本一致。有两点值得指出:第一,以工业总产值 HHI 指数衡量的中国经济的空间集聚程度要高于以地区生产总值 HHI 指数衡量的空间集聚程度;第二,以工业总产值 HHI 指数衡量的中国经济的空间集聚程度的最高点出现在 2004 年,而以地区生产总值 HHI 指数衡量的空间集聚程度的最高点出现在 2006 年。这与母国市场效应(HME)的基本思想相吻合,即需求较大的地区将吸引超过其自身需求规模比例的工业企业数量。

考察经济集聚程度的另一个重要指标是基尼系数。基于 2003 年之前的数据研究发现,20 世纪 80 年代产业分布的不平衡性稍有退化,在进入 90 年代之后,产业分布在空间上越来越集中(黄玖立和李坤望,2006;贺灿飞和谢秀珍,2006)。贺灿飞和潘峰华(2011)延长了研究时间,计算了 1980—2008 年每个产业在省区层面的基尼系数,研究进一步证实了上述结论。此外研究还发现:第一,分产业的制造业集聚程度的变化趋势和全部产业加权之后的变化趋势非常类似,大部分产业都出现了先下降,后上升,然后再下降的变化轨迹;第二,大多数产业的集聚程度在 2003—2005 年左右达到最高位,并维持稳定或者开始下降;第三,相对于 1980 年,绝大多数产业在 2008 年更为集聚。

我们的研究也发现,在 1988—2006 年的 19 年中,18 个工业行业都呈现出空间更加集中的趋势(参见本章附录 3.1)。按空间集中程度从高到低来看:空间高度集中(空间基尼系数高于 0.70)的行业有 3 个,空间相对集中(空间基尼系数介于 0.55~0.70)的行业有 6 个,空间相对分散(空间基尼系数介于 0.40~0.55)的行业有 5 个,空间高度分散(空间基尼系数小于 0.40)的行业有 1 个,并有 3 个行业从空间相对分散分布转变为空间相对集中分布(参见表 3.1)。进一步的分析可以发现,空间集中度较高的行业大多具有资本和技术密集的特点,其规模经济明显,在空间上的流动性相对较强,符合 Krugman(1993)所谓的第二属性(second nature)[①];同时,相对集中分布的黑色金属矿

---

① 第一自然主要指进行贸易的各个国家间存在差异。如同个人一样,当国家各自从事自己较擅长的生产活动时,互相间即能取长补短,并能通过贸易而共同获益。第二自然主要指通过贸易,国家能各自获得规模经济。也就是说,如果每个国家只生产一种或少数几种产品,就能相应地扩大生产规模,通过规模经济,获得更高的效率,从而共同获益(谭立力,2013)。古典和新古典贸易理论着力阐释的即是其中第一个原因——"第一自然"。而新贸易理论着力阐释其中第二个原因——"第二自然"(Cronon,1992)。

采选业、煤炭采选业和烟草加工业依赖于矿藏、土壤、气候等自然条件,其空间集中度也较高,与 Krugman(1993)所谓的第一属性(first nature)相对应。相反,由于电力、蒸汽、热水生产及供应业主要服务本地需求,长途运输往往消耗巨大而呈现空间高度分散布局。

表 3.1 中国 18 个主要行业空间基尼系数分布情况

分布类型	行业数	行业名称
高度集中	3	纺织业;化学纤维制造业;电子及通信设备制造业
相对集中	6	黑色金属矿采选业;金属制品业;煤炭采选业;烟草加工业;电气机械及器材制造业;仪器仪表及文化办公机械业
相对分散	5	黑色金属冶炼及压延加工业;食品制造业;医药制造业;饮料制造业;交通运输设备制造业
高度分散	1	电力、蒸汽、热水生产及供应业
相对分散变为相对集中	3	非金属矿物制品业;化学原料及化学制品制造业;造纸及纸制品业

资料来源:历年《中国工业经济统计年鉴》。

注:重庆市的数据合并进入四川省计算。

上述考察经济集聚程度的方法没有考虑不同省份相同行业的企业规模差异带来的影响,当某个行业的企业规模在不同省份之间差异很大时,该指标就不能客观反映该行业的空间集中水平。考虑到企业规模的影响,Ellision 和 Glaeser(1997)构建了 EG 指数,用 γ 系数值来衡量消除企业规模影响的行业空间集中程度[①]。罗勇和曹丽莉(2005)采用 EG 指数和自定义的五省市集中度对中国 20 个制造行业在 1993 年、1997 年、2002 年、2003 年的集聚程度进行了测定,发现 1993—1997 年产业集聚程度有所下降,1997—2003 年大部分产业集聚程度呈上升趋势。技术密集型产业集聚程度最高,资本密集型产业次之,劳动密集型产业最为分散。路江涌和陶志刚(2006,2007)利用 EG 指数测算了 1998—2003 年不同空间尺度(省、地级市和县)的行业区域聚集趋势,研究同样证实中国近年来行业聚集程度呈上升趋势。后续一些研究在更长的时间跨度内(1998—2005 年)进一步证实在此期间中国行业聚集程度呈上升趋势(Lu 和 Tao,2009;Ge,2009)。此外,Lu 和 Tao(2009)还发现空间尺

---

① 由于无法获得微观数据,我们没有测算中国部分行业的 γ 系数。所幸的是,路江涌和陶志刚(2006),2007 的研究为我们的分析提供了足够的信息。

度越大,产业划分越细,制造业在空间上越集中。对此,贺灿飞等(2007)却认为空间尺度越小,制造业在空间上越集中。在最近的一项研究中,范剑勇和李方文(2011)指出就四位数、县级层面 EG 指数加权平均值的时间变化趋势来看,2003 年是个明显的拐点;在 1998—2003 年各层面上的 EG 指数均逐年稳步上升,表明在 1998—2003 年我国制造业区域集聚程度逐步加强;但在 2003 年之后,EG 指数的变动趋势发生逆转。

综上所述,目前文献对我国经济集聚现状及趋势已经达成了比较多的共识,即:改革开放以来,中国经济集聚趋势大体呈倒 U 型变化;产业的集聚程度的最高位出现在 2004 年前后。然而现有文献对细分行业空间结构变动的研究还比较少。根据日美等发达国家经验以及已有的一些理论研究推测,随着我国工业化进程逐渐进入后期,未来经济空间分布的变化将更多地在细分产业结构层面上加以体现,也就是说经济向特定区域总量集聚的趋势将会减弱,但是以地区专业化分工为主导的经济地理格局将会加速形成。与此同时,现有理论和经验研究发现,不同行业空间格局的演进存在较大差异。因此,未来关于中国经济空间结构变动的研究需要更多在细分行业层面上展开。

二、中国经济集聚与国际比较

国际比较研究是进行现代经济学研究的一种重要方法,这对于我们准确把握中国经济的现状与问题、对我国经济未来走势进行预测以及提出有针对性的政策建议都大有裨益。在对中国经济集聚趋势进行了讨论之后,我们关心的下一个问题是,与发达国家经验相比,中国经济集聚程度究竟是高还是低。

从行业空间集中程度来看,路江涌和陶志刚(2006)与 Lu 和 Tao(2009)计算了 1998—2005 年中国 4 位代码行业县域 EG 指数,发现虽然空间基尼系数显示的改革开放以来我国各行业的空间集中程度都呈现出上升趋势,但与发达国家相比,我国各行业的空间集中程度仍处于相对较低的水平(参见表 3.2)。

表 3.2 中国行业空间集中程度与发达国家比较

文献	研究国别	数据年份	行业	区域	低度集中行业比例/%	中度集中行业比例/%	高度集中行业比例/%
Ellison 和 Glaeser(1997)	美国	1987	459 个 4 位代码	3000 个县	10.00	65.00	25.00
Devereux et al. (2004)	英国	1992	211 个 4 位代码	477 个邮编区域	65.00	19.00	16.00

续表

文献	研究国别	数据年份	行业	区域	低度集中行业比例/%	中度集中行业比例/%	高度集中行业比例/%
Maurel 和 Sedillot(1999)	法国	1993	273 个 4 位代码	95 个县	50.00	23.00	27.00
Lu 和 Tao (2009)	中国	2005	537 个 4 位代码	2862 个县、区	75.98	16.2	7.82

资料来源：Lu 和 Tao（2009），第 110 页。

注：空间集中程度的低度、中度和高度分别指 $\gamma_i < 0.02$，$0.02 \leqslant \gamma_i < 0.05$ 和 $\gamma_i \geqslant 0.05$。

范剑勇和李方文（2011）计算了 1998—2007 年地级城市层面的泰尔指数值，并将地级城市层面的泰尔指数分解成两部分：省际各城市的泰尔指数值与省内各城市间的泰尔指数值。在与法国进行了比较之后发现，我国制造业相对于法国的同期发展阶段来讲，在各地级城市之间的分布较为平均，尤其是以沿海地区省内各地级城市之间的分布为甚（见表 3.3）。

表 3.3　1998—2007 年制造业在地级及以上城市的分布演变（泰尔指数）

年份	中国地级及以上城市		
	T	T_b	T_w
1998	0.41	0.23	0.18
2001	0.45	0.24	0.21
2003	0.45	0.24	0.21
2004	0.46	0.25	0.22
2005	0.44	0.234	0.21
2007	0.39	0.21	0.19
均值	0.43	0.23	0.20
年份	法国各城市之间		
	T	T_b	T_w
1860	0.60	0.29	0.40
1930	0.93	0.30	0.62
2000	0.50	0.17	0.33

资料来源：范剑勇和李方文（2011），第 61 页。

从城市规模来看，在城市数目内生的经济模型中都先验设定存在人均实际收入与城市规模之间的倒 U 型关系，即当城市规模处于较低水平时，城市规模扩大带来的集聚收益（如产品多样化等）大于集聚成本（如拥挤等），使得人均实际收入随着城市规模扩大而上升；当城市规模处于很高水平时，城市规模扩大带来的集聚成本上升速度快于集聚收益的上升速度，带来集聚收益小于集聚成本，最终导致人均实际收入随着城市规模扩大而下降（Black 和 Henderson，1999；Duranton 和 Puga，2001；Fujita et al.，1999；Helsley 和 Strange，1990；Henderson，1974）。Au 和 Henderson（2006）利用中国 200 多个城市 1990—1997 年的数据对人均实际收入与城市规模之间的倒 U 型关系进行估计。他们的研究发现，在全部 205 个样本城市中至少有 51% 的城市规模显著偏小于最优规模，而规模偏大的城市个数不超过 6%。他们的研究进一步指出，由于户籍制度等方面的制度约束，中国绝大多数城市规模都处于最优规模之下，从而造成人均净产出在平均意义上损失 30% 左右。Fujita et al.（2004）研究发现中国的城市规模不仅普遍偏小，而且城市规模均等化非常明显，并指出上海的人口规模及其增长速度均低于世界人口排名前 10 位城市[①]。Henderson 和 Wang（2007）对 142 个国家人口超过 10 万的 2684 个城市的统计研究发现，在 2000 年 2684 个样本城市中，人口规模 300 万以上的城市有 94 个，人口规模在 100 万—300 万的城市有 324 个，两者比重为 0.29（参见表 3.4）；2000 年中国人口规模超过 300 万的城市有 9 个，人口规模在 100 万—300 万的城市有 125 个，两者比例为 0.072。这就是说，与国际相比，中国 II 型大城市比重明显偏高，而超大城市、特大城市以及 I 型大城市占比较小。此外，他们还通过该城市样本对城市空间基尼系数进行了比较研究，研究发现全球总样本城市人口的空间基尼系数为 0.562，在中国、印度、美国、印度尼西亚、巴西、俄罗斯和日本等 7 个人口大国中，日本的空间基尼系数最高为 0.658，中国空间基尼系数最低为 0.423。这就是说，中国的城市规模不仅普遍偏小，而且存在"大城市不大，小城市不小"的规模均等化现象。

[①]　李国平和范红忠（2003）通过生产与人口空间集中的国际比较发现，相对于生产活动的空间集聚，我国人口的空间集聚明显不足。例如 1997 年日本的东京都、大阪府和神奈川县占日本全国面积的 1.75%，地区生产总值占日本 GDP 的 31.21%，人口占日本总人口的 22.94%；而 2000 年我国的京津唐地区、沪宁杭地区和珠三角（剔除了南京、湖州、绍兴和江门）占全国面积的 1.67%，地区生产总值占全国 GDP 26.22%，人口仅占全国的 9.03%。值得注意的是，上海的面积（0.63 万平方公里）与日本的东京都、大阪府和神奈川县三地总和的面积（0.64 万平方公里）大体相当，但上海人口为 1674 万人（2000 年），后者却有 2894 万人（1997 年）。

表 3.4　2000 年全球 142 个国家人口规模 10 万以上城市分布情况

城市人口规模 /万人	城市数 /个	该组城市数 占比/%	城市数比重 累计/%	该组城市的 人口占比/%	人口比重 累计/%
≥1700	4	0.15	0.15	4.50	4.50
[1200,1700)	7	0.26	0.41	5.20	9.70
[800,1200)	13	0.48	0.89	7.50	17.20
[400,800)	29	1.08	1.97	8.80	26.00
[300,400)	41	1.53	3.50	7.80	33.80
[200,300)	75	2.79	6.29	10.10	43.90
[100,200)	249	9.28	15.57	18.90	62.80
[50,100)	355	13.23	28.80	13.80	76.60
[25,50)	644	23.99	52.79	12.50	89.10
[10,25)	1267	47.21	100.00	11.00	100.10
合计	2684	100	—	100.10	—

资料来源:Henderson 和 Wang（2007），第 288 页。

此外，World Bank(2009)的研究也认为中国的经济集聚程度与世界发达国家相比仍处于一个相对较低的水平。World Bank(2009)发现，2000—2005 年低收入国家的城市人口大致年均增长 3%，中等收入国家为 1.3%，高收入国家为 0.9%。在人均 GDP 达到 1 万美元之前，城市化与经济发展具有显著的正相关关系，这表现为大量农村人口涌向城市的早期城市化；当人均 GDP 超过 1 万美元及经济集聚指数超过 0.6，城市化速度明显减慢；只有少数几个例外国家其人均 GDP 超过 2.5 万美元，且经济集聚指数在 0.7以上（见图 3.2）。

综上所述，已有研究大多认为中国区域和城市经济集聚程度并不高，但是我们认为上述针对中国经济集聚程度的研究，仍然存在着两个值得商榷的问题:第一，很多研究使用的数据大多是 2005 年之前的，尤其是国际上影响力较大、引用率较高的几项研究，比如 Au 和 Henderson(2006)、Henderson(2007)等，他们所得结论更多是基于中国 2000 年以前的数据。众所周知，自 2000 年以来，中国的经济社会获得了极大的发展，中国的城市化水平以及城市规模分布也发生了显著的变化。如表 3.5 所示，从 2000 年到 2010 年 200万以上城市的个数以及人口占比都发生了显著的变化。因而如果过分强调使用较早数据得出的结论,用以指导当前中国区域经济发展的实践,可能是有失偏颇的。第二,许多针对中国城市经济集聚问题的研究使用的大多是户籍人口数据,而非常住人口数据,由于在经济实际运行的过程中,与经济系统发生直接作用关系的是常住人口,而非户籍人口,甚至对于超大城市和特大城市来说,常住人口和户籍人口之间的差别非常大,以上海为例,2015 年,上海常住人口 2415 万人,而户籍人口仅有 1433 万人。因而使用户籍人口数据对中国城市经济集聚程度进行评估可能并不恰当,有必要采用最新的城市常住人口数据对中国城市集聚状况进行评估。

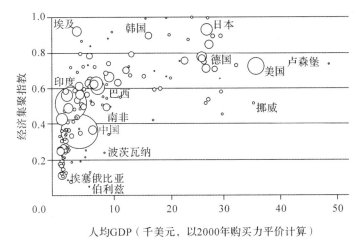

图 3.2   人均 GDP 与经济集聚程度的跨国比较

资料来源:World Bank(2009),第 60 页。

注:其中圆圈代表人口规模。

表 3.5   中国城市人口规模分布:2000 年、2010 年

人口规模范围/万人	2000 年			2010 年		
	城市数/个	平均规模	人口占比/%	城市数/个	平均规模	人口占比/%
≤1200	1	12900000	5.25	2	14430700	7.68
[400,1200)	4	8816250	12.34	13	6115462	21.16
[200,400)	18	2648622	19.39	30	2573287	20.55
[100,200)	70	1373303	39.09	81	1374964	29.64

人口规模范围/万人	2000 年			2010 年		
	城市数/个	平均规模	人口占比/%	城市数/个	平均规模	人口占比/%
[50,100)	77	700414	21.93	109	722735	20.97
总计	170	26438589	98	235	25217148	100

资料来源:朱希伟(2012)第 151 页。

注:在统计过程中去掉了人口规模在 50 万以下的城市,以减少中国县级城市数据缺失所引起的统计误差。

第三节　经济集聚的影响:增长与差距

一、经济集聚与经济增长

经济活动的空间集聚有利于促进经济增长(Martin 和 Ottaviano,2001;Fujita 和 Thisse,2003)。理论研究的这一论断在经验上获得了广泛的证据支持[1]。早期的研究,如 Ciccone 和 Hall 于 1996 年发表在《美国经济评论》(AER)上的研究较早证明了这一结论。他们的研究利用美国的数据通过两种不同的模型对集聚与增长的关系进行了实证检验,研究发现就业率密度和生产率之间存在着正相关关系:就业率密度每翻一倍会使劳动力生产率增加 6% 左右,并且美国各州一半以上的人均产出差别可以由经济活动密度的差别来解释。

事实上,关于空间集聚能够提升生产率的观点在世界范围内存在着广泛的经验证据(见表 3.6),如 Dekle 和 Eaton(1999)针对日本的研究发现,就业密度的提升对增进生产率具有显著的正效应;Cingano 和 Schivardi(2004)针对意大利的研究发现,城市就业密度上升对促进经济增长的作用非常明显;

---

[1]　由于城市规模大小也能从一定程度上反映经济集聚的程度,一些经验研究考察了城市化与经济增长的关系,这类研究并没有达成一致的结果,如 Henderson(2003)通过使用跨国动态面板数据的分析表明,在收入水平较高的国家中,经济活动的集聚对于经济增长的促进作用并不显著。对此,章元和刘修岩(2008)认为用市场或城市规模度量聚集经济可能并非最佳,而 Ciccone 和 Hall(1996)也早就指出,密度是度量聚集经济的合适指标。

Braunerhjelm 和 Borgman(2004)利用瑞典 143 个行业的数据研究发现,产业集聚程度较高区域的经济增长率显著高于其他区域,尤其是在技术密集型行业、原料使用密集度较高的行业中产业集聚对经济增长的促进效应更为显著;Ottaviano 和 Pinelli(2006)运用芬兰各地区的面板数据的研究也发现,人口密度与地区收入水平之间存在明显的正相关关系。

表 3.6 世界范围内密度与增长关系研究

作者	研究对象	主要结论
Ciccone 和 Hall(1996)	美国	就业率密度每翻一倍会使劳动力生产率增加 6% 左右
Dekle 和 Eaton(1999)	日本	就业密度的提升对增进生产率具有显著的正效应
Cingano 和 Schivardi (2004)	意大利	城市就业密度上升对促进经济增长的作用非常明显
Braunerhjelm 和 Borgman (2004)	瑞典	产业集聚程度较高区域的经济增长率显著高于其他区域
Ottaviano 和 Pinelli (2006)	芬兰	人口密度与地区收入水平之间存在明显的正相关关系
Ciccone(2002)	法国、德国、意大利、西班牙、英国 5 国	就业密度与生产率显著正相关,劳动生产率的就业密度弹性为 5%

为了从更广泛的区域层面考察集聚与经济增长之间的关系,后续一些研究采用跨国数据进行了更大地理层面的检验。Ciccone(2002)利用法国、德国、意大利、西班牙、英国 5 国 1992 年的数据,研究结果表明就业密度与生产率呈显著正相关,劳动生产率的就业密度弹性为 5%。Brulhart 和 Sbergami (2006)分别使用全球 105 个国家的数据(包括欧盟 16 个国家的数据)考察了经济集聚与经济增长之间的相互关系,也得出了同样的结论。

从现有研究来看,虽然大多数研究都认为经济集聚促进了增长,但也有少数研究认为经济集聚对经济增长的促进作用并不明显,代表性的研究如 Henderson(2003)、Bruhlart 和 Sbergami(2009)等,与这些研究所对应的理论研究成果就是著名的威廉姆森(Williamson)假说。Williamson(1965)认为在经济发展的早期阶段,由于基础设施比较差,产业的集聚有利于经济增长;在经济发展达到一定水平之后,基础设施也比较发达,经济集聚的拥挤效应将会超过其带来的收益,此时集聚可能不仅不利于增长,还会伤害增长。从经验研究的成果来看,Henderson(2003)不仅仅放大了研究对象国的地理尺度范围,同时也延长了研究对象的时间跨度,他们的研究运用了 70 个国家 1960—1990 年的面板数据,考察了集聚经济对增长的影响,研究发现:当使用城市化水平指标作为集聚的代理变量时,经济增长与集聚之间并不存在显著的相关关系;而当使用大城市人口占比指标(在超过百万人口的城市群占全国总人口的人口比重)作为集聚的代理变量时,在经济发展水平较低的国家,集聚对增长有显著的促进作用,这为威廉姆森假说提供了经验证据。关于威廉姆森假说的检验,另外一项值得指出的重要研究是 Bruhlart 和 Sbergami (2009)的研究成果。他们的研究为支持威廉姆森假说提供了更为直接的证据。他们的研究采用世界范围内 105 个国家 1960—2000 年的数据对空间集聚与经济增长的关系进行了检验。为了考察经济发展水平对集聚与增长相互关系的影响,在他们的研究中引入了关于集聚与经济发展水平(以人均 GDP 衡量)的交叉项,研究发现该交叉项的系数显著为负。这就是说,随着经济发展水平的上升,集聚对增长的促进作用将会减弱,特别的是,他们的研究发现当人均 GDP 水平处于 1 万美元以下的时候,经济活动的空间集聚促进增长;当人均 GDP 处于 1 万美元以上的时候,集聚对增长的促进作用减弱,甚至可能会对增长产生不利影响。此外,Bautista(2006)利用墨西哥 32 个州 1994—2000 年的数据,并采用工具变量解决经济集聚的内生性问题,在进行这样的处理之后,研究发现经济集聚对于经济增长的促进作用消失了。在另一项研究中,Bode(2004)对 Ciccone 和 Hall(1996)的理论模型进行了拓展,并采用德国的数据对经济密度与劳动生产率的关系进行再检验,研究发现在控制住私人收益以后,经济密度的提高对劳动生产率的促进作用不再显著。[①]

　　上述研究大多从经济集聚对经济增长的作用结果进行考察,而对经济集聚促进经济增长的机制涉及不多。因此,进一步从经验上验证经济集聚促进经济增长的机制,不仅有助于为理论研究提供更加翔实的证据支持,而且对于政府规划引导产业在空间上合理布局也具有非常重要的现实意义。Braunerhjelm 和 Borgman(2006)的研究在这方面给我们提供了一些有益的洞见。他们的研究考察了不同类型的集聚对经济增长的影响。他们将集聚的类型分为单产业的集聚(mono-industrial agglomeration)和多产业的集聚

---

　　① 遗憾的是,Bautista(2006)和 Bode(2004)的研究都是工作论文,还并未在国际主流学术刊物上发表。

（poly-industrial agglomeration），分别对应着马歇尔—阿罗—罗默外部性[①]（Marshall-Arrow-Romer externalities）和雅克比产业间外部性[②]（Jacobian inter-industry externalities），研究发现雅克比产业间外部性对增长的促进作用强于马歇尔—阿罗—罗默外部性对增长的作用。这就是说，在政府规划引导产业集聚发展的过程中，引导不同的产业集聚发展比引导单一产业集聚发展更有利于经济增长。这与我们对现实的观察似乎存在着比较大的出入，尤其重要的是，如果多产业集聚是有效率的，那么什么样的多产业集聚才更有效率，这对于指导产业集聚而言也更具现实意义。然而遗憾的是，他们的研究并没有对此做出回答。总体而言，在现有研究中针对经济集聚促进经济增长作用机制的研究还非常匮乏，甚至可以说是一个仍未被打开的"黑箱"，而在现实世界里，只有当我们深入地了解到集聚对增长的作用机制以后，才能更好地规划和引导产业布局，提升经济效率。

关于经济集聚与经济增长的经验研究，另一个重要的问题在于，从促进经济增长的角度来看，中国目前应该促进经济集聚还是抑制经济集聚？

范剑勇（2006）利用中国2004年地级城市和副省级城市的数据，检验了产业集聚与劳动生产率之间的关系，研究发现中国地区非农产业劳动生产率对非农就业密度的弹性系数为8.8%左右，高于欧美国家5%左右的水平。此外，他们的研究还认为这一集聚效应在省之间有存在差异和没有差异两种情况，在非农产业分布极不平衡的情况下，这都扩大了劳动生产率在各省之间的差异。章元和刘修岩（2008）运用中国城市的面板数据，用各个城市在1933年是否通铁路以及滞后的人口密度作为工具变量，进一步印证了聚集经济对促进人均实际GDP增长的作用。

Ying（2000）从中心—外围的视角，证实了中国空间经济中存在着溢出效应。之后，Ying（2003）进一步对中国1978—1998年省域经济增长进行了研究。结果发现，由于中国省域GDP增长水平与其相邻地区具有一定的空间相关性，以往的研究忽视空间因素可能存在不恰当的模型设定问题。估计系数显示，中国经济在空间上正在经历一个极化的过程。吴玉鸣和徐建华（2004）运用Moran指数法分析了中国31个省级区域的经济增长。结果发现，中国省域经济增长在地理空间上存在集聚现象，空间相关以及由此带来的国际国

[①] 它主要是指专业化的单一产业集聚对生产率产生的影响，比如重复研发的减少，以及由垂直专业化的增强和规模经济的利用而带来的产业层面的成本节约。

[②] 与马歇尔—阿罗—罗默外部性相比，在雅克比产业间外部性中，由于多产业集聚在一起，因而能为创新提供更加丰富多样的知识；另外，多样化的生产结构还能减弱一个地区对外部冲击的敏感性（Braunerhjelm和Borgman，2006）。

内贸易及外资等经济活动频繁,在很大程度上引起了 31 个省域经济增长的空间不均衡。地理特征对中国省域经济增长的"中心—外围"结构具有很强的解释力,经济活动的空间集聚使得经济活动的空间成本大幅下降。值得特别指出的是,对于当前的中国而言,对土地和劳动力等生产要素跨地区流动的限制造成的扭曲会抬高东部土地等要素的价格,从而抑制经济活动向东部集聚。陆铭(2011)的研究发现,在 1990 至 2006 年,远离大港口(香港、上海和天津)对城市土地利用效率的负面作用越来越大。在 2006 年,距离大港口 500公里左右的城市土地利用效率要比大港口附近地区低大约 50%。在距离大港口 450 公里以内的范围,城市建成区面积的扩张促进土地利用效率的提高,而在更远的内地,城市建成区面积的扩张有降低平均土地利用效率的作用。这就是说,如果允许建设用地指标跨地区交易,那么通过把西部的建设用地指标交易到东部,这样从总体上看,土地的使用效率就会提高,从而有利于经济增长。许政等(2010)进一步验证了地理和城市经济增长的"∽型"非线性关系,研究发现随着城市到大港口距离的由远及近,城市经济增长有一个先促进再抑制然后再促进的作用过程,并且从总体上来说,距离大港口越远越不利于经济增长。

然而,近来的一些研究却得出了不同的结论,如杨扬等(2010)认为我国城市经济集聚与经济增长之间存在威廉姆森所欲言的拐点效应,即在经济发展的早期阶段集聚促进增长,但是当经济发展达到一定阶段后,集聚不利于增长。并且他们还计算出了上述拐点值,为实际人均 GDP 水平 28283 元,这大概是 Bruhlart 和 Sbergami(2009)使用跨国数据研究所得值的一半。此外,徐盈之等(2011)采用省级面板数据,也对威廉姆森假说进行了验证,研究认为中国的珠三角、长三角和京津冀等经济圈已经出现了明显的过度集聚——拥挤效应。综上所述,空间集聚与经济增长的关系目前还存在比较多的分歧,仍然是一个有待检验的命题,但是已有研究也为进一步的研究指明了方向,越来越多的研究者已经认识到,关于空间集聚与经济增长的关系,重点不在于空间集聚是否能够促进增长,而在于空间集聚在什么条件下才能促进增长。

二、经济集聚与地区差距

经济集聚之所以在中国饱受争议,很大程度上是因为人们往往把经济集聚与区域差距扩大联系在一起。于是平衡区域发展就成为控制经济集聚的一个重要理由,然而中国的地区差距扩大真的应该归咎于经济集聚吗?恐怕未必如此。现有研究认为这个问题的回答取决于经济集聚是由何种生产性要素的集聚所导致的,以及区域一体化的程度如何。就要素集聚的类别来看,一般可以分为由熟练劳动力的流动所产生的集聚与由资本的流动所产生的集聚。在后续的文献发展中,前者往往对应于中心—外围模型,而后者则对应于母国市场效应。下面我们就来讨论由这两种不同的要素流动引起的经济集聚对地区差距的影响。

(1)熟练劳动力的流动。在中心—外围模型中,要素流动方向是由熟练劳动力的流动给出的。熟练劳动力跨区域流动的结果是,一地区完全吸收了另一地区的熟练劳动力,导致一个地区形成了区域的中心,而另一个地区则沦为了外围,并且中心地区的收入水平要高于外围地区,地区收入差距由此产生,这一现象也被称为"要素价格调节",代表性实证研究如 Head & Mayer(2006)所示。

(2)资本流动。在松脚型资本模型中,资本可以跨区域流动且为全体劳动力所拥有,但是与中心—外围模型有所不同的是,在资本跨区域流动后,资本收入仍然会被汇回到资本所有者的所在地,归原地区的资本所有者所有,并在资本所有者的所在地进行消费使用,这样地区间的名义上的人均收入差距不会扩大,这一现象被称为"要素价格调节",实证研究如 Davis & weinstein(1999,2003)所示。值得指出的是,在以往关于本地市场效应的研究中,并没有将本地市场效应与人均收入差距联系在一起,直到 Combes et al.(2008)在阐述本地市场效应时,将要素分类为可以跨区域流动的资本与不可跨区域流动的低技能劳动力,并证明在这样一种模型设置下地区间人均收入理论上是相等的。在此基础上,范剑勇和谢强强(2010)利用中国区域间投入产出表的数据,在经验上证实了中国本地市场效应的存在,并指出其与熟练劳动力的跨区域流动有所不同,资本的跨区域流动并不会导致地区间收入差距的扩大。这是因为在中国人多地少的基本国情中,各地区农业部门的劳动生产率或技术水平被认为是基本相同的,而且随着地区内部城乡统筹建设不断取得进展,地区内部农业部门与工业部门的劳动力流动已没有障碍,因此,由农业部门的技术水平决定工业部门的工资基本可以成立,也就是说,从本地市场效应中可以推断地区间收入差距不会扩大(范剑勇和谢强强,2010)。

然而,中国现实与新经济地理学经典模型之间的一个重要差异在于,理论模型中自由流动的许多要素在中国尚存在着严重的流动障碍,而这些人为设置的要素流动障碍可能是中国日益扩大的地区差距的一个重要原因,至少是造成地区差距的不容忽视的一个因素。从经验研究来看,生产要素在中国的跨地区流动和集聚并不是形成地区差距的原因。王美艳(2003)将由农村迁移劳动力和城市本地劳动力的一系列个人特征造成的工资差异从工资决定中分离出来,估计了劳动力歧视对工资差异的影响程度,发现上述两类劳动力工资差异中有76%可以用劳动力歧视来解释。姚先国和赖普清(2004)利用浙江省企业和农村劳动力调查数据分析了城乡工人在工资收入方面的差异,发现城乡工人的工资差异基本上可以归结为两个原因:一是人力资本水平的差异和工人就业企业的差异;二是农民工受到的户籍歧视。前者解释了两类工人工资收入差异的70%左右;户籍歧视所造成的工资差距达到30%左右。Démurger et al.(2009)利用中国2002年全国样本数据发现,城市居民的年工资约为长期农村流动人口的年工资的1.3倍。范剑勇和尹为醇(2009)利用中国区域间投入产出表的流量数据和全国农村劳动力流动调查表,详细分析了低技能劳动力流动与地区间工资水平之间的内在逻辑关系与实际影响程度。研究发现,沿海地区的市场接入(market access)[1]对工资的弹性系数低于非沿海地区1.7—2.7个百分点,这表明沿海地区市场接入能力的提升对工资上涨的作用弱于非沿海地区,也就意味着经济活动在沿海地区的集聚导致低技能劳动力向沿海地区流动并不会显著扩大地区间的收入差距。从理论研究来看,朱希伟(2004)发现户籍制度的存在使得中西部地区潜在的工业劳动力向东部地区转移决策面临着迁徙成本与技术差距之间的比较。也就是说,过高的人口流动成本将阻碍中西部潜在工业劳动力流向东部,从而阻碍他们获得东部较高的技术效率。同时,如果从中西部流向东部的潜在工业劳动力生产的产品与东部原有工人生产的工业产品之间的替代性很小,那么放松人口流动管制不仅可以使流动的潜在工业劳动力获得更高的实际福利水平,也可以使东部原有工人的实际福利水平提高。这是因为,潜在工业劳动力进入东部虽然与东部原有工人在劳动力市场形成竞争,会降低东部的名义工资率;但如果潜在工业劳动力生产的工业产品与东部原有工人生产的工业产品差异较大(替代性较低)的话,这将会通过消费品的多样化使东部地区物价指数的下降速度快于名义工资率的下降速度,从而也会提高东部原有工人的实际福利。Song et al.(2010)进一步在内生人口流动框架下验证了上述结论。

当我们在考虑中国的区域收入差距的问题时,必须要将目前的户籍、土地政策联系起来,作为一个整体进行考虑。已有研究提出了一个关于中国放

---

[1]　范剑勇和尹为醇(2009)将 market access 译成"市场准入",我们认为不是很恰当,容易使人产生误解。该词用于刻画某一地区企业对于所有地区需求的接入能力,其大小一般取决于:(1)需求地的收入水平;(2)需求地的竞争程度;(3)企业所在地与需求地之间的贸易成本。

松人口流动管制及允许建设用地指标跨省区再配置对地区收入差距变动产生影响的理论假说。该假说的核心思想是，在目前的户籍和土地管制政策下，经济活动向发达地区的集聚受到抑制，从而无法发挥集聚带来的规模效应和增长效应，这不仅不利于提高全社会的绝对福利水平，还会抑制欠发达地区居民的逐利行为，从而导致地区收入差距扩大。因此，上述政策管制的效果如图3.3所示，在短期内会扩大发达地区与欠发达地区之间的收入差距，从而加剧"阵痛感"；在长期内还会推迟地区收入差距倒U型曲线拐点的到来，从而延长"阵痛期"；这些都不利于缩小地区间收入差距。当然，这个假说是否可以得到正式的证明，是值得深入研究的[1]。如果说这个假说能够得到证明并获得普遍认同的话，那么通过推动户籍和土地的改革，就有可能实现全国生产效率的再提升，这对于提升我国资源要素配置效率具有重要意义，而这也是推进供给侧结构性改革的核心要义所在。

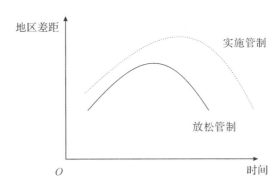

图 3.3　政策管制与地区差距变动

第四节　区域政策实践探索：促进要素
自由流动与实施区域援助[2]

　　无论是在国内还是在国外，对落后地区的援助政策从未停止过。因为这不仅仅是一个重要的经济问题，更牵涉到人们对于社会公平的看法，以及社

---

　　① 中国各级政府近年来开启的户籍制度改革可以看作是验证上述假说的绝好素材，从而为后继研究者从事实上验证上述假说提供了可能。

　　② 在财政分权的体系下，促进经济一体化和区域援助都是实现区域经济协调发展的重要手段，并且二者之间具有替代性。关于二者相互关系更详细的讨论，详见范子英(2011)。

会意识形态和政治问题，而社会意识形态和政治问题反过来又会影响经济绩效。那么区域政策究竟在多大程度上改变了经济版图？国内外关于区域发展政策的研究和实践又能为中国今后的区域政策制定提供哪些启示？

区域平衡发展是欧盟政策制定者最为关注的内容之一。从欧盟财政预算来看，大约有 1/3 的资金用于各项区域政策，例如在 2000—2006 年的 6 年间，约有 2130 亿欧元用于该项支出，除此之外，欧盟各国政府自身也花费大量支出用于缩小区域差距（Dupont 和 Martin，2006）。然而一直以来，区域平衡发展都困扰着欧盟，无论是意大利，还是德国，甚至整个欧盟，致力于缩小地区差距的政策总是收效甚微（Brakman et al.，2005）。事实上，大量的实证研究发现，欧洲是由一系列"中心—外围"结构组成的复杂体系，相对于由市场主导的向心力（centripetal forces）而言，致力于发展外围地区的区域政策所带来的离心力（centrifugal forces）似乎总显得软弱无力。这部分地解释了为什么区域经济版图没有像政策制定者们所预想的那样发生转变。

在欧洲，政策制定者们已经注意到这一事实，并逐渐开始转变他们的政策理念，例如"Pieken in de Delta"（Minsterie van Economische Zaken，2004）和"The'Third Report'"（European Commission，2004）两项报告就表明，政策的重心在从区域间平等向整体效率的提高转变。总体来说，过去那种对落后地区采用的赶超政策逐渐被一些更富弹性的政策所取代，在这些政策理念中，市场发挥着越来越重要的作用（Brakman et al.，2005）。

在亚洲，区域平衡发展同样受到了极大的关注。例如在二战后，最早实现经济复苏的日本，在 20 世纪 60 年代后就一直致力于地区的均衡发展。尤其是随着日本首都东京的膨胀引发的环境、交通、居住等一系列问题日益突出，日本政府在 1986 年制定的"第四次首都圈基本计划"中明确将集中于市中心的功能向周边地区分散；1999 年的"第五次首都圈基本计划"又明确完善东京的"分散型网络结构"（张良和吕斌，2009）。这些政策使得东京都人口规模出现停滞和下降，而与之相伴随的是东京的发展速度和国际地位下降，甚至在一定程度上影响到日本的经济增长（陆铭和陈钊，2009a）。但自 2000 年起，东京的人口在经过多年停滞和减少后又开始增加，出现"向市中心的回归"的趋势，同时，日本的"首都功能分散计划"并未实现预期的政策效果①。

---

① 1985 年，东京人口为 1182.9 万人，至 1999 年，即"第五次首都圈基本计划"发布实施，人口变为 1197.3 万人，期间人口有小幅波动，但在 2000 年以后，东京人口一直处于上升状态，至 2005 年，东京人口达到 1257.7 万人（陆军等，2010）。

对中国来说,自改革开放以来,持续扩大的地区差距不仅是一个经济问题,而且是一个严重的社会问题,甚至在一定程度上逐渐成为中国社会不安定因素的来源之一。基于上述考虑,中国政府于2000年开始先后提出与实施"西部大开发""振兴东北等老工业基地"和"中部崛起"等区域均衡发展战略,在中西部地区加快实施基础设施建设,加强生态环境保护建设,积极调整产业结构和加大改革开放力度等一系列政策措施。从2000年至2009年9月,中央财政向西部地区下达中央建设投资累计达5507亿元,并适当提高对西部地区项目补助比例,使中央预算内基本建设资金和国债项目资金用于西部基础建设的投入不断增加。从2014年开始,为了实现区域协调发展,中国政府又提出了"一带一路"倡议、京津冀战略和长江经济带战略,并将它们上升为我国新时期三大战略,这涉及一大批项目和工程,势必也就会对重塑我国经济地理版图带来深刻影响。

然而,中国政府致力于实现协调发展的区域政策,能否按照战略设想,成功重塑中国的区域经济版图,使落后地区实现长期的经济增长,却犹未可知。从区域产业转移的情况来看,现有研究表明,"大规模的产业转移并未发生","产业转移并不明显"(陈建军,2002;陈计旺,2007;陈秀山和徐瑛,2008;赵伟和张翠,2009)。而对于那些存在扩散过程的子行业来说,陈秀山和徐瑛(2008)进一步认为,1996—2005年发生的扩散过程对于区域间产业结构冲突①作用非常显著,扩散过程加剧了区域产业结构冲突。从人均GDP地区差距来看,已有研究认为,进入21世纪以来,以2004年为分界线,在2004年之前,虽然人均GDP和消费的地区差距仍在扩大,但趋势比20世纪90年代平缓;在2004年之后,地区收入差距不断扩大的趋势发生了逆转(刘生龙等,2009;魏后凯和孙承平,2004;许召元和李善同,2006)。区域发展差距的下降发生在西部大开发等一系列区域均衡发展战略之后应该不是一种巧合,刘生龙等(2009)对西部大开发的实施成效进行了检验。研究发现,西部大开发的实施,使得西部地区自2000年以来的年均经济增长率增加了约1.15个百分点,促使中国区域经济从趋异转向收敛;但西部大开发促进西部地区经济增长的机制,主要是通过大量的实物资本特别是基础设施投资实现的,西部地区的教育发展、科技进步及软环境并没有因为西部大开发战略的实施而得到显著改善。可见,西部大开发带来的短期经

---

① 该指标主要用于度量区域分工的合理性:$E_{ij} = R_{ij} * r_{ij}$,其中,R_{ij}表示区域 i 和区域 j 之间的产业结构相似系数,r_{ij}表示两个地区各个行业同时出现低效率和不被市场接受的情况,即产业同步弱质性。

济增长能否转化为内生的长期增长仍有待观察。事实上，将美国和欧洲的发展经验进行比较后发现，虽然美国经济集聚程度很高，但是，由于美国国内市场一体化的程度尤其是劳动力的流动性程度要高于欧洲，区域计划政策从来没像欧洲那样成为如此重要的一个问题。这也从实践中证明：只要劳动力能够自由流动，那么由市场自发决定的经济集聚程度无论是高还是低，区域差距都不会是问题。相信这一观点也会为我们思考中国的区域经济发展实践带来一些有益的启示。

第五节　本章小结

经济集聚是各国经济发展过程中的普遍现象。然而，由于地区差距（包括区域人均差距和区域总量差距）的扩大往往与经济集聚相伴随，在一些地区差距较严重的国家或经济体中，区域政策往往在重塑经济地理版图上被寄予厚望。遗憾的是，这种通过区域政策追求平衡的美好愿望在实践中的效果却往往并不理想。在欧洲，政策制定者们逐渐意识到，经济向中心地区集聚的力量是如此之强，以至于那些致力于发展落后地区的政策虽然花费巨大但却收效甚微。在中国，自西部大开发以来，地区差距扩大的态势暂时得到了缓解。但如果地区差距的改善仅仅是由中央政府对中西部地区的大规模政府支出抑或给予的优惠政策引起的，那么东部地区向西部地区的大规模产业转移仍然很难发生，除非西部地区人力资本的积累、制度环境的改善等影响长期经济增长的因素得到根本好转。

研究者们越来越清楚地认识到区域政策追求的目标不应该是总量上的平衡，而应该注重人均意义上的平衡；如果政府试图通过控制要素流动来把控经济集聚程度，甚至可能不利于地区间收入差距的收敛。国际经验表明，在更发达的经济一体化市场条件下，人均收入差距并不会呈现持续扩大的趋势。由此我们推断，中国目前最紧迫的任务应该是进一步深入推进供给侧结构性改革，深入整合国际国内市场，实现商品、劳动、资本和知识的自由流动，也即逐步消除任何不利于商品、要素和知识流动的制度障碍。从这个意义上说，中央政府试图实现平衡发展的区域政策，以及据此对中西部地区给予的各项扶持措施；与其把钱投在物上，还不如把钱投在人上（包括医疗和教育等），以促进欠发达地区人力资本的积累以及增加劳动者的流动能力①。

最后，虽然目前人们对空间集聚与地区差距相互关系的问题达成了一些共识，但是关于空间集聚对经济增长的影响的讨论仍然存在着诸多分歧。早期针对中国空间集聚的研究大多支持了中国应该鼓励集聚的结论。这些研究认为无论是从产业空间集中程度还是从城市规模分布来看，中国的经济集聚程度都算不上高，因而在中国控制经济集聚程度是缺乏效率的。然而近来有一些研究却得出了不同的结论，这些研究承认了在经济发展的早期阶段，集聚对增长的促进作用，同时也指出，当经济发展达到一定阶段之后，进一步的集聚将不利于经济增长。因此，就中国目前的经济地理格局和经济发展阶段来看，如何看待空间集聚与经济增长的关系仍然是一个需要审慎对待的问题。本书认为，当在讨论关于中国空间集聚与经济增长的相关问题时，需要在以下四个方面有所完善：第一，需要发展一个逻辑自洽的理论框架，并能解释为什么在不同的经济发展水平下，空间集聚与经济增长的关系可能发生变化。也就是说，在经济发展的过程中究竟是哪些关键变量发生了变化，使得空间集聚与经济增长之间的关系可能发生逆转。第二，就中国目前区域经济发展所面临的动态效率与空间平等的权衡问题而言，理论上是否存在一个两全其美的办法。目前关于区域平衡和经济增长的讨论似乎都认为这是一个非此即彼的问题，推动经济集聚以促进经济增长是否一定就会伤害公平，这个问题恐怕值得商榷；同样的，为推动区域平衡，由政府引导产业向欠发达地区迁移是否一定就不利于增长，这个问题同样也需要仔细斟酌。第三，鉴于近十年来中国区域经济版图发生了很大的变化，因而有必要使用中国最新的数据对空间集聚与经济增长的关系进行检验。与成熟经济体不同，中国自改革开放以来的四十年中，经济增长速度不仅在总量上表现得非常快，从区域来看，分化也很大。这种经济增长速度的差异变化不仅表现在东部沿海与中西部地区之间，而且在东部沿海各省之间，近些年的增长差异变化也很大。第四，在计量模型的设计上，有必要引入空间集聚与经济增长的非线性特征。在后面的章节中，我们将会逐一对这些问题进行回答。

---

① 英国《经济学家》杂志于 2011 年 3 月 12 日发表了"地区差距：差距经济学"一文，文章基于过去 20 年中英国最富裕地区与最贫困地区人均收入差距不断扩大的事实，对通过富裕地区向贫困地区提供补贴来缩小地区差距的政策做出了质疑和批评，并提出了缩小英国地区差距的两项政策措施：其一，使人员流动变得更容易；其二，提高贫困地区的受教育水平。这也是本章所要阐释的主要政策启示之一。

附录 3.1　18 个行业空间基尼系数变化图

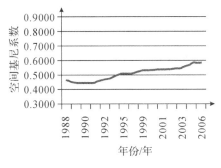

1. 非金属矿物制品业

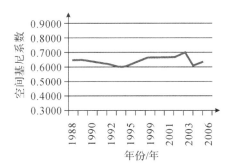

2. 黑色金属矿采选业

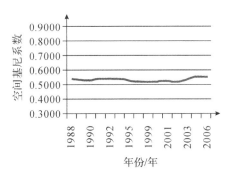

3. 黑色金属冶炼及压延加工业

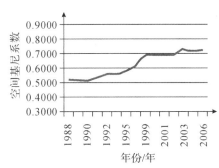

4. 金属制品业

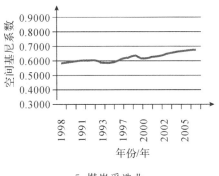

5. 煤炭采选业

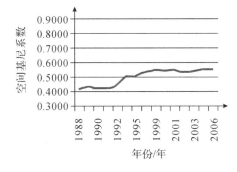

6. 食品制造业

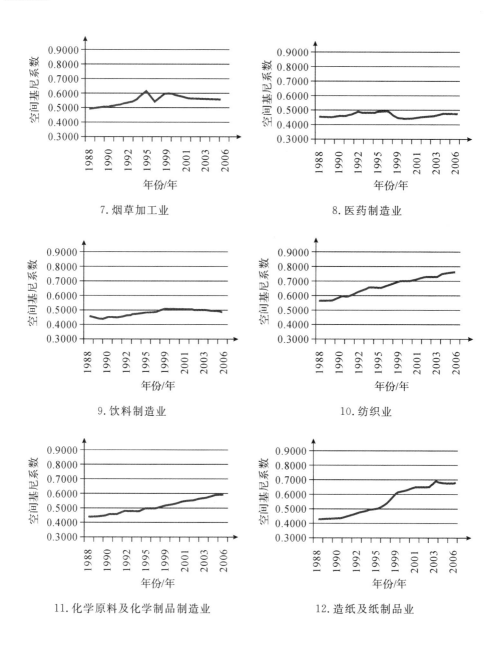

7.烟草加工业

8.医药制造业

9.饮料制造业

10.纺织业

11.化学原料及化学制品制造业

12.造纸及纸制品业

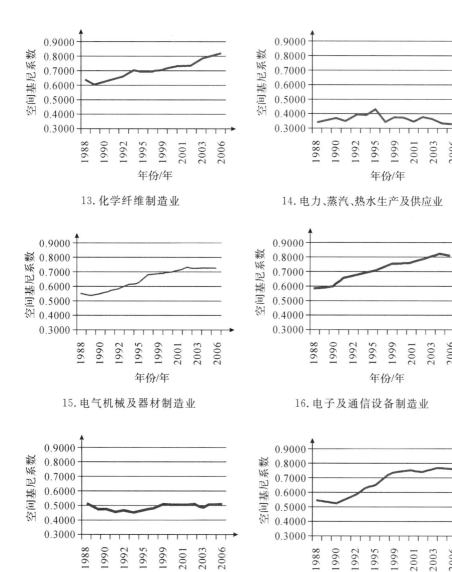

13.化学纤维制造业

14.电力、蒸汽、热水生产及供应业

15.电气机械及器材制造业

16.电子及通信设备制造业

17.交通运输设备制造业

18.仪器仪表及文化办公机械业

注:图中横坐标表示年份,纵坐标为空间基尼系数。

资料来源:根据历年《中国工业经济统计年鉴》计算得出。

第四章 多维度区域一体化、产业集聚与经济增长

第一节　动态效率与区域差距的权衡

　　对于地区差距问题严峻同时又处于经济增长速度换挡的敏感时期的中国来说,如何平衡区域平等与经济增长的关系有着重要的意义。这关系到不同地区的人们是否能平等分享经济发展的成果、区域平等甚至是社会稳定,以及中国能否实现可持续发展甚至是能否成功转型,进而又会影响到中国在新一轮国际竞争中的地位。一方面,自改革开放以来,中国东部沿海地区率先实行了对外开放,使得东部沿海地区获得了迅速的发展,并因此带动中国实现了 40 年的经济高速增长。尽管如此,与世界范围内发达国家相比,中国居民无论是在人均收入还是生活水平上仍存在着较大差距。未来一个时期内,如何使中国经济保持中高速增长,以实现 2020 年全面建成小康社会的目标仍然是我国各级政府需要考虑的重要问题。另一方面,由于东部沿海地区具有先天的地理位置优势和享有改革开放早期的政策等优势,东部沿海地区与中西部内陆地区的收入差距不断增大,成为我国居民收入差距的主要来源之一,并在一定程度上影响了社会的和谐与稳定。

　　就区域平等与经济增长的关系来看,主要存在以下三种可能的组合。其一,通过非平衡的发展战略使一部分地区先富起来,也就是说集中力量使全国经济增长起飞,与此同时,另一部分地区的经济发展则可能遭受损失,这可以被看作是"一输一赢"的经济发展格局。其二,在集聚中走向平衡,也就是说在先富地区的经济发展程度达到一定水平之后,充分发挥其溢出效应,带

动欠发达地区经济增长,使欠发达地区也能分享经济增长的成果,从而最终实现先富地区和欠发达地区的"双赢"局面。值得指出的是,这种"双赢"局面只有在非平衡发展战略中所产生的增长效应和溢出效应足够强的时候才有可能实现,否则难以扭转"一输一赢"的境地。其三,以平衡促增长,在经济发展的过程中,也应该看到欠发达地区对促进国民经济增长的作用,尤其是如果一国的经济增长速度取决于全国不同地区加权的人均资本存量的话,那么在一定条件下,提升欠发达地区人均资本存量可能对全国经济增长更为有利。相反,如果此时进一步推动经济向发达地区集中,一方面有可能会使欠发达地区的经济陷入过于贫穷的境地,不利于增长;另一方面由于发达地区的经济集聚已经非常充分,进一步的集聚对增长的促进作用则非常有限,无法抵消牺牲欠发达地区经济发展带来的损失,因此可能不利于全国经济的增长。

新经济地理学与新增长理论都以 Dixit-Stiglitz 垄断竞争模型为建模基础,这为研究者们从理论上探讨两者的关系提供了可能。Martin 和 Ottaviano(1999)较早建立了集聚与增长的一般均衡模型,研究发现产业集聚对经济增长具有促进作用。Martin(2001)的研究更进一步认为经济集聚与增长之间存在相互促进和加强的关系。后续的一些理论研究进一步丰富和强化了相关结论,如 Basevi 和 Ottaviano(2002),Fujita 和 Thisse(2003),Baldwin 和 Martin(2004)等的研究。然而,Cerina 和 Muredd(2012)最近的一篇研究却认为空间集聚与经济增长之间的关系并非总是单调的,而是要受到工业产品与传统产品之间替代弹性的影响。

作为影响区域经济格局的重要变量,区域一体化的实施往往备受关注[①],它不仅影响着区域经济的格局与分布,还影响着产业集聚与经济增长之间的关系。我们在这里要特别强调的是,区域一体化是一个多维度的概念,不同维度的区域一体化对产业区位分布的影响大不相同。粗略地来看,区域一体化至少包括以下三个维度:商品市场一体化、资本市场一体化以及知识溢出地提升。笼统地讨论区域一体化对经济地理和增长的影响可能并不恰当。现有研究主要考察商品市场一体化的影响,对其他纬度一体化的分析还比较缺乏。新经济地理学(NEG)静态模型主要考察了商品市场一体化对经济地理格局的影响,并以此为研究切入点,产生了大量研究成果(Krugman,1991;Martin 和 Rogers,1995;et al.)。而在为数不多的新经济地理学动态模型(NEGG)中,少量研究考察了区域间知识溢出的影响。就我们所知,在 NEGG

[①] 事实上,如果区域之间实现了完全的一体化,也即不同区域之间的产品价格和要素价格等都是一样的,那么区域在空间上完全就可以退化成一个点,换句话说,区域问题也就不存在了。

的理论研究中，仅有一篇文章考察了资本流动成本的影响。由此可以看出，现有研究对区域问题的考察主要集中在商品贸易成本上，对于生产要素流动成本以及知识流动成本的分析还很有限。关于区域一体化三个维度的问题我们将在本章第二节专门展开讨论。

本章建立了一个人口规模不对称的两区域模型，研发部门的生产效率由全部区域的加权人均资本存量给出，在此基础上分析了三种不同区域壁垒对区域平等与经济增长的影响。本章的第一个发现是即使在局部知识溢出的条件下，经济集聚也并非总是促进增长的，这取决于不同区域间知识溢出水平的高低：当区域间知识溢出比较低的时候，经济集聚对增长有利；当区域间知识溢出比较高的时候，经济分散对增长有利。本章的第二个发现是不同维度的区域一体化对区域平等和经济增长的作用效果有很大不同，具体来说：商品市场的一体化总是促进经济集聚的，但关于经济增长和收入差距的影响取决于区域间知识溢出的程度，当知识溢出比较低的时候，商品市场一体化促进增长，同时减小收入差距，反之，当知识溢出比较高的时候，商品市场一体化不利于增长，同时扩大收入差距；区域间知识溢出水平的上升总是促进增长的，同时促进经济分散并减小收入差距；资本市场的一体化总是促进经济分散的，但对经济增长的影响则较为复杂，当知识溢出比较低的时候，资本市场一体化不利于增长，反之，当知识溢出比较高的时候，资本市场一体化对经济增长的影响呈 U 型变化。本章的第三个发现是产业集聚对社会福利的影响也取决于知识溢出水平，当知识溢出比较弱的时候，产业集聚有利于发达地区居民福利水平上升，并可能同时提高欠发达地区的水平；当知识溢出比较强的时候，产业集聚会使欠发达地区居民福利受损，并可能同时不利于发达地区居民福利的提高。

本章余下部分结构安排如下：第二节重点分析了区域一体化的三个维度；第三节建立了一个基本的模型，作为本章的分析框架；第四节主要是通过求解经济系统均衡，得出有关整个经济系统的一些性质；第五节分析了商品市场一体化、知识溢出水平上升和资本市场一体化三个维度的区域一体化分别对经济系统均衡的影响；第六节是对整个经济系统不同区域居民的福利情况展开分析；最后是结束语。

第二节　区域一体化的三个维度

在对区域一体化的三个维度进行阐述之前，有必要先说明为什么从这三个维度去看待区域问题是重要的和必要的。第一，三个维度的区域一体化有着明显的区别。总体来讲,铁路、公路等交通基础设施的建设将会极大地降低商品在不同地区的流动成本,从而大大提升商品市场的一体化程度。知识在空间中的传播虽然也跟交通基础设施有关,但是互联网和电信基础设施等对知识传播的作用则更为显著。至于资本市场的一体化则更多属于制度层面的内容,与基础设施建设的关系不大。第二,三个维度的一体化并非总是同步的。就中国改革开放以来经济社会发展历程来看,交通基础设施的建设较早开始展开,以此率先带动商品在全国范围内快速低成本流通;然后随着科技的进步,移动电话、互联网逐渐开始普及,知识在区域间的传播也随之变得越来越容易;资本市场的一体化则随着改革的深入推进不断深化,事实上,随着交通基础设施的逐步完善,制度层面的大通关机制逐渐被提到越来越重要的位置上来,特别是自供给侧结构性改革提出以来,大大提升了资本要素在全国范围内优化配置的水平,也使得资本一体化水平随之提升。

首先我们来看商品市场一体化的决定因素。本书中所提及的商品市场一体化程度即是指同一种商品在不同地区的价格差异的大小,同一种商品在不同地区的价格差异越小说明商品市场一体化程度越高,反之则说明商品市场一体化程度越低。这里我们着重讨论由运输费用所导致的不同区域的商品价格差异,而忽略由制度和税率等因素导致的商品价格差异。影响运输费用的因素主要有以下几点:一是交通运输工具的发展水平,随着轮船、汽车、火车、飞机的发明,各种距离的商品运输都逐渐得以实现,并且随着这些输运工具性能的提升,运输时间和运输费用也随之减少。二是交通基础设施的发展水平,随着铁路、公路、内河、港口等交通基础设施水平的提升,尤其是高速公路、高速铁路和港口的发展,大交通、大物流网络加快形成并完善,大大地降低了商品流通的成本,并极大地促进了国内外贸易的发展。三是取决于物流运输行业的发展状况,随着商品贸易的增多,专业化的物流运输企业开始出现并逐渐兴起。由于物流产业具有明显的规模报酬递增的特点,小型物流企业逐渐被大型物流企业兼并,行业的企业集中度逐渐提升,因此也会对物流运输定价产生重要影响。在本书的分析中,鉴于第三种因素所造成的物流运输费用变化非常复杂,且并非本书关注的主要问题,本书对其不予讨论,将重点关注前两种原因所带来的商品市场一体化程度的变化。

其次是知识溢出一体化。知识溢出一体化主要衡量的是当一种新的知识在一个区域被创造出来以后,这种知识在多大程度上能够被另一个区域所获知。如果两个区域能够无差异地获取这项知识,那么就可以认为是完全的知识溢出一体化;如果另一个区域完全不能获得这项新的知识,那么就可以认为区域间不存在知识溢出。为了便于说明知识溢出的决定因素,我们先来看一个简单的例子,当一个区域(专利发明地)发明了一项新技术以后,要把这项新技术传播到另一个区域(专利引入地)可以有以下几种方式:一是将掌握这项技术的人员从专利发明地迁移到专利引入地;二是把这项技术以文字和图的形式写出来,然后将这份载有技术说明的物品从专利发明地运输到专利引入地;三是直接通过电话传播,也即通过专利发明地的技术人员与专利引入地的技术人员进行一对一交流的技术传播;四是通过互联网传播,专利发明地将这项技术发布到网上公开,那么所有其他区域想要了解这项技术的人都可以方便地了解这项技术。以上四种专利的传播方式分别对应着不同的"运输方式",显然这四种"运输方式"对专利技术的传播效果和成本是极为不同的,第一种方式的传播成本最高,而第四种最低,更重要的是这四种知识的"运输方式"在经济发展过程中也存在着明显的先后顺序。在有文字记载的历史出现之前,新的"发明"只能通过掌握这项技术的人进行传播。随着纸的发明,书籍大量的出现,极大地促进了知识的传播,再到后来无线电技术的出现,知识传播的成本进一步降低、速度也进一步加快。到现在,随着互联网的普及,身处这个世界上最偏远的角落的人们也可以很方便快捷地知道世界上最前沿的科技成果信息。因此,我们可以认为随着经济发展水平的提高,知识在区域间的溢出也变得更加容易,知识市场的一体化程度也越来越高。

最后是资本市场一体化。我们这里讨论的资本市场一体化和在金融学中讨论的资本的性质有所不同,仅仅从金融属性上看,所有的资本都是同质的,决定资本市场一体化程度的主要因素是不同区域的金融制度。例如,我国就对资本跨境流动进行了较为严格的管制,无论是国际资本想进来,还是国内资本想"走出去"都必须经过相应的审核,由此也导致了资本跨区域流动会产生高昂的成本。在本书中,我们不讨论这种由金融管制或是金融制度差异产生的资本流动成本。我们重点讨论由不同区域资本专用性所产生的资本流动成本,关于资本专用性,我们作如下定义:资本专用性是指由于不同区域的政策、人力资本、语言环境以及配套基础设施等方面的差异,在一个地区生产出来的资本很难再转移到其他地区使用,若将这种资本转移到其他地区使用,则它的价值会降低,在最极端的情况下甚至可能变成毫无价值的资产。根据这个定义不难看出,在一般情况下,资本在经济发展水平相近的国家之间流动时,资本市场一体化水平较高;资本在经济发展水平差距较大的国家之间流动时,资本市场一体化水平较低。

在对三个维度的区域一体化进行了简要的说明之后,下面我们将在综合考虑三个维度的区域壁垒的条件下,构建本章的基本模型框架。

第三节 两区域动态模型

在本书的模型中,首先考虑一个由两个地区和三个生产部门组成的经济系统。我们把两个地区分别记为东部和西部,每个地区都有资本和劳动两种生产要素,并使用这两种生产要素生产农产品、制造业产品和资本品。

我们不失一般性地假定东部较为富裕,东部在初始条件下有着更丰富的劳动力和资本,分别用 L 和 K 表示劳动和资本,并用 $*$ 号表示西部的变量,不妨记东部拥有的劳动力数量和资本数量占劳动力和资本总量的比例分别为 θ 和 κ,则有 $L = \theta L^w$, $K_0 = \kappa K_0^w$, $\theta > \dfrac{1}{2}$, $\kappa > \dfrac{1}{2}$。两个地区有着相同的生产技术、偏好和运输成本。为了简化分析,下面集中讨论东部的情形,西部可以通过类似东部的表达式写出。

一、消费者行为

代表性消费者的效用函数为:

$$U = \int_0^\infty \ln\left[C_M^\mu(t) C_A^{1-\mu}(t)\right] e^{-\rho t}\, dt \tag{4.1}$$

$$C_M(t) = \left[\int_0^{N+N^*} c_i^{\,1-1/\sigma}\, di\right]^{\frac{1}{1-1/\sigma}}; \sigma > 1$$

其中,C_A 是消费的农产品的数量,C_M 是消费的制成品的总量,μ 是花费在制成品上的支出份额,ρ 是时间偏好,σ 是不同制造业产品之间的替代弹性。N 和 N^* 分别是东部和西部所生产的制造业产品的种类数量。在这样的一个模型设定下,增长即来源于消费者所消费的制造业产品种类数量的增加。

对于东部的单个消费者来说,其预算约束由下试给出:

$$\sum_{i=1}^{N} p_i c_i + \sum_{j=N+1}^{N+N^*} \tau p_j^* c_j + p_A C_A = E \tag{4.2}$$

其中,p_A 是农产品的价格,p_i 是第 i 种制造业产品的价格,τ 是制成品在不同区域间运输的贸易成本。遵循 Samuelson(1954)和新经济地理学文献的传统,这里的贸易成本也采用冰山成本的形式,即企业为了在外地市场销售一单位的制成品,需要从本地区运出 $\tau > 1$ 单位的产品。也就是说,当 1 单位制造业产品在不同区域间进行贸易时,只有 $1/\tau$ 部分可以到达目的地。

为了确定消费者的最优消费决策,消费者可以分三个步骤来决定。首先在时间路径上,消费者需要在支出和储蓄之间分配消费。最优的消费路径需要满足标准的欧拉方程:

$$\frac{\dot{E}}{E} = r - \rho \qquad (4.3)$$

其中,r 是在东部进行投资的资本回报率(Martin,1999;Baldwin 和 Martin 2004;et al.)。其次,根据 C-D 效用函数的性质,消费者效用最大化意味着消费者将会把其收入的 μ 部分用于购买制成品,而将剩下部分用于购买农产品。再次,消费者在不同种类的制成品之间最优化其支出。因此,东部地区对一种制造业产品的全部总需求为:

$$d_{jN} = \frac{p_{jN}^{-\sigma}}{P_N^{1-\sigma}} \mu E \; ; j = N, N^* \qquad (4.4)$$

$$P_N = \left[\int_0^{N+N^*} p_i^{1-\sigma} \mathrm{d}i \right]^{\frac{1}{1-\sigma}} \qquad (4.5)$$

其中,P_N 为东部地区的价格指数,d_{jN} 表示东部地区消费者对 j 地区的企业生产的产品的需求量,p_{jN} 为 j 地区企业生产的产品在东部地区销售的价格,E 为东部地区的总支出。

与东部地区消费者相类似的,西部地区消费者对一种制造业产品的需求为:

$$d_{kN^*} = \frac{p_{kN^*}^{-\sigma}}{P_{N^*}^{1-\sigma}} \mu E^* \; ; k = N, N^*$$

二、生产者行为

下面转向生产方面,遵循新经济地理学的传统,假定农产品是完全同质的,农业部门以规模报酬不变的技术生产农产品,然后将农产品在完全竞争的市场上进行出售,农产品可以在两区域间无成本地进行贸易。不失一般性的假定每一单位的劳动力可以生产一单位的农产品。这样就可以将劳动力的工资标准化为1,并将其作为计价物,有:

$$p_A = p_A^* = w = w^* = 1 \qquad (4.6)$$

这就是说东部地区劳动力的工资、西部地区劳动力的工资以及东部地区农产品的价格、西部地区农产品的价格都相等,且都等于1。

制造业产品通过规模报酬递增的技术进行生产,并在 Dixit-Stiglitz 垄断竞争市场进行出售。每一种制造业产品的生产需要投入一单位资本作为固定投入,以及 β 单位的劳动力作为可变投入。因此,生产 x 单位的制造业产品

的成本函数是 $\pi + \beta x w$，其中 π 是使用这种资本的成本，在市场均衡条件下也就是资本的回报率，β 是每生产一单位的制造业产品所需投入的劳动力。在这样的生产技术下，东部地区企业的利润为：

$$\pi_N = p_{NN} x_{NN} + p_{NS} x_{NS} - \beta(x_{NN} + \tau x_{NS}) \tag{4.7}$$

其中 p_{NN} 和 p_{NS} 分别为东部地区生产的产品在东部地区出售的价格和在西部地区出售的价格，x_{NN} 和 x_{NS} 分别为东部地区企业生产的产品在东部地区和西部地区的销售量。将东部地区和西部地区对制造业产品的需求函数带入 π_N，并对 π_N 求利润最大化条件，可以得到：

$$p_{NN} = \frac{\beta \sigma}{\sigma - 1}, p_{NS} = \frac{\tau \beta \sigma}{\sigma - 1} \tag{4.8}$$

在不影响模型稳健性的条件下，出于简化计算的需要，可以选择适当的单位使得 $\beta = \dfrac{\sigma - 1}{\sigma}$，由此 $p_{NN} = 1$，$p_{NS} = \tau$。同理可得：$p_{SS} = 1$，$p_{SN} = \tau$。再将 $p_{NN}, p_{NS}, p_{SS}, p_{SN}$ 以及 $x_{NN}, x_{NS}, x_{SS}, x_{SN}$ 分别带入东部地区企业的利润函数和西部地区企业的利润函数，得到东部企业和西部企业的利润分别为：

$$\pi = \frac{\mu}{\sigma} \left[\frac{E}{k + \phi k^*} + \frac{\phi E^*}{\phi k + k^*} \right] \tag{4.9}$$

$$\pi = \frac{\mu}{\sigma} \left[\frac{\phi E}{k + \phi k^*} + \frac{E^*}{\phi k + k^*} \right] \tag{4.10}$$

其中 k 和 k^* 分别为东部地区和西部地区企业的数量，$\phi = \tau^{1-\sigma}$ 可以被看作是制造业产品贸易一体化程度的指标，当 $\phi = 0$ 时意味着贸易成本非常高，此时不存在任何贸易，可以被看作是自给自足的经济；当 $\phi = 1$ 时此时贸易成本为 0，可以被看作是完全的自由贸易。

最后，资本由研发部门进行生产，东部每生产一单位的资本需要使用 a_I 单位的劳动力，注意到在我们的模型中劳动力的工资为外生给定的，那么 a_I 就是研发成本。因此，资本的生产方程以及研发部门的边际成本函数分别为：

$$\dot{K} = \frac{L_I}{a_I}, F = w a_I \tag{4.11}$$

关于研发成本的形式，借鉴以往的理论和经验研究，我们主要有以下几点考虑：第一，研发部门能够利用的知识与资本存量之间存在正相关关系，根据 Romer(1990)，随着资本的积累，知识也随即得到积累，研发部门能够利用的知识越多，研发成本就越低，内生经济增长便由此获得。第二，区域之间存在着知识溢出，即一个地区的研发部门在从事研发活动时，不仅能够利用本地的知识，也能在某种程度上利用外地的知识。第三，一个地区能够被用于

研发活动的知识存量,取决于该地区的人均资本存量[①]。由此我们考虑如下形式的 a_I:

$$a_I = \frac{1}{\bar{k} + \eta \bar{k}^*} \tag{4.12}$$

其中 $\bar{k} = \dfrac{k}{L}$, $\bar{k}^* = \dfrac{k^*}{L^*}$, k 和 k^* 分别为东部和西部雇佣的资本量;η 为衡量知识溢出效应的指标,当 $\eta = 0$ 时,表示知识是完全局部溢出的;当 $\eta = 1$ 时,表示知识是全局溢出的。这意味着当研发部门的生产成本取决于人均使用的资本分布并且地区人口规模不相等时,即使知识溢出是全球性的,资本的分布依然影响研发成本,进而影响研发的效率和增长[②]。西部地区的研发成本以对称的形式给出:

$$a_I^* = \frac{1}{\eta \bar{k} + \bar{k}^*} \tag{4.13}$$

在资本研发出来以后,在完全竞争的市场上进行出售,资本在本地出售不需要支付额外的成本,但是如果要跨区域进行资本交易,则可能会产生一定的费用,或者说当资本品在外地被使用时会产生效率损失。这可能是因为:外地市场较远,了解外地市场的需求信息需要支付一定的成本;不同地区间语言和文化方面的差异所带来的额外成本;本地生产的资本品可能并不完全适用于外地的质量标准、规格以及法律等。假设为了在外地市场销售一单位的资本品需要由本地运出 $\dfrac{1}{\gamma}$ 单位的资本品,其中 $\gamma \in [0, 1]$。这样 γ 就衡量了资本流动的成本,当 $\gamma = 0$ 时,表示资本完全不能在地区间进行流动;当 $\gamma = 1$ 时,表示资本可以在地区间自由流动。注意到,由于资本流动成本的存在,两个地区资本品的价值以及资本回报率都不再相等,并且在任一时点全社会所拥有的资本品的数量与企业的数量也不再相等。

最后,由于资本的生产是完全竞争的,那么所有资本的生产都将会在生产成本最低的地方进行,结合研发方程的函数形式不难得知,发达地区的研发成本始终比欠发达地区低,因此资本品的流动方向只可能从发达地区流向

[①] 在集聚与增长的理论文献中,绝大多数文献都假定人口在两个区域是平均分布的,但这样不仅无法考察人口分布对于经济增长的影响,也忽视了人均资本分布和总量资本分布的区别,因为在新经济地理增长模型中,当人口在两个区域平均分布时,人均资本分布和总量资本分布对经济增长的影响是一样的。关于这一假设更详细的讨论,参见 Zeng 和 Zhu(2013)。

[②] 以往研究大多认为,当知识溢出是全局性的时候,产业分布不再影响经济增长。一个例外是 Cerina 和 Mureddu(2012),他们在内生支出结构的框架下考察了集聚与增长的关系,认为即使不存在知识局部溢出,产业的地理分布对于经济增长来说依旧是重要的。

欠发达地区[①]。记东部所雇佣的资本份额占其总生产量的比重为 λ，则西部雇佣的资本数量为 $\gamma(1-\lambda)K^w$。于是 $k=\lambda K^w$，$k^*=\gamma(1-\lambda)K^w$，容易发现在存在资本流动成本的条件下，全社会所生产的资本总量与全社会所实际使用的资本总量不再相等，有 $k^w=[\lambda+\gamma(1-\lambda)]K^w$。

第四节　多重市场均衡及条件

一、商品市场均衡

记 v 为东部地区一个企业的价值，同时它也是东部地区一单位资本品的价值，对于一个理性的投资者来说，投资研发活动和投资安全的资产之间是无差异的，资本市场的无套利条件意味着：

$$r=\frac{\dot{v}}{v}+\frac{\pi}{v} \tag{4.14}$$

一单位资本品的价值等于该资本品所带来的所有运营利润的总和加上资本价值的变动。上式也可以通过下面的方法获得：企业的价值等于它未来各期利润贴现值的总和，然后将企业的价值对时间 t 求导数。类似的条件对于西部地区的资本品同样成立：

$$r=\frac{\dot{v}^*}{v^*}+\frac{\pi^*}{v^*} \tag{4.15}$$

另一方面，研发部门的零经济利润条件意味着资本的价值等于其研发成本：

$$v=\frac{(1-\theta)\theta L}{\lambda(1-\theta)K^w+\eta\gamma\theta(1-\lambda)K^w} \tag{4.16}$$

在进行下一步的分析之前，我们有必要先对新经济地理动态模型的稳态做一个定义：稳定状态指的是经济系统以固定的增长率 g 增长，同时制造业以某种固定的比例在不同地区间稳定分布。

于是将(4.16)式全微分后可得：

①　事实上，当资本品的流动成本很高时，资本品将不再流动，这在建模思路上类似于 Baldwin 和 Martin(2004)所指的人力资本积累与产业集聚的模型。Baldwin 和 Martin(2004)根据资本的流动性将集聚与增长的理论文献分为了两大类：一大类是资本完全流动自由流动的模型，对应的是物质资本；另一类是资本完全不流动的模型，对应的是人力资本。本书不考虑资本不能跨区域流动的情况。

$$-\frac{\dot{v}}{v}=\frac{\dot{K}^w}{K^w}=g \tag{4.17}$$

同理

$$\frac{\dot{v}^*}{v^*}=-\frac{\dot{K}^w}{K^w}=-g \tag{4.18}$$

于是可以将(4.14)和(4.15)式分别改写成:

$$v=\frac{\pi}{r+g} \tag{4.19}$$

$$v^*=\frac{\pi^*}{r+g} \tag{4.20}$$

由于资本品从东部流动到西部的过程中会产生成本,地区间的资本市场无套利条件要求:

$$v=\gamma v^* \tag{4.21}$$

结合(4.19)和(4.20)式,不难得到

$$\pi=\gamma\pi^* \tag{4.22}$$

联立(4.9)、(4.10)和(4.22)式,可以得出东部地区的产业份额:

$$\lambda=\frac{\theta_e\phi}{\gamma-\phi}+\frac{\theta_e-\gamma\phi}{1-\gamma\phi} \tag{4.23}$$

其中 $\theta_e=\frac{E}{E^w}$,为东部支出在总支出中所占的份额。在给定东部收入份额以及其他条件不变的情况下,容易得到 $\frac{\partial\lambda}{\partial\phi}>0$,$\frac{\partial\lambda}{\partial\theta_e}>0$,$\frac{\partial\lambda}{\partial\gamma}<0$,即商品市场贸易一体化程度的上升和东部支出份额的上升会促进产业集聚;资本流动成本的下降则会使产业更加分散。这些结论也与已有的新经济地理学理论模型以及我们的直观经验相符。

二、劳动力市场均衡

下面我们转向劳动力市场。劳动力市场的出清要求劳动力总供给等于总需求,劳动力的总供给是给定的,劳动力需求来自于研发部门、制造业部门和农业部门。研发部门雇佣的劳动力人数等于研发部门的产量乘以生产每单位资本品所需的劳动力人数,由(4.11)式:

$$\dot{K}a_l=\frac{(1-\theta)\theta Lg}{\lambda(1-\theta)+\eta\gamma\theta(1-\lambda)} \tag{4.24}$$

制造业部门所需要的劳动力数量为:

$$k\beta(x_{NN}+\tau x_{NS})+k^{*}\beta(x_{SS}+\tau x_{SN})=\frac{\mu E^{w}(\sigma-1)}{\sigma} \tag{4.25}$$

最后,由于农产品在地区间可以进行无成本的贸易,且农产品生产只需要劳动力投入并使用规模报酬不变的技术,那么从事农业生产的劳动力数量就等于消费者用于农产品的支出$(1-\mu)E^{w}$。

综上所述,劳动力市场出清方程如下:

$$L=(1-\mu)E^{w}+\frac{\mu(\sigma-1)}{\sigma}E^{w}+\frac{(1-\theta)\theta Lg}{\lambda(1-\theta)+\eta\gamma\theta(1-\lambda)} \tag{4.26}$$

结合(4.26)式和稳定状态的定义可知,稳定状态下E^{w}将是固定的常数,再由(4.3)式,得$r=\rho$。

三、产业集聚与经济增长

将(4.23)式带回(4.9)式和(4.10)式,可以得到东部地区和西部地区的运营利润分别为:

$$\pi=\frac{\mu E^{W}}{\sigma K^{W}},\ \pi^{*}=\frac{\mu E^{W}}{\sigma\gamma K^{W}} \tag{4.27}$$

将(4.27)式带回资本市场的无套利条件(4.19)和(4.20)式,可解得经济系统的总支出:

$$E^{W}=\frac{(1-\theta)\theta\sigma L(\rho+g)}{\mu[\lambda(1-\theta)+\eta\gamma\theta(1-\lambda)]} \tag{4.28}$$

将E^{w}带入劳动力市场出清方程(4.26)式,得经济系统的增长率:

$$g=\frac{\mu\gamma\eta\theta(1-\lambda)+\mu\lambda(1-\theta)-(1-\theta)\theta(\sigma-\mu)\rho}{(1-\theta)\theta\sigma} \tag{4.29}$$

(4.29)式是本节乃至本书中都非常重要的一个等式,由其可以看出产业的地理分布对经济增长有重要影响。与以往研究不同的是,在本节的模型中,经济增长与集聚之间的关系不再是单调的,将经济增长率g对产业集聚程度λ求导数化简后得:

$$\frac{\partial g}{\partial\lambda}=\frac{\mu(1-\theta-\gamma\eta\theta)}{(1-\theta)\theta\sigma} \tag{4.30}$$

这就是说产业集聚与经济增长的关系取决于知识溢出水平和资本流动成本,由此我们得性质一。

性质一:当区域间的知识溢出水平比较低的时候,即$\eta<\frac{1-\theta}{\theta}$,产业集聚总是促进增长;当区域间知识溢出水平比较高的时候,即$\eta>\frac{1-\theta}{\theta}$,存在$\gamma^{*}$,

使得当 $\gamma < \gamma^*$ 时，经济增长随着产业集聚水平的上升而上升，当 $\gamma > \gamma^*$ 时，经济增长随着产业集聚水平的上升而下降。

这是因为当区域间知识溢出水平比较低的时候，研发部门吸收研发中心地区之外的知识的能力很差，因此产业集聚对促进经济增长作用明显。另一方面，当资本的流动成本很高的时候，资本从研发中心向其他地区流动的过程中损耗也就很大，从而也就难以在其他地区形成较多的资本积累。当区域间知识溢出水平很高、资本流动性也很高的时候，资本集中分布的优势就被削弱了，并且此时资本集中分布也不利于社会平均资本存量的积累，在这种情况下，资本分散分布则有可能促进经济增长。

性质一的前半部分结论已经取得了非常多的共识，也非常容易理解。关于性质一的后半部分结论，目前学术界还存在着比较多的分歧。我们认为至少在理论上确实存在着这样一种情况：当以互联网为代表的通信技术发展到一定阶段以后，知识在空间中的传播将会变得非常容易，无论人们生活在郊区，还是生活在大城市，都可以非常容易地获得这些知识，也就是说人们在获得知识时对空间的依赖性将会降得非常低。在这种情况下，产业的过度集聚将有可能不利于社会平均资本的积累，从而不利于增长。

这对我们今天思考区域政策的启示在于，过早控制产业集聚将不利于区域经济的增长，尤其是在资本市场发育不完全以及区域间知识溢出比较低的时候，产业的集聚能够降低创新的成本，从而有利于经济增长，而人为地控制产业集聚则是低效的；反之，当资本市场已经发育比较完全并且区域间知识溢出比较高以后，一味地促进经济向发达地区集中不仅会造成区域间较大的人均财富差距，而且也不利于社会平均人力资本的提升，从而很可能对经济增长不利。

本书的研究结论与已有的研究结论之间并不存在矛盾，而是对已有的研究结论重要的补充。我们认为产业集聚与经济增长的关系在很大程度上取决于区域间联系的程度，而衡量区域间联系程度的变量不仅是商品运输成本的高低，在动态经济学世界里，区域间的知识溢出程度和资本流动性等对经济系统的影响更加重要。忽视知识溢出和资本流动性等因素可能会导致我们对产业集聚与经济增长之间的关系做出有偏结论。[①]

性质一为我们理解来自经验研究的各种结论提供了一个新的视角。在

---

① 事实上，Williamson(1965)也表达过类似的思想，也认为在经济发展的早期阶段，由于基础设施比较差，产业的集聚有利于经济增长；在经济发展达到一定水平之后，基础设施也比较发达后，经济集聚的拥挤效应将会超过其带来的收益，此时集聚可能不仅不利于增长，还会伤害增长。从这个意义上说，本章的研究也可以看作是为威廉姆森假说提供了一种规范的理论支撑。

经济发展的过程中，随着交通基础设施的完善、通信网络的建立及劳动者受教育程度的提高，知识在不同区域间的流动将会变得更加容易。于是产业集聚对于研发部门降低研发成本的作用被削弱了，与此同时，产业分散布局的劣势则越来越不明显；产业集聚的成本始终在上升。综合以上两方面的因素就不难理解，为什么在经济发展的不同阶段集聚对增长的影响会有所不同。当然，以上推导仅仅是一种理论假说，该假说是否成立还有待经验的进一步检验，这也是在本书后面章节中所要进行的工作。

一方面，通过上面的分析我们可以看到，经济增长依赖于产业集聚程度，而产业集聚程度又依赖于区域间收入差距 θ_e。因此，为了完成我们的模型，我们还需要知道 θ_e 与经济增长率之间的关系。每个地区的收入都等于该地的劳动总收入加上资本总收入。由于劳动力工资为1，每个地区的劳动收入就等于该地区的劳动力数量。各个地区的资本收入等于该地区拥有资本的数量乘以单位资本的价值再乘以单位资本的回报率 $r = \rho$。在稳定状态下，东部拥有的资本数量、西部拥有的资本数量以及社会总资本的数量都是以相同的速度 g 增长，而东部单位资本的价值和西部单位资本的价值则是以同样的速度 g 下降[1]，因此每个地区的资本总价值都是不变的常数。为了得到资本的总价值方程，我们改写劳动力市场出清条件：

$$L = \frac{(\sigma - \mu)}{\sigma} E^w + K^w v g \tag{4.31}$$

另一方面，将 $\pi = \frac{\mu E^w}{\sigma K^w}$ 带入资本无套利条件，并结合总支出方程

$$E^w = L + \rho K^w v \tag{4.32}$$

可以得到资本的总价值为：

$$K^w v = \frac{\mu L}{\sigma(\rho + g) - \mu \rho} \tag{4.33}$$

这意味着经济系统的增长率越快，单位资本品的价值贬值的速度越快，资本的总价值越低。(4.33)式带入 θ_e 的定义式：$\theta_e = \frac{\theta L + \rho \kappa K^w v}{L + \rho K^w v}$，化简后得：

$$\theta_e = \theta + \frac{(\kappa - \theta)\mu \rho}{\sigma(\rho + g)} \tag{4.34}$$

(4.33)和(4.34)式阐明了经济增长与地区收入差距之间的关系：低研发成本有利于创新活动的进行，可以促进增长；与此同时在完全竞争的研发市场上，更低的研发成本意味着研发出来的资本的价值也越低，资本收入相对

---

① 对(4.16)式求导数即可得到。

于劳动收入下降,又由于发达地区拥有资本的比较优势,因此低研发成本有利于促进区域差距收敛。

我们也可以讨论地区收入差距与产业集聚程度之间的关系。利用(4.16)式,我们可以直接写出发达地区和欠发达地区的总支出为:

$$E = \theta L + \frac{\rho \kappa (1-\theta)\theta L}{\lambda(1-\theta) + \eta\gamma\theta(1-\lambda)} \tag{4.35}$$

$$E^* = (1-\theta)L + \frac{\rho(1-\kappa)(1-\theta)\theta L}{\lambda(1-\theta) + \eta\gamma\theta(1-\lambda)} \tag{4.36}$$

根据 θ_e 的定义,将 E 和 E^* 代入得:

$$\theta_e = \theta\left(1 + \frac{(1-\theta)(\kappa-\theta)\rho}{\lambda(1-\theta) + \gamma\eta\theta(1-\lambda) + (1-\theta)\theta\rho}\right) \tag{4.37}$$

初步的分析可以发现,产业集聚对地区收入差距的影响也取决于资本市场一体化程度以及区域间知识溢出程度:

$$\frac{\partial\theta_e}{\partial\lambda} = -\frac{(1-\theta)\theta(\kappa-\theta)(1-\theta-\gamma\eta\theta)\rho}{\left[\lambda(1-\theta) + \gamma\eta\theta(1-\lambda) + (1-\theta)\theta\rho\right]^2} \tag{4.38}$$

具体来说,在较低的知识溢出水平和资本流动性条件下,产业集聚减小名义收入差距;在较高的知识溢出水平和资本流动性条件下,产业集聚则可能扩大名义收入差距。这是因为发达地区拥有资本的比较优势,在较低的知识溢出水平和资本流动性下产业集聚有利于降低研发成本,同时减小了资本相对劳动的收入所得,因此此时产业集聚是有利于减小收入差距的。然而当区域一体化程度很高时,人为地推动产业向发达地区集聚则可能会抬高研发成本,同时增加了资本相对于劳动的所得,此时产业集聚可能扩大收入差距。

联合(4.23)、(4.29)和(4.34)式可以解出 θ_e、λ 和 g。

但是,与众多新经济地理学理论模型一样,要想获得本章模型的解析解是非常困难的甚至是不可能的,在一些情况下即使得到了模型的解析解,由于经济系统解析解的形式过于复杂,也难以直接对其进行分析。因而本书主要采用比较静态的方法,并通过画图的方式对模型进行解释,以便于我们理解。

第五节　区域一体化的影响分析

区域一体化是一个多维度的概念,不同层面的区域一体化对经济增长与产业区位选择的影响有很大差异,并且不同维度的区域一体化之间也并不完全相关。比如近些年中国迅速发展的高速铁路建设,这在很大程度上有利于促进人员流动,加强不同地区之间的思想交流,但是高速铁路建设对降低商品运输成本的影响恐怕并不大。与此同时,专用性资本在区域间的流动成本与交通基础设施的关联度也不会很大。因此,有必要对商品市场的一体化、知识溢出的一体化以及资本市场的一体化分别展开分析。

一、商品市场一体化

已有大量文献研究了商品市场一体化对产业区位选择和经济增长的影响(Martin,1999;Martin and Ottaviano,1999;Fujita and Thisse,2003;et. al.)。与上述研究有所不同,本书认为研发部门的生产效率依赖于人均资本,而非总量资本,并在此基础上,引入了区域间知识溢出和资本流动成本,重新对这一议题进行了探讨。注意到经济增长与商品贸易成本并无直接的关系,故此我们首先分析商品贸易成本对产业区位选择的影响。

图 4.1(a)[①]和图 4.1(b)分析了在不同条件下商品市场一体化对产业分布和区域收入差距的影响。由(4.23)式可知,在给定区域收入份额 θ_e 的条件下 $\frac{\partial\lambda}{\partial\phi}$ >0,但注意到 θ_e 也是 λ 的函数,并且 λ 对 θ_e 的影响是不确定的,故需要分类讨论。

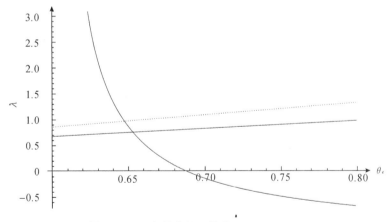

图 4.1(a) 商品市场一体化,$1-\theta-\gamma\eta\theta>0$

① 本章中所有图形均是采用 mathematica 软件模拟画出,这样一方面使得本书的结论更为直观,另一方面也是对本书理论模型的一种检验。

(1)若 $1-\theta-\gamma\eta\theta>0$，即资本流动成本比较高或者区域间知识溢出比较低，此时由(4.37)式有 $\dfrac{\partial\theta_e}{\partial\lambda}<0$。图 4.1(a)描绘了此时的情形，(4.23)式对应着一条向右上方倾斜的直线 $\lambda(\theta_e)$，(4.37)式对应着一条向右下方倾斜的曲线 $\theta_e(\lambda)$。商品贸易成本的下降将会使 $\lambda(\theta_e)$ 向左上方移动，而 $\theta_e(\lambda)$ 保持不变。从图 4.1(a)中可以看出，商品贸易成本的下降使均衡时的产业集聚水平上升，同时地区收入差距下降。这是因为从对产业集聚的影响来看，区域间运输成本的下降对其产生的效应有两方面：运输成本效应和支出转移效应。前一种效应较为直接，当运输成本下降的时候，集聚力增强，产业向发达地区迁移；后一种效应则是受前一种效应的影响衍生出来的，产业向发达地区迁移之后，当资本流动成本比较高或者区域间知识溢出比较高的时候会降低研发成本和资本品的价值，进而减少收入差距，使得欠发达地区支出份额增加，从而促使产业向欠发达地区分散。在该种情况下，容易证明后一种效应总是弱于前一种效应，因此总的效应表现为产业更加集聚。从对地区收入差距的影响来看，由于产业集聚降低了资本相对于劳动的价值，与此同时发达地区具有资本的比较优势，故而发达地区与欠发达地区的收入差距将会下降。

(2)当 $1-\theta-\gamma\eta\theta<0$ 时，即资本流动成本比较低并且区域间知识溢出比较高，此时由(4.34)式有 $\dfrac{\partial\theta_e}{\partial\lambda}>0$。图 4.1(b)描绘了此时的情形，商品市场一体化首先使得产业向发达地区集聚，然而，由于产业过多地向发达地区集聚使得欠发达地区陷入非常贫穷的境地，全国加权平均资本水平也因此而下降，导致研发成本上升，继而资本价值上升。在发达地区拥有资本比较优势的条件下，发达地区与欠发达地区之间的收入差距扩大。并且随着发达地区

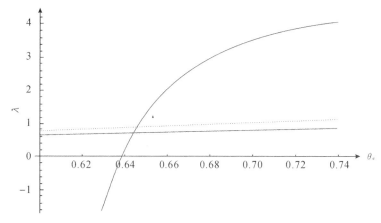

图 4.1(b) 商品市场一体化，$1-\theta-\gamma\eta\theta<0$

支出份额的上升,产业进一步向发达地区移动,这使得欠发达地区更加贫穷,全国加权平均资本水平进一步下降,研发成本进一步上升,区域收入差距进一步拉大。上述过程如此往复,直至达到新的均衡。

由上面的分析可以看出,无论是哪一种情况,商品市场的一体化都会促进产业的集聚,但对地区收入差距的影响却是不一定的。那么商品市场一体化对经济增长的影响又如何呢?

$$\frac{\partial g}{\partial \phi} = \frac{\partial g}{\partial \lambda} \frac{\partial \lambda}{\partial \phi}$$

由于 $\frac{\partial \lambda}{\partial \phi} > 0$,因此商品市场一体化程度 ϕ 对经济增长率 g 的影响取决于 $\frac{\partial g}{\partial \lambda}$ 与零的大小。由前面的分析,我们已经知道,产业集聚究竟是促进增长还是抑制增长取决于资本市场的发展水平以及区域间知识溢出的强度。由此我们得到结论:当区域间的知识溢出水平比较低或者资本流动成本比较高的时候,商品市场一体化促进增长;当区域间知识溢出水平比较高并且资本流动成本比较低的时候,商品市场一体化抑制增长。综上所述,商品市场一体化对经济地理和经济增长的影响可以概括如下。

性质二:商品市场一体化总是促进产业集聚的,但对地区收入差距和经济增长的影响却有不同可能的组合,具体如下:当区域间的知识溢出水平比较低或者资本流动成本比较高的时候,商品市场一体化减小区域间收入差距,并且促进经济增长;当区域间的知识溢出水平比较高并且资本流动成本比较低的时候,商品市场一体化扩大区域间收入差距,并有可能不利于经济增长。

二、知识溢出一体化

知识溢出水平的变化通过影响全社会加权人均资本来改变研发成本,继而影响资本收入和地区收入差距,其具体影响我们可以通过将(4.37)式关于 η 求导数进行分析:

$$\frac{\partial \theta_e}{\partial \eta} = -\frac{\gamma(1-\theta)\theta^2(\kappa-\theta)(1-\lambda)\rho}{[\lambda(1-\theta)+\gamma\eta\theta(1-\lambda)+(1-\theta)\theta\rho]^2} \tag{4.39}$$

可以看出,在给定产业空间分布的条件下,知识溢出对发达地区支出份额的影响取决于两区域的初始要素禀赋。具体来说,给定产业空间分布,知识溢出的增强有利于降低研发成本,继而减少资本收入,由于发达地区拥有资本的比较优势,因此知识溢出会减小区域收入差距。与此同时,注意到知识溢出对商品市场并无直接的影响,这一点我们也可以从由商品市场长期均衡得到的条件(4.23)式中观察到,这就是说 η 的变化不会改变直线 $\lambda(\theta_e)$ 的位置。与对商品市场的分析类似,由于资本流动成本和知识溢出水平高低的不同,我们把由(4.23)式和(4.37)式决定的系统均衡分为两类进行讨论,分别对应图 4.2(a)和 4.2(b)。

(1)当 $1-\theta-\gamma\eta\theta>0$ 时,即资本流动成本比较高或者知识溢出比较低,此时有 $\dfrac{\partial\theta_e(\lambda)}{\partial\lambda}<0$。图 4.2(a)描绘了此时的情形,(4.23)式对应着一条向右上方倾斜的直线 $\lambda(\theta_e)$,(4.37)式对应着一条向右下方倾斜的曲线 $\theta_e(\lambda)$。区域间知识溢出的提高将会使 $\theta_e(\lambda)$ 顺时针移动,而 $\lambda(\theta_e)$ 保持不变。从图中可以看出,知识溢出水平的提高使产业集聚程度下降,同时地区收入差距也下降。一方面,这是因为知识溢出增强之后,首先降低了资本相对于劳动的收入,由于发达地区富有资本,这使得发达地区收入份额减小,发达地区的企业开始向欠发达地区移动;另一方面,由于资本流动成本比较高或者知识溢出比较低,产业从研发中心向欠发达地区的外流将会抬高研发成本,继而资本的价值上升,这会使发达地区的收入份额有上升的趋势,发达地区收入份额的上升又会使企业从欠发达地区回迁到发达地区。总体来看,前者的影响占主导,表现为地区间收入差距减小,产业差距也减小。

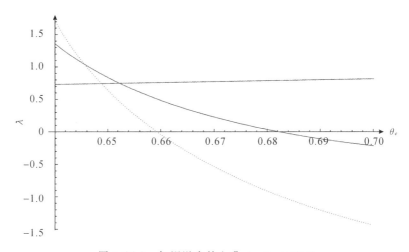

图 4.2(a)　知识溢出的上升,$1-\theta-\gamma\eta\theta>0$

(2)当 $1-\theta-\gamma\eta\theta<0$ 时,即资本流动成本比较低并且知识溢出比较高,此时有 $\dfrac{\partial\theta_e(\lambda)}{\partial\lambda}>0$。图 4.2(b)描绘了此时的情形,直线 $\lambda(\theta_e)$ 和曲线 $\theta_e(\lambda)$ 的斜率

均为正,且 $\lambda<1$ 时,$\theta_e(\lambda)$ 比 $\lambda(\theta_e)$ 更加陡峭。知识溢出水平的上升使 $\theta_e(\lambda)$ 顺时针移动,与 $\lambda(\theta_e)$ 相交于更低的 λ 和 θ_e。知识溢出水平的上升有助于提升研发效率,这同时也降低了资本的价值和收入,使得发达地区收入份额下降,发达地区收入份额的下降会使发达地区企业向欠发达地区迁移;与情形(1)有所不同的是,由于此时资本流动性和知识溢出水平都很高,资本向欠发达地区的扩散不仅没有削弱研发中心的研发效率,反而提高了全国加权人均资本使用量,这进一步促进了研发效率的提高,降低了资本的价值和收入,导致了发达地区收入份额进一步下降。与情形(1)相比,情形(2)中由知识溢出上升所带来的区域差距收敛的效果更加显著。

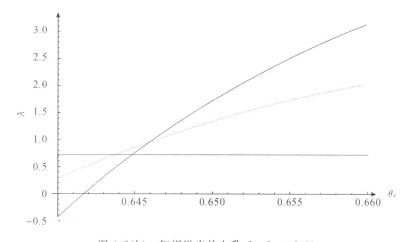

图 4.2(b)　知识溢出的上升,$1-\theta-\gamma\eta\theta<0$

下面我们考察知识溢出对经济增长的影响。如果通过(4.29)式研究知识溢出和经济增长之间的关系,可能会非常复杂。这是因为知识溢出除了直接对经济增长有促进作用,还会通过影响产业的空间分布来影响经济增长。在前面的分析中我们已经知道知识溢出的增强有助于减小产业差距,但产业差距减小之后对经济增长究竟是促进还是抑制又要依赖于知识溢出水平,因此我们难以通过这种渠道判断知识溢出对经济增长的综合影响。所幸的是,(4.34)式为我们思考知识溢出与经济增长之间的关系提供了一条捷径。地区间的名义收入差距与经济增长之间具有负相关关系:经济增长率越高,名义收益差距越小。我们可以这样理解二者之间的关系,高的经济增长率意味着高研发效率和低研发成本,在完全竞争的研发市场上,研发成本等于资本品的价值,于是低研发成本意味着资本收入也低,从而发达地区与欠发达地区之间的收入差距也就越小。于是我们可以通过下面的公式推得知识溢出对经济增长的影响：

$$\frac{\partial g}{\partial \eta}=\frac{\partial g}{\partial \theta_e}\frac{\partial \theta_e}{\partial \eta}$$

由于 $\frac{\partial g}{\partial \theta_e}<0$，且 $\frac{\partial \theta_e}{\partial \eta}<0$，所以 $\frac{\partial g}{\partial \eta}>0$。这就是说，区域间知识溢出水平的提高总是能够促进经济增长。综上所述我们可以得到性质三。

性质三：知识溢出上升总是促进经济增长；减小区域间收入差距和产业差距，并且当资本流动性和知识溢出水平都比较高时，上述作用效果更为明显。

性质三为我们实施区域政策提供了一种美好的愿景：仅仅通过增加知识在区域间的溢出性，就能够在减小区域间收入差距和总量差距的同时，促进增长率的提高，从而也就实现了空间平等与动态效率的兼顾，这恰恰是区域政策的制定者所希望看到的。

性质三也与我们的直观感受相一致。知识与普通商品之间最大的不同点在于，新增加一个人对某种知识的学习和掌握，并不会减少其他人对这种知识的"拥有量"，通俗地说，就是与别人分享我们所掌握的某种知识并不会减少我们自身对这种知识的掌控程度。与此同时，别人通过学习了这种知识，会利用自身已有的知识储备，对这种知识进行再"加工"，使它成为一种新的知识，然后，他再把这种新的知识分享给其他人，由此也就促进了整个社会的发展。简单地说，知识的分享做的是"乘法"，而不是"减法"。分享知识不仅不会减少自身对知识的拥有，反而会使整个社会知识增加。更高的知识溢出水平意味着增加了身处不同区域的人们获得其他区域知识的可能性，从而有助于上述过程加速进行，也因此促进了增长。

互联网无疑是一项能够促进知识在全球各个区域快速传播的技术。在互联网时代，一项重大的发明成果可以迅速地传遍全球，甚至是在一些不起眼的村落里的人们，也都在谈论着这个世界上最前沿的东西，这正是互联网的伟大与神奇之处。随着互联网技术的进一步发展与普及，我们似乎可以预见，一个更加"扁平、高效"的世界也将随之而来。

三、资本市场一体化

资本流动成本对经济体系均衡的影响较为复杂，这是因为资本流动成本既会影响两地资本回报率的相对水平，也会影响欠发达地区资本形成的规模。前者影响直线 $\lambda(\theta_e)$ 的移动，后者影响曲线 $\theta_e(\lambda)$ 的移动。由于两条线同时移动，这也使得经济系统新的均衡的移动方向变得不确定。我们已

经知道 $\dfrac{\partial\lambda(\theta_e,\gamma)}{\partial\gamma}<0$，即资本流动成本的下降将会使企业向欠发达地区流动，在图 4.3 中表现为直线 $\lambda(\theta_e)$ 向下移动。对于曲线 $\theta_e(\lambda)$ 有：

$$\frac{\partial\theta_e(\lambda,\gamma)}{\partial\gamma}=-\frac{(1-\theta)\theta^2(\kappa-\theta)(1-\lambda)\eta\rho}{[(1-\theta)\lambda+\gamma\eta\theta(1-\lambda)+(1-\theta)\theta\rho]^2}\tag{4.40}$$

这就是说给定产业的空间分布，地区收入差距会随着资本流动性的上升而下降。此外 $\theta_e(\lambda)$ 的斜率不确定，我们需要分两种情况进行讨论。

（1）若 $1-\theta-\gamma\eta\theta>0$，即知识溢出水平比较低，$\eta<\dfrac{1-\theta}{\gamma\theta}$。图 4.3 描绘了此时的情形，(4.23)式对应着一条向右上方倾斜的直线 $\lambda(\theta_e)$，(4.37)式对应着一条向右下方倾斜的曲线 $\theta_e(\lambda)$。对于 $\lambda(\theta_e)$，资本流动成本的下降使得曲线下移，这意味着在给定区域支出份额不变的条件下，资本流动成本的下降将会使更多的知识资本从发达地区流向欠发达地区；对于 $\theta_e(\lambda)$，资本流动成本的下降使得曲线左移。新的曲线用虚线表示，相对于原有的均衡，新的均衡有两种可能：(a)产业集聚程度下降，地区收入差距也下降；(b)产业集聚下降，地区收入差距上升。

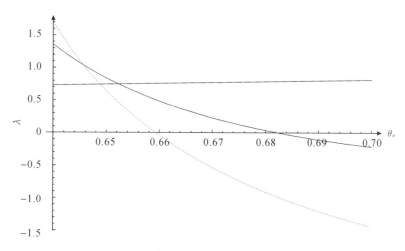

图 4.3　资本市场一体化的影响，$1-\theta-\gamma\eta\theta>0$

资本流动成本的下降对产业集聚的影响是显而易见的。为了分析的简便，我们可以将整个过程作如下拆分：首先我们固定曲线 $\theta_e(\lambda)$ 不变，资本流动性的上升使得 $\lambda(\theta_e)$ 向下移动，其内在逻辑为资本流动性的上升使得资本从发达地区流向欠发达地区的激励增加，表现为产业集聚程度下降，产业集聚程度下降以后会抬高研发成本，使得资本收入上升，发达地区收入份额上升，这会使得发达地区的产业份额在原先下降的基础上有一个轻微的回升，但依旧低于最初的水平；然后我们固定新的直线 $\lambda(\theta_e)'$ 不变，资本流动性的上升使得 $\theta_e(\lambda)$ 向左移动，其内在逻辑为资本流动成本的下降有利于强化欠发达地区的资本积累形成，这反过来也能增强发达地区研发中心的研发效率，降低研发成本，从而缩小收入差距也即降低发达地区的支出份额，发达地区支出份额的下降也会使得产业集聚的程度下降。也就是说上述两个过程都将使得产业从发达地区向欠发达地区迁移，那么产业集聚程度必然下降。下面我们再分析 γ 对 θ_e 的影响。

资本流动成本的下降对收入差距的影响有两种效应：直接效应和间接效应。直接效应指的是在由发达地区流向欠发达地区的资本总量既定的条件下，由于资本流动成本的下降，欠发达地区形成的资本增加，从而欠发达地区对发达地区的知识溢出加强，这使得发达地区研发成本下降，资本品价值下降，故而使得地区收入差距有下降的趋势。间接效应指的是由于资本流动成本的下降，在逐利行为的驱使下，会有更多的资本从发达地区流向欠发达地区。这种效应使得研发中心的资本向欠发达地区分散，从而降低了研发的效率，抬高了研发成本，这又使得地区收入差距有扩大的趋势。资本流动成本下降对收入差距的影响就取决于这两种效应的相对强弱。可以发现，知识溢出对直接效应和间接效应的相对强弱有重要影响。当 $\eta=0$ 时，欠发达地区对发达地区没有任何知识溢出，直接效应为 0，间接效应为正，表现为地区收入差距上升；当 $\eta=\dfrac{1-\theta}{\theta\gamma}$ 时，直接效应为负，间接效应为 0，表现为地区收入差距下降，事实上参见图 4.4，我们可以得到引理一。

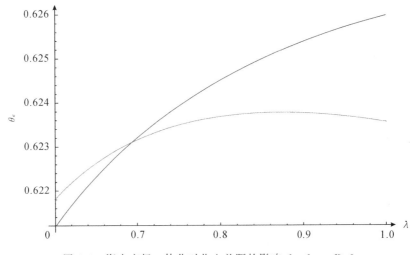

图 4.4 资本市场一体化对收入差距的影响，$1-\theta-\gamma\eta\theta>0$

引理一：当 $1-\theta-\gamma\eta\theta>0$ 时，对于所有的内点均衡 λ^*,θ_e^*，(1)λ^* 随着 γ 的上升而下降；(2)存在 $\eta^*\in\left[\mathbf{0},\dfrac{1-\theta}{\theta\gamma}\right]$，使得当 $\eta<\eta^*$ 时，θ_e^* 随着 γ 的上升而上升；当 $\eta>\eta^*$ 时，θ_e^* 随着 γ 的上升呈倒 U 型变化。(证明见本章附录4.1)

引理一表明虽然资本市场一体化可以缩小地区的产业份额差距，但是资本市场一体化对地区收入差距的影响却并非总是单调的。当知识溢出比较低的时候，地区收入差距总是会随着资本流动性的上升而扩大。这是因为当知识溢出比较低的时候，由于资本流动性上升而产生的资本外流效应非常强，资本大量外流会削弱原有研发中心的创新效率，抬高研发成本，继而扩大地区收入差距。当知识溢出处于比较高的水平时，由于资本流动性上升而产生的资本外流效应则比较弱，并且随着资本流动性的上升，这种资本外流效应会进一步减弱，直到资本流动性达到某一水平时，直接效应的强度超过了间接效应的强度，表现为收入差距开始随着资本流动性的上升而下降。

(2)若 $1-\theta-\gamma\eta\theta<0$，即知识溢出比较高，$\eta>\dfrac{1-\theta}{\gamma\theta}$，此时有 $\dfrac{\partial\theta_e}{\partial\lambda}>0$。图 4.5 描绘了此时的情形，$\lambda(\theta_e)$ 和 $\theta_e(\lambda)$ 的斜率均为正。资本流动性的上升使 $\theta_e(\lambda)$ 向顺时针移动，同时 $\lambda(\theta_e)$ 向下移动，新的两条曲线相交于更低的 λ^*,θ_e^*。也就是说当知识溢出水平比较高并且资本流动性也比较高的时候，资本流动性的进一步上升有助于产业差距和收入差距同时收敛。

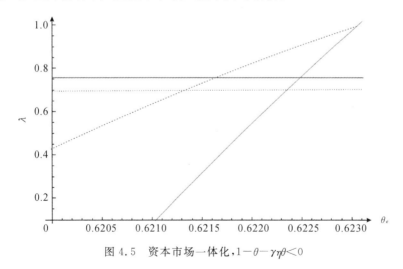

图 4.5　资本市场一体化，$1-\theta-\gamma\eta\theta<0$

产业集聚程度会下降的原因与情形(1)类似，在此不再赘述，我们重点讨论收入差距的变化。给定各地区收入份额不变，资本流动性的上升首先将会使产业布局有分散的趋势，这一点在前文中已经有了比较多的讨论。与情形

(1)有所不同的是，在高知识溢出水平和资本流动性的条件下，产业的分散有助于减小收入差距。与此同时，资本流动性的上升还对缩小地区收入差距有一个直接的影响，也即通过增强欠发达地区的资本形成以提高全国的人均资本，实现降低研发成本的目的，同时资本相对劳动的收入也随之降低，收入差距减小。可以看出，上述两种效应对缩小收入差距的作用都是负的，并且二者之间还会相互强化。毫无疑问，在这种情况下收入差距将会下降。由此我们得到引理二。

引理二：当 $1-\theta-\gamma\eta\theta<0$ 时，对于所有的内点均衡 λ^* 和 θ_e^*，λ^* 和 θ_e^* 都随着 γ 的上升而下降。

结合引理一和引理二可以得到引理三。

引理三：存在 $\eta^*\in\left[0,\dfrac{1-\theta}{\theta\gamma}\right]$，使得当 $\eta<\eta^*$ 时，经济增长率随着资本流动性的上升而下降；当 $\eta>\eta^*$ 时，经济增长率随着资本流动性的上升呈 U 型变化。

这是因为在给定发达地区产业资本规模的条件下，资本流动性的上升使得资本流动过程中的消耗减少，有利于欠发达地区的产业资本的形成，进而使得全国的总量资本增加，降低研发成本，促进增长。同时也应该看到资本流动性的上升会改变原有产业资本的选址决策，知识资本从研发部门生产出来之后将会有更强的动力流向欠发达地区，从而减少发达地区产业资本的既有规模，这对经济增长的影响则是不确定的。当区域间知识溢出水平很高的时候，我们已经知道产业向欠发达地区分散是有利于增长的，结合第一种效应可知，此时资本流动性的上升毫无疑问会促进增长。当区域间知识溢出水平很低的时候，第一种效应的强度会变得很弱，第二种效应为负并且强度要大于第一种效应，此时资本流动性的上升表现为抑制增长。最后，对于一个居中的知识溢出水平，第二种效应仍然为负，但此时两种效应的相对强弱会随着资本流动性的上升而改变。具体来说，当资本流动性比较低的时候，第二种效应的强度大于第一种效应；当资本流动性达到一定水平之后，第一种效应的强度大于第二种效应。结合引理一、引理二和引理三，我们得到性质四：

性质四：对于所有的内点均衡 λ^*、θ_e^*，(1)λ^* 随着 γ 的上升而下降；(2)存在 $\eta^*\in\left[0,\dfrac{1-\theta}{\theta\gamma}\right]$，使得当 $\eta<\eta^*$ 时，θ_e^* 随着 γ 的上升而上升，g 随着 γ 的上升而下降，当 $\eta>\eta^*$ 时，θ_e^* 随着 γ 的上升呈倒 U 型变化，g 随着 γ 的上升呈 U 型变化。

在我们的模型中,由于资本仅在发达地区进行生产,资本流动性的上升无疑是一种促进资本更加分散的力量,但是它对经济增长以及地区收入差距的影响都是不确定的。在知识溢出水平比较低的时候,经济增长率随着专用性资本在区域间流动性的增强而下降;在知识溢出水平比较高的时候,经济增长率随着专用性资本在区域间流动性的增强呈先下降后上升的趋势。这对于我们的启示是,随着信息技术的发展和互联网的普及,区域间知识溢出已经非常普遍和容易,此时加强专用性资本在区域间流动虽然存在暂时降低经济增长率的可能,但是随着资本流动性的进一步提高,最终会进一步促进经济增长。

第六节　不同地区福利影响分析

判断一项政策是好还是坏的最根本标准,是这项政策是否有利于居民福利水平的提高。本节我们试图对一个更为基本也更为复杂的问题展开讨论,由市场均衡所决定的产业集聚程度是太高还是太低,随着产业集聚程度的上升或者下降,不同地区居民的福利将会如何变化? 这个问题的回答和解决显然有着重要的经济和政治含义。一方面有助于身处不同区域的经济主体了解自身在产业区位转移的过程中可能产生的得失,另一方面也有助于中央政府制定更加兼顾平等和效率的政策。

粗略地来看,产业在区域间的转移至少通过以下三个渠道对不同地区居民的福利水平产生影响。(1)当产业集聚程度影响居民消费工业品时的成本,产业迁入地的居民将会由于工业品的综合成本下降而受益。例如在极端情形下,如果所有产业在一个地区集聚,那么当地居民在消费工业品时就不需要支付任何运输费,与之相对应的,另一个地区的居民在消费所有的工业品时,都要额外支付一定的运输费用。(2)产业集聚程度影响居民的收入水平,产业集聚通过影响加权平均资本来影响研发效率,研发效率的高低进而影响研发成本的高低,从而进一步影响资本的收入,并最终影响居民总收入。(3)产业集聚程度影响经济增长率,研发效率除了会影响资本收入,还会影响经济增长。

记东部地区和西部地区代表性居民的间接效用函数分别为 V 和 V^*:

$$V=\frac{1}{\rho}\ln\left[\mu^{\mu}(1-\mu)^{1-\mu}E\times N_0^{\frac{\mu}{\sigma-1}}(\lambda+\phi\gamma(1-\lambda))^{\frac{\mu}{\sigma-1}}e^{\frac{\mu g}{\rho^2(\sigma-1)}}\right] \quad (4.41)$$

$$V^*=\frac{1}{\rho}\ln\left[\mu^{\mu}(1-\mu)^{1-\mu}E^*\times N_0^{\frac{\mu}{\sigma-1}}(\phi\gamma\lambda+(1-\lambda))^{\frac{\mu}{\sigma-1}}e^{\frac{\mu g}{\rho^2(\sigma-1)}}\right] \quad (4.42)$$

为了更清晰地考察影响居民福利的各个因素，可以将上述两式改写为：

$$V = \frac{1}{\rho} \ln \left[1 + \frac{\rho \kappa (1-\theta)}{\lambda(1-\theta) + \eta \gamma \theta(1-\lambda)} \right] + \frac{\mu}{\rho(\sigma-1)} \ln[\lambda + \phi\gamma(1-\lambda)] + \frac{\mu g}{\rho^2(\sigma-1)} + C$$

$$(4.43)$$

$$V^* = \frac{1}{\rho} \ln \left[1 + \frac{\rho(1-\kappa)\theta}{\lambda(1-\theta) + \eta \gamma \theta(1-\lambda)} \right] + \frac{\mu}{\rho(\sigma-1)} \ln[\phi\gamma\lambda + (1-\lambda)] + \frac{\mu g}{\rho^2(\sigma-1)} + C$$

$$(4.44)$$

其中，C 是常数，g 是增长率，由 (4.29) 式给出，该式是一个关于产业集聚程度的函数，于是 V 和 V^* 可以看作是产业集聚水平的函数。这样我们就可以清楚地看到一个地区居民福利效应的影响可以被分解为三个部分。以东部地区居民福利为例：(4.43) 式右边第一项是财富效应的影响，由于劳动收入是给定的，那么财富的变化主要来源于资本收入的变化；第二项是运输成本效应的影响，其影响的主要途径是，产业通过在两个区域间选择布局，进而会影响到一个地区商品的综合运输成本，从而影响商品的平均加权价格和消费者指数；第三项是增长效应，显然的，经济增长速度越快，居民福利水平越高。

为了评估市场均衡时的产业集聚程度是太高还是太低，我们假想存在一个全知全能的"慈父型"社会计划者，他可以通过选择产业集聚程度来最优化两地居民的福利水平，为了得到 V 和 V^* 的最大值，我们将 V 和 V^* 分别对 λ 求导：

$$\frac{\partial V}{\partial \lambda} = \frac{\mu^2 K'(\lambda)}{\rho^2 \sigma(\sigma-1)} - \frac{\kappa K'(\lambda)}{K(\lambda)[\theta K(\lambda) + \kappa \rho]} + \frac{\mu(1-\phi\gamma)}{\rho[\lambda + \phi\gamma(1-\lambda)](\sigma-1)} \quad (4.45)$$

$$\frac{\partial V^*}{\partial \lambda} = \frac{\mu^2 K'(\lambda)}{\rho^2 \sigma(\sigma-1)} - \frac{(1-\kappa)K'(\lambda)}{K(\lambda)[(1-\theta)K(\lambda) + (1-\kappa)\rho]} - \frac{\mu(1-\phi\gamma)}{\rho[\phi\gamma\lambda + (1-\lambda)](\sigma-1)}$$

$$(4.46)$$

其中 $K(\lambda) = \frac{\lambda}{\theta} + \eta \frac{1-\lambda}{1-\theta}$，衡量了产业区位分布对东部资本存量的影响。

通过对 (4.45)、(4.46) 两式的初步分析可以发现：第一，产业集聚上升对社会福利的增长效应与收入效应是相反的，这是因为增长来自资本的积累和新产品的研发、生产，而资本存量与生产资本的成本也就是资本的价值反相关，所以经济系统的增长速度与资本收入反相关；第二，对于发达地区的居民来说，产业集聚的增长效应与收入效应的相对大小难以直接判定，然而对于欠发达地区来说产业集聚的增长效应总是强于收入效应，这是因为发达地区拥有资本的比较优势，当为了获得更快的增长速度而使资本价值贬值时，发达地区会遭受更多的收入损失；第三，产业集聚对社会福利的运输成本效应，发达地区的影响为正,欠发达地区的影响为负;第四,产业集聚对知识存量的影响是不确定的,也即 $K'(\lambda)$ 的正负是不确定的,这主要取决于知识溢出水平的高低。由此可见,产业集中度对居民福利影响的渠道和机制都非常复杂,甚至我们无法在一般均衡的框架下证明市场均衡时的产业集聚水平是过高还是过低[①]。然而我们仍然可以通过借助数值模拟的方法对这一问题进行探讨,并从中得出一些有益的结论。下面我们就将这一问题分为两种情况,并展开讨论。

当知识溢出水平比较低时,即 $1-\theta-\gamma\eta\theta>0$,此时 $K'(\lambda)>0$。产业集聚水平的提高有利于知识的积累,于是产业集聚的增长效应为正,收入效应为负。对发达地区来讲,产业集聚程度的上升有利于居民福利的上升;对欠发达地区来讲,虽然从直观上看会遭受产业迁出的损失,但是当产业集聚带来的增长效应足够强时,欠发达地区的居民也有可能从经济增长中获利(见表 4.1)。在表 4.1 中,最后一列表示产业集聚对欠发达地区居民福利的影响,可以看出,当产业集聚带来的增长效应足够强时,欠发达地区居民福利有可能从集聚中获得提升。如表 4.1 中最后两行,当产业集聚对增长的促进作用足够强时,发达地区居民福利和欠发达地区居民福利都得到了提高。

表 4.1　产业集聚的福利效应,$1-\theta-\gamma\eta\theta>0$

η	τ	Σ	θ	κ	ρ	μ	λ 市场均衡	g 增长率	$\dfrac{\partial V}{\partial\lambda}$	$\dfrac{\partial V^*}{\partial\lambda}$
0.2	1.3	5	0.6	0.65	0.08	0.55	0.85	9.2%	3.77	−1.07
0.3	1.3	5	0.60	0.65	0.08	0.55	0.85	9.5%	3.31	−0.96
0.3	1.5	5	0.60	0.65	0.08	0.55	0.70	7.1%	4.10	−1.17
0.3	1.5	6	0.60	0.65	0.08	0.55	0.76	8.0%	3.88	−0.83
0.3	1.5	6	0.55	0.65	0.08	0.55	0.75	9.0%	4.11	0.33
0.3	1.5	6	0.60	0.70	0.08	0.55	0.86	9.3%	3.66	−0.52
0.3	1.5	6	0.60	0.65	0.05	0.55	11.8%	9.07	2.20
0.3	1.5	6	0.60	0.65	0.08	0.7	0.85	13.9%	5.88	0.42

[①] 证明这一命题需要我们首先求解均衡时的产业集中度 λ,这可以通过联立(4.23)、(4.29)和(4.34)式解得 λ、θ_e 和 g,然后再将 λ 的代值代入(4.43)式和(4.44)式比较这两式与 0 的大小。但由于 λ 的解析式本身就很复杂,以至于我们无法直接证明它。

当知识溢出水平比较高时,即 $1-\theta-\gamma\eta\theta<0$,此时 $K'(\lambda)<0$。产业集聚水平的提高不利于知识的积累,于是产业集聚的增长效应为负,收入效应为正。对欠发达地区来讲,由于此时增长效应与收入效应的和为负,同时产业集聚的运输成本效应也为负,所以此时促进产业集聚总会使欠发达地区的福利受损。对发达地区来讲,虽然产业集聚带来的运输成本效应会使其福利上升,但是如果由于产业过度集聚而增长下降很多的话,那么发达地区居民的福利水平也有可能会下降。

我们的研究结论与以往研究有所不同,以往研究中研究者们着重考虑了"一输一赢"和"双赢"两种可能的情形,但是却忽视了双输局面出现的可能(见表4.2)。如表4.2中最后一行,当经济增长率处于比较高的水平时,任何不利于增长的产业区位政策都可能会使所有地区居民的福利同时受损。

性质五:产业集聚对社会福利的影响取决于知识溢出水平,当知识溢出水平比较低的时候,产业集聚有利于发达地区福利水平上升,并可能同时提高欠发达地区的福利水平;当知识溢出水平比较高的时候,产业集聚会使欠发达地区居民福利受损,并可能同时不利于发达地区居民福利的提高。

表 4.2　产业集聚的福利效应, $1-\theta-\gamma\eta\theta<0$

η	τ	Σ	θ	κ	M	ρ	λ市场均衡	g 增长率	$\dfrac{\partial V}{\partial \lambda}$	$\dfrac{\partial V^*}{\partial \lambda}$
0.8	1.28	5.2	0.6	0.65	0.55	0.1	0.75	9.2	0.80	-2.02
0.9	1.28	5.2	0.6	0.65	0.55	0.1	0.75	9.8	0.54	-2.29
0.8	1.2.	5.2	0.6	0.65	0.55	0.1	0.86	9.0	0.55	-1.68
0.8	1.28	5.0	0.6	0.65	0.55	0.1	0.75	10.0	0.77	-2.08
0.8	1.28	5.2	0.58	0.65	0.55	0.1	0.71	9.5	0.98	-1.77
0.8	1.28	5.2	0.6	0.70	0.55	0.1	0.76	9.2	0.80	-2.04
0.8	1.28	5.2	0.6	0.65	0.60	0.1	0.75	11.0	0.83	-2.24
0.8	1.28	5.2	0.6	0.65	0.55	0.03	0.75	15.5	-0.11	-9.37

性质五给我们的启示是非常直观的,在中国经济发展的早期阶段,无论是交通还是通信等基础设施都比较落后,并且由于地方保护主义等问题的存在,不同地区之间往往还存在着严重的资本市场分割的现象。此时为了实现经济的起飞,全国整体的区域经济政策重点向沿海地区和大城市倾斜,经济活动也因此向沿海地区和大城市集聚,沿海地区以及大城市由于汇聚了大量

的优秀人才和产业,经济获得了迅速的发展,并以此带动了中国经济的崛起,实现了让一部分地区先富起来的阶段性目标。然而也应该看到,随着经济发展水平的不断提高,全国市场一体化程度显著提高,交通和通信网络不断完善,地区之间的市场分割问题也得到了较大程度的缓解,不同地区之间的联系大大加强。与此同时结合广大中西部地区产业发展落后和东部沿海地区土地、劳动力成本上涨的现实背景,中央政府积极布局了以西部大开发为代表的一系列区域协调发展战略,为下一阶段我国区域政策的重点指出了方向。

第七节 本章小结

本章发展了一个关于产业区位决定及其经济影响的动态分析框架,就产业集聚与经济增长,以及不同地区居民福利的关系展开了讨论,主要结论如下。第一,知识溢出水平对于整个经济系统的均衡状态有着至关重要的作用。在任何知识溢出水平下,经济活动的地理分布对于经济增长和地区差距而言都是重要的。当知识溢出水平比较低时,产业集聚促进经济增长。当知识溢出水平比较高时,过渡的产业集聚不利于经济增长。第二,由于地区间要素禀赋的不同,产业集聚程度的变化会通过影响资本收入的方式来影响地区间的收入差距。具体来说,当知识溢出水平比较低时,产业集聚程度的上升有利于缩小收入差距。当知识溢出水平比较高时,产业集聚程度的上升则可能会扩大收入差距。第三,产业集聚程度与各个地区居民的福利之间存在着复杂的联系渠道,并且产业集聚程度的变化对各个地区居民福利的影响也会因知识溢出的高低而呈现不同的变化。在知识溢出比较低的水平下,产业集聚程度的上升总是有利于发达地区居民福利的上升,并且若此时由产业集聚带来的增长效应足够强,欠发达地区居民也有可能因为分享更高的经济增长而受益。在知识溢出比较高的水平下,产业进一步向发达地区集聚可能会给经济增长带来负面影响,此时,欠发达地区不仅会因为产业流失而受损,同时还必须承受较低的增长。此外,如果产业过度集聚对增长的伤害很大的话,发达地区居民福利也有可能会受损。第四,商品市场一体化总是促进产业集聚,但对地区收入差距和经济增长的影响却有不同可能的组合,具体如下:当区域间的知识溢出水平比较低或者资本流动成本比较高的时候,商品市场一体化减小区域间收入差距,并且促进经济增长;当区域间的知识溢出水平比较高并且资本流动成本比较低的时候,商品市场一体化扩大区域间收入差距,并有可能不利于经济增长。第五,知识溢出上升总是促进经济增长,同时减小区域间收入差距和产业差距，并且当资本流动性和知识溢出水平都比较高时，上述作用效果更为明显。第六，资本流动成本的下降有利于专利技术在区域间的扩散，并且在知识溢出水平较低的情况下，资本市场一体化不利于经济增长；在知识溢出水平比较高的情况下，经济增长速度随着资本市场一体化程度的提高呈 U 型变化。

本章的结论对于现有研究的贡献主要在以下三个方面：第一，从三个不同维度考察了区域壁垒对于动态经济系统的影响，研究发现三个不同维度的区域一体化对整体经济绩效的影响是极为不同的，仅从商品贸易成本去分析区域壁垒还远远不够，尤其是在资本与知识经济时代，资本流动成本和知识溢出等因素对于整个经济系统的影响可能更为突出。第二，从理论上解释了在经济发展的不同阶段，为什么产业集聚对经济增长的作用效果可能会呈现变化。第三，给出了在产业集聚的过程中，两地居民的福利变化可能会呈现出三种不同的组合：一输一赢、双赢和双输。这是对已有研究的进一步补充和完善。

本章的政策含义是显而易见的，对于政策制定者来说，在经济发展的早期阶段控制经济向发达地区集聚是无效的，这可能会同时伤害发达地区和欠发达地区的经济增长。此时政策的重点应该是充分发挥经济集聚对增长的促进作用，并创造条件使欠发达地区的居民分享经济发展的成果。但是在经济发展达到一定水平之后，继续推动经济向发达地区集聚则可能不利于经济增长，并可能同时伤害发达地区和欠发达地区居民的福利。此时政策的重点应该是创造条件促使知识溢出并引导产业分散布局，防止发达地区出现过度拥挤和欠发达地区陷入过度贫困的境地。

附录 4.1　引理一的证明

$$(1) \theta_e \frac{\partial F(\theta_e, \gamma)}{\partial \theta_e} = -\theta(\gamma - \phi)\left[(1-\theta)(1-\gamma\rho)\kappa\rho + \gamma(\eta\theta - \phi + \theta\phi)\right]$$
$$- \gamma(1-\theta-\gamma\eta\theta)(1-\phi^2)\theta_e^2,$$

$$\theta_e \frac{\partial F(\theta_e, \gamma)}{\partial \theta_e} < -\theta(\gamma - \phi)\left[\gamma(\eta\theta - \phi + \theta\phi)\right] - \gamma(1-\theta-\gamma\eta\theta)(1-\phi^2)\theta_e^2$$
$$- \theta(\gamma - \phi)\left[\gamma(\eta\theta - \phi + \theta\phi)\right] - \gamma(1-\theta-\gamma\eta\theta)(1-\phi^2)\theta_e^2$$
$$< -\theta(\gamma - \phi)\left[\gamma(\eta\theta - \phi + \theta\phi)\right] - \gamma(1-\theta-\gamma\eta\theta)(1-\phi^2)\theta^2$$
$$又 \theta < \theta_e^* < \frac{\gamma - \phi}{\gamma(1-\phi^2)},$$

所以有：

$-(\gamma-\phi)[\gamma(\eta\theta-\phi+\theta\phi)]-\gamma(1-\theta-\gamma\eta\theta)(1-\phi^2)\theta<(1-\theta)(-\theta+\gamma\phi-\phi^2+\theta\phi^2)$,

又 $\theta>\dfrac{1}{2}>\dfrac{\phi(\gamma-\phi)}{(1-\phi^2)}$,

$-\theta+\gamma\phi-\phi^2+\theta\phi^2<0$,

故：$\dfrac{\partial F(\theta_e,\gamma)}{\partial\theta_e}<0$。

（2）$\gamma=1$ 时，$\gamma\dfrac{\partial F(\theta_e,\gamma)}{\gamma}=(\theta-\theta_e)[-\eta\theta\theta_e(1-\phi^2)+\eta\theta-\phi+\theta\phi]$，

当 $\theta_e^*>\theta'_e$ 时，$\dfrac{\partial F(\theta_e,\gamma)}{\partial\gamma}>0,\dfrac{\partial\theta_e}{\partial\gamma}>0$。

其中，$\theta'_e=\dfrac{\eta\theta-\phi+\theta\phi}{\eta\theta(1-\phi^2)}$。

由于 $\theta_e^*<\dfrac{\gamma-\phi}{\gamma(1-\phi^2)}\leqslant\dfrac{1}{1+\phi}$，

又 $\dfrac{\partial\theta'_e}{\partial\eta}>0,\dfrac{\partial\theta_e^*}{\partial\eta}<0$。

且 $\lim\limits_{\eta\to0}\theta'_e\to-\infty,\quad\lim\limits_{\eta\to(1-\theta)/\theta}\theta'_e=\dfrac{1}{1+\phi}$。

所以 $\eta=0$ 时，$\theta_e^*>\theta'_e$；$\eta=(1-\theta)/\theta,\theta_e^*<\theta'_e$。

存在 $\bar\eta$，使得当 $\eta>\bar\eta$ 时，$\theta_e^*<\theta'_e,\dfrac{\partial F(\theta_e,\gamma)}{\partial\gamma}<0,\dfrac{\partial\theta_e}{\partial\gamma}<0$；

$$当\ \eta<\bar\eta\ 时，\theta_e^*>\theta'_e,\dfrac{\partial F(\theta_e,\gamma)}{\partial\gamma}>0,\dfrac{\partial\theta_e}{\partial\gamma}>0。$$

（3）对于完全的产业集聚 $\lambda=1$ 时，对应的资本流动成本为：

$$\gamma=\phi+\dfrac{\theta(1+\kappa\rho)(1-\phi^2)}{1-\theta+\theta\rho(1-\kappa)+\theta\phi^2(1+\kappa\rho)},$$

又由正文可知 $\dfrac{\partial\lambda}{\partial\gamma}<0$，所以 $\gamma>\underline{\gamma}$。

（4）$\gamma=\underline{\gamma}$ 时，$\dfrac{\partial\theta_e}{\partial\gamma}>0$。

当 $\gamma=\underline{\gamma}$ 和 $\lambda=1$ 时，得到均衡的 $\theta_e=\dfrac{\theta(1+\kappa\rho)}{1+\theta\rho}$。将 $\gamma=\underline{\gamma},\lambda=1$ 和 $\theta_e=\dfrac{\theta(1+\kappa\rho)}{1+\theta\rho}$ 再代入 $\gamma\dfrac{\partial F(\theta_e,\gamma)}{\partial\gamma}$，得：$\gamma\dfrac{\partial F(\theta_e,\gamma)}{\partial\gamma}>0,F(\eta)=\eta\theta(1+\theta\rho)\phi-(1-\theta)[1-\theta+\theta\rho(1-\kappa)+\theta\phi^2(1+\kappa\rho)]<0$，

$F(\eta)$ 是关于 η 的增函数，又 $\eta<\dfrac{1-\theta}{\gamma\theta},F\left(\dfrac{1-\theta}{\gamma\theta}\right)=0$。

所以 $F(\eta)<0$。

（5）若 $\eta<\bar{\eta}$，对于任意的 γ 有 $\frac{\partial\theta_e}{\partial\gamma}>0$；若 $\eta>\bar{\eta}$，存在 $\hat{\gamma}$，使得当 $\gamma\in(\underline{\gamma},\hat{\gamma})$ 时，$\frac{\partial\theta_e}{\partial\gamma}>0$；当 $\gamma\in(\hat{\gamma},1]$ 时，$\frac{\partial\theta_e}{\partial\gamma}<0$。

$\eta<\bar{\eta}$，若存在 γ' 使得 $\frac{\partial F(\theta_e,\gamma)}{\partial\gamma}<0$，那么在 $(\underline{\gamma},\gamma')$ 和 $(\gamma',1]$ 之间分别存在 γ_1 和 γ_2，使得 $\frac{\partial F(\theta_e,\gamma_1)}{\partial\gamma}=0$，$\frac{\partial F(\theta_e,\gamma_2)}{\partial\gamma}=0$。然而 $F(\theta_e,\gamma)$ 是关于 γ 的二次函数，矛盾。

$\eta>\bar{\eta}$，此时 $\frac{\partial F(\theta_e,1)}{\partial\gamma}<0$，$\frac{\partial F(\theta_e,\underline{\gamma})}{\partial\gamma}>0$，又因为 $F(\theta_e,\gamma)$ 是关于 γ 的二次函数，所以有且仅有一个 $\hat{\gamma}$，使得 $\frac{\partial F(\theta_e,\hat{\gamma})}{\partial\gamma}=0$，当 $\gamma\in(\underline{\gamma},\hat{\gamma})$ 时，$\frac{\partial\theta_e}{\partial\gamma}>0$；当 $\gamma\in(\hat{\gamma},1]$ 时，$\frac{\partial\theta_e}{\partial\gamma}<0$。

第五章　二重开放、产业的区位分布与经济增长

第一节　全球一体化的影响

全球经济一体化对经济活动的区位分布有着重要的影响,这为一些区域的发展创造了巨大的机遇,但却也可能会加剧国家与国家之间以及一个国家内部不同区域之间的发展不平衡问题。例如,Fujita 和 Hu(2001)研究发现由于中国改革开放的实施,中国较为迅速地开始了对发达国家的追赶,极大地缩小了与世界发达国家之间的差距,但是与此同时,沿海地区和内陆地区之间的不平等逐渐加大,并成为中国政府必须要谨慎面对的问题。特别地,从1985 年到 1994 年,中国沿海地区和内陆地区之间的绝对差距增长了 10 倍(Fujita 和 Hu,2001)。持续存在的地区差距引发了一些地方政府的忧虑,Young(2000)的研究认为一些政府甚至试图通过设置人为的区际贸易壁垒以保护本国的市场与企业,从而减小区域差距。鉴于经济一体化将会对经济活动重新布局带来巨大影响,新的一系列重大问题又会产生,例如:随着国际贸易成本和区际贸易成本的下降,全球一体化进程深入推进,产业将会如何重新选址,这又将会对经济增长带来何种影响? 处于世界不同地区的居民福利在全球一体化的进程中将如何变化,谁将会受损,谁又会得益? 最后,国家间和同一国家内不同地区居民的福利差距将会因全球一体化扩大还是收敛?

新经济地理学为分析上述问题提供了一个理论框架,从研究视角上来看,现有文献对上述问题的探讨主要可以分为两类。一类是静态的多国或多地区模型,典型的如 Krugman(1993)、Behrens et al. (2007)和 Zeng 和 Zhao

(2010)等。此类模型由于是在静态框架下展开研究的,因而无法分析经济一体化对整个经济系统的动态影响效应。此外,此类模型都会得到一个共同的似乎正确但却又带有偏见的结论:通过改善本国基础设施来吸引产业的做法,往往是以其他国家或地区居民福利的下降为代价的,因此此类基础设施政策也被称为以邻为壑的政策(Behrens et al.,2007)。然而在动态框架中我们将会看到,如果通过改善本国基础设施吸引产业可以促进增长的话,那么外国居民则有可能通过分享更高的增长率而获益。另一类研究是两区域的动态模型,典型的如 Martin 和 Ottaviano(1999)、Fujita 和 Thisse(2003)等。这类研究虽然可以分析经济集聚和增长之间的相互影响,并从动态视角考察两个地区居民福利的得失,但却无法在同一框架内分析区域一体化和全球一体化政策影响的异同。事实上,就中国区域经济发展而言,存在明显的国际化和对内开放特征(赵伟,2006),并且国际化和对内开放对于经济活动的空间分布、增长以及各个地区居民福利的影响差别都很大,因而需要将上述两种层面的一体化区别对待。赵伟(2006)将中国区域经济发展的这种特征称为"二重开放"。

本章的研究可以看作是以上两类研究的结合:本章首次发展了一个多区域的新经济地理动态模型,从而可以在同一框架内考察国际化和对内开放对产业空间分布和经济增长的影响,并在此基础上分析不同地区居民福利的损益。本章余下各部分内容如下:第二节构建了本章的基本模型;第三节对基本模型求解并得到经济系统的均衡;第四节主要考察了不同的经济一体化政策对产业区位分布的影响;第五节考察了不同的经济一体化政策与经济增长之间的关系;第六节是福利分析;最后是本章小结。

第二节　两国三区域动态模型

考虑一个由本国和外国组成的经济系统,每个国家都有资本和劳动两种生产要素。本国的劳动力在两个地区平均分布,资本的分布虽然在区域间是不均匀的,但是在各个区域内不同劳动者之间是均匀分布的。这样我们也可以将本国资本劳动比较高的地区称为发达地区,另一个地区相对应地被称为欠发达地区。同时不失一般性的假定每个居民有一单位劳动力。为了专注于考察对外开放的影响,我们消除国家间的赫克歇尔-俄林比较优势,即假定本国和外国有着相同的资本劳动比率。记经济系统的总人口为 L,本国人口为 θL;初始时期的总资本量为 K_0,则本国初始资本为 θK_0,另外本国发达地区具有较高资本劳动比,记其初始时期资本为 $\kappa\theta K_0$ $(\kappa>1/2)$。所有的劳动和资本都被用于农业产品、制造业产品和资本的生产,资本可以在不同地区和国家间自由流动;劳动既不能在国家间流动,也不能在地区间流动,但能在同一地区不同的生产部门之间自由流动。所有的生产行为依据利润最大化原则在不同的国家和地区间进行选址决策,所有居民有着相同的偏好和生产技术。为了下文表述的方便,从现在起用角标 i $(i=1,2,3)$ 来表示关于地区 i 的变量,地区 1,2,3 分别对应本国发达地区、本国欠发达地区与外国。

首先考察生产方面。农业生产部门采用规模报酬不变的生产技术生产同质产品,其生产投入只需要劳动。不失一般性的假定每一单位的劳动生产一单位的农业产品。农业产品在完全竞争的市场上进行出售,并且可以在不同地区间进行无成本的自由贸易。于是所有地区农业产品价格相同 $p_1=p_2=p_3=p_a$。进一步的,由农业生产部门的零利润条件,$p_a=w_1=w_2=w_3=w$。由此可以将农业产品作为计价物,有 $p_a=w=1$。

制造业产品通过规模报酬递增的技术进行生产,并在 Dixit-Stiglitz 垄断竞争市场进行出售。每一种制造业产品的生产需要投入一单位资本作为固定投入,以及 β 单位的劳动力作为可变投入。因此,生产 x 单位的制造业产品的成本函数是 $\pi+\beta xw$,其中 π 是资本的回报率,β 是每生产一单位的制造业产品所需投入的劳动力。这里的资本既可以是有形资本,也可以是无形资本。前者如某一种机器设备,后者如某一种专利等。无论资本采取何种形式,生产某种制造业产品的企业的价值都等于这一单位资本的价值。当企业家完成了创办企业所必需的资本投资以后,他就拥有了生产相对应的制造业产品的垄断权力,并且企业家可以在区域间无成本地自由迁移他的企业,也就是说企业的重置成本为零。如果企业家选择到外地进行投资并开设工厂,那么他在外地获得的利润将会被汇回到本地。另外需要说明的是,如果由研发部门生产出来的资本除了作为制造业部门的固定投入,再无其他用途,那么资本与制造业企业之间就存在着一一对应关系,也就是说资本的总量 K^w 与制造业产品的种类数 M^w 必然相等。制成品可以在区域间进行贸易,遵循 Samuelson(1954)和新经济地理学文献的传统,贸易成本采用冰山运输成本的形式,即企业为了在外地市场销售一单位的制成品,需要从本地区运出 $\tau>1$ 单位的产品。但是不同区域间的运输成本并不相同,记本国与外国之间的运输成本为 τ_f,本国内两地区之间的运输成本为 τ_h。

最后,资本由研发部门进行生产,并以劳动力作为生产投入。记 a_i 为地区 i 生产一单位资本所需投入的劳动力,于是地区 i 资本的生产方程以及研发部门的边际成本函数分别为:

$$\dot{K} = \frac{L_{Ii}}{a_i}, F = wa_i \tag{5.1}$$

注意到在本章的模型中劳动力的工资如果为外生给定的，那么 a_i 就是创新成本。关于研发成本的形式，沿用了上一章节中提到的三点考虑：第一，研发部门能够利用的知识与资本存量之间存在正相关关系，根据 Romer（1990），随着资本的积累，知识也随即得到积累，研发部门能够利用的知识越多，研发成本就越低，内生经济增长便由此获得。第二，区域之间存在着知识溢出，即一个地区的研发部门在从事研发活动时，不仅能够利用本地的知识，也能在某种程度上利用外地的知识。第三，一个地区能够被用于研发活动的知识存量，取决于该地区的人均资本存量。由此考虑如下形式的 a_i：

$$a_i = \frac{1}{\bar{k}_i + \eta_{ih}\bar{k}_h + \eta_{ij}\bar{k}_j}$$

其中 h、i、j 分别对应着三个不同地区的变量；$\bar{k}_i = \frac{k_i}{L_i}$，$\bar{k}_h = \frac{k_h}{L_h}$，$\bar{k}_j = \frac{k_j}{L_j}$，$k_h$、$k_i$ 和 k_j 分别为三个地区雇佣的资本量；L_h、L_i、L_j 分别为三个地区的劳动力人数；η_{il}（$l=1,2,3,l\neq i$）为衡量知识溢出效应的指标，当 $\eta_{il}=0$ 时，表示知识是完全局部溢出的，当 $\eta_{il}=1$ 时，表示知识是全局溢出的。在本章中，出于简化计算的需要，从现在起假定：本国内部知识是全局溢出的，国家之间不存在知识溢出。我们做出上述假设的理由如下：第一，据我们所知，本章是首次建立新经济地理多区域动态框架的理论研究，要在同一框架下考察产业在不同区域的选址行为、经济增长、收入差距、福利变化等内容是一项浩大的工程，本章内容可以看作是这一工作的一次有益尝试，针对这样一个研究目的来说，我们做出上述假定完全符合情理；第二，要实现上述工作非常复杂，对于一般意义上的知识溢出水平，模型的计算将会变得非常繁琐，无法获得解析解，只有借助计算机进行数值模拟才可以得出一些结论，最重要的是，这些使用计算机数值模拟得到的结论与我们采用本章现行假定下得到的结果并没有什么不同。

接下去转向分析居民的消费行为。一个代表性消费者的效用函数为：

$$U = \int_0^\infty \ln\left[C_M^\mu(t)C_A^{1-\mu}(t)\right]e^{-\rho t}\,\mathrm{d}t$$

$$C_M(t) = \left[\int_0^{N_1+N_2+N_3} c_i^{\,1-1/\sigma}\,\mathrm{d}i\right]^{\frac{1}{1-1/\sigma}}; \sigma > 1$$

其中，C_A 是消费的农产品的数量，C_M 是消费的制成品的总量，μ 是花费在制成品上的支出份额，ρ 是时间偏好，σ 是不同制造业产品之间的替代弹性。N_1、N_2 和 N_3 分别是本国发达地区、本国欠发达地区与外国所生产的制造业产品的种类数量。增长即来源于消费者所消费的制造业产品种类数量的增加。

对于本国发达地区的单个消费者来说,其预算约束由下式给出:

$$\sum_{i=1}^{N_1} p_i c_i + \sum_{j=N+1}^{N_1+N_2} \tau_h p_j c_j + \sum_{k=N_1+N_2}^{N_1+N_2+N_3} \tau_f p_k c_k + p_A C_A = E_1$$

其中,p_A 是农产品的价格,p_i 是第 i 种制造业产品的价格。

消费者的最优消费决策可以分三步来决定。首先,在时间路径上,消费者需要在支出和储蓄之间分配消费。最优的消费路径需要满足标准的欧拉方程:

$$\frac{\dot{E}}{E} = r - \rho \tag{5.2}$$

其中,r 是在东部进行投资的资本回报率(Martin,1999;Baldwin 和 Martin 2004;et al.)。其次,根据 C-D 效用函数的性质,消费者效用最大化意味着消费者将会把其收入的 μ 部分用于购买制成品,而将剩下部分用于购买农产品。再次,消费者在不同种类的制成品之间最优化其支出。因此,地区 i 对地区 j 生产的一种制造业产品的全部总需求为:

$$d_{ji} = \frac{p_{ji}^{-\sigma}}{P_i^{1-\sigma}} \mu E_i; \qquad i,j=1,2,3 \tag{5.3}$$

其中,d_{ji} 表示地区 i 对地区 j 的企业生产的产品的需求量,p_{ji} 为 j 地区企业生产的产品在地区 i 销售的价格,E_i 为地区 i 的总支出,$P_i = \left[\int_0^{N_1+N_2+N_3} p_i^{1-\sigma} \mathrm{d}i\right]^{1/(1-\sigma)}$ 为地区 i 的价格指数。

在这样的假定下,一个在地区 i 从事制成品生产的企业的利润为:

$$\pi_i = p_{ii} d_{ii} + p_{ih} d_{ih} + p_{ij} d_{ij} - \beta(d_{ii} + \tau_{ih} d_{ih} + \tau_{ij} d_{ij})(h,i,j=1,2,3;i \neq h,j) \tag{5.4}$$

其中 p_{ih} 为地区 i 生产的产品在地区 h 出售的价格,τ_{ih} 为地区 i 与地区 h 之间的运输成本,同理 p_{ij}、τ_{ij} 也表示相同的含义。

将各个地区对地区 i 生产的制造业产品的需求函数带入 π_i,并对 π_i 求利润最大化条件,可以得到:$p_{ii} = \frac{\beta\sigma}{\sigma-1}$,$p_{hi} = \frac{\tau_{hi}\beta\sigma}{\sigma-1}$,$p_{ij} = \frac{\tau_{ij}\beta\sigma}{\sigma-1}$。在不影响模型稳健性的条件下,出于简化计算的需要,我们可以选择适当的单位使得 $\beta = \frac{\sigma-1}{\sigma}$,由此 $p_{11} = p_{22} = p_{33} = 1$,$p_{12} = p_{21} = \tau_h$,$p_{13} = p_{23} = p_{31} = p_{32} = \tau_f$。于是各个地区企业利润分别为:

$$\pi_1 = \frac{\mu E}{\sigma K}\left[\frac{\theta s_e}{\lambda_1 + \phi_h \lambda_2 + \phi_f \lambda_3} + \frac{\phi_h \theta(1-s_e)}{\phi_h \lambda_1 + \lambda_2 + \phi_f \lambda_3} + \frac{\phi_f(1-\theta)}{\phi_f \lambda_1 + \phi_f \lambda_2 + \lambda_3}\right] \tag{5.5}$$

$$\pi_2 = \frac{\mu E}{\sigma K} \left[\frac{\phi_h \theta s_e}{\lambda_1 + \phi_h \lambda_2 + \phi_f \lambda_3} + \frac{\theta(1-s_e)}{\phi_h \lambda_1 + \lambda_2 + \phi_f \lambda_3} + \frac{\phi_f(1-\theta)}{\phi_f \lambda_1 + \phi_f \lambda_2 + \lambda_3} \right] \quad (5.6)$$

$$\pi_3 = \frac{\mu E}{\sigma K} \left[\frac{\phi_f \theta s_e}{\lambda_1 + \phi_h \lambda_2 + \phi_f \lambda_3} + \frac{\phi_f \theta(1-s_e)}{\phi_h \lambda_1 + \lambda_2 + \phi_f \lambda_3} + \frac{(1-\theta)}{\phi_f \lambda_1 + \phi_f \lambda_2 + \lambda_3} \right] \quad (5.7)$$

其中 $\phi_h = \tau_h^{1-\sigma}$，$\phi_f = \tau_f^{1-\sigma}$ 可以被看作是制造业产品贸易一体化程度的指标，当 $\phi_l = 0 (l = h, f)$ 时意味着贸易成本非常高，此时不存在任何贸易，可以被看作是自给自足的经济；当 $\phi_l = 1$ 时，此时贸易成本为 0，可以被看作是完全的自由贸易；$\lambda_1, \lambda_2, \lambda_3$ 分别为三个地区的制造业份额；$s_e = \dfrac{E_1}{E_1 + E_2}$ 为本国发达地区支出在本国总支出中所占的比重，它也可以被看作是衡量本国收入不平等程度的一个指标。

第三节　多重市场与多地区的均衡

记地区 1 一个企业的价值为 v_1，同时它也是地区 1 一单位资本的价值，对于任何一个理性的投资者来说，在市场均衡条件下，投资研发活动和投资安全的资产之间是无差异的，资本市场的无套利条件意味着:

$$r_1 = \frac{\dot{v_1}}{v_1} + \frac{\pi_1}{v_1} \quad (5.8)$$

即一单位资本的价值等于对该资本进行投资所带来的所有运营利润的总和加上资本价值的变动。上式也可以通过下面的方法获得:企业的价值等于它未来各期利润贴现值的总和，然后将企业的价值对时间 t 求导数。类似的条件对于另外两个地区的资本同样成立:

$$r_2 = \frac{\dot{v_2}}{v_2} + \frac{\pi_2}{v_2}$$

$$r_3 = \frac{\dot{v_3}}{v_3} + \frac{\pi_3}{v_3}$$

由于资本可以在地区间无成本的流动，所以各个地区资本价值应该都相同，地区间资本市场无套利条件要求:

$$v_1 = v_2 = v_3 \quad (5.9)$$

进一步推得

$$\pi_1 = \pi_2 = \pi_3 \quad (5.10)$$

结合(5.5)、(5.6)和(5.7)式，得到本国产业份额 Λ 和本国发达地区产业占本国产业份额的比重 Ω 分别为:

$$\Lambda = \theta + \left(\theta - \frac{1}{2}\right)\left(\frac{2}{1+\phi_h-2\phi_f}+\frac{1}{1-\phi_f}\right)\phi_f + \frac{(\phi_h-1)\phi_f}{2(1-\phi_f)(1+\phi_h-2\phi_f)}$$

$$\text{(5.11)}$$

$$\Omega = s_e + \frac{2}{1-\phi_h}\left(\left(\frac{1}{\Lambda}\phi_f-\phi_f+\phi_h\right)\left(s_e-\frac{1}{2}\right)\right) \tag{5.12}$$

于是三个地区的产业份额都可以通过(5.11)式和(5.12)式给出：$\lambda_1 = \Omega\Lambda, \lambda_2 = (1-\Omega)\Lambda, \lambda_3 = (1-\Lambda)$。

从(5.11)式可以看出，本国的产业份额由三部分构成：第一项为本国的规模；第二项为国家间的母国市场效应，若本国的规模大于1/2，则该项为正，反之为负；第三项为基础设施效应，商品在本国进行流通需要支付成本，而在外国市场内部流通则不需要支付成本，因而外国基础设施比本国更优，该项对本国来说为负。

可以简单分析国际资本的流动方向，对于本国来说，资本净流入为：

$$(k_1+k_2)-(K_1+K_2)=\frac{(3\theta-4\theta\phi_f+\theta\phi_h-2+2\phi_f)\phi_f}{(1-\phi_f)(1+\phi_h-2\phi_f)} \tag{5.13}$$

国家间资本流动的方向取决于本国的规模、本国基础设施状况以及对外开放程度。当本国规模足够大时：$\theta > \frac{2-2\phi_f}{3-4\phi_f+\phi_h} > \frac{1}{2}$，本国将会成为资本的净流入国。特别的，当本国内部不存在商品运输成本时，本国的两个区域蜕变为一个区域，我们的模型也就是通常的两区域模型，此时资本流入本国的条件为 $\theta > \frac{1}{2}$；当本国内部的商品运输成本等于本国和外国的运输成本时，此时资本从国外流入本国的条件为 $\theta > \frac{2}{3}$。

下面求解均衡时的经济增长率。一方面，由于研发部门是完全竞争的，研发活动将会完全聚集在研发成本最低的地区。不妨设研发活动在本国进行[①]。根据我们的模型设定和计算可以推出，研发部门生产一单位资本品的成本为：

$$F=\frac{\theta L}{2\Lambda K^w} \tag{5.14}$$

另一方面，同样由于研发部门是完全竞争的，均衡状态经济利润为零，因此资本品的价值等于其研发成本，即：

$$v=F$$

---

① 我们并不关心研发中心是如何产生的，事实上，研发中心的区位分布也不会对最后的结果产生任何影响。

更进一步可以得到研发部门使用的全部劳动力的数量为:$\dfrac{\theta L g}{2\Lambda}$

劳动力市场的出清要求劳动力总供给等于劳动力总需求,劳动力的总供给是给定的,劳动力总需求主要来自于三大生产部门,即研发部门、制造业部门和农业部门。由于劳动力的工资已经被标准化为1,制造业部门所需要的劳动力数量就等于其可变生产成本的数值。对于一个垄断竞争的制造业生产厂商来说,其可变生产成本占总成本的比例为$\dfrac{\sigma-1}{\sigma}$;同时垄断竞争厂商的零利润条件意味着其收入等于成本,于是制造业部门所需要的劳动力数量为:

$$N_1\beta\,(x_{11}+\tau_{12}x_{12}+\tau_{13}x_{13})+N_2\beta(x_{22}+\tau_{21}x_{21}+\tau_{31}x_{31})+$$
$$N_3\beta(x_{33}+\tau_{31}x_{31}+\tau_{32}x_{32})=\mu E^w\,(\sigma-1)/\sigma$$

最后,由于农产品在地区间可以进行无成本的贸易,且农产品生产只需要劳动力投入并使用规模报酬不变的技术,那么从事农业生产的劳动力数量在数值上就等于农产品的产量,也等于农产品的产值,同时等于消费者用于农产品的支出$(1-\mu)E^w$。

至此,得到劳动力市场出清方程如下:

$$L=(1-\mu)E^w+\frac{\mu(\sigma-1)}{\sigma}E^w+L_I \tag{5.15}$$

其中,L_I是研发部门所需要的劳动力数量。

在继续进行下面的分析之前,我们需要先对稳定状态做一个定义。根据新经济地理动态理论的研究传统,我们对稳定状态定义如下,简称为定义5.1:

定义 5.1:稳定状态指的是经济系统以固定的增长率g增长,同时制造业在地区间的分布状态λ是固定的。

由定义 5.1 并结合(5.12)式可得,稳定状态下E^w也是固定的常数,再由(5.2)式,得$r=\rho$。

居民的收入由劳动收入和资本收入两部构成,对于本国发达地区和欠发达地区来说,两地总收入分别为:

$$E_1=\frac{\theta L}{2}+\frac{\theta^2\kappa\rho L}{2\Lambda} \tag{5.16}$$

$$E_2=\frac{\theta L}{2}+\frac{\theta^2(1-\kappa)\rho L}{2\Lambda} \tag{5.17}$$

于是,根据s_e的定义有:

$$s_e=\frac{\Lambda+\rho\theta\kappa}{2\Lambda+\rho\theta} \tag{5.18}$$

可以发现 s_e 与本国产业份额反相关。这是因为当本国产业份额越多的时候，本国进行研发就越容易，那么本国资本价值下降，继而资本相对于劳动收入下降，从而由资本分布不均匀产生的收入差距也将下降。

联立(5.12)和(5.18)式，可以得到均衡时本国地区收入差距为：

$$\Omega = \frac{\theta\Lambda\rho[\kappa(1+\phi_h-2\phi_f)-\phi_h+\phi_f]+\Lambda^2(1-\phi_h)+(2\kappa-1)\theta\rho\phi_f}{(1-\phi_h)(2\Lambda+\theta\rho)\Lambda}$$

其中 Λ 由(5.11)式给出。

第四节　二重开放与产业区位分布

一、对外开放对国际产业区位分布的影响

首先来看随着对外开放水平的提高，企业的逐利行为是怎样导致产业在国家间进行区位选择的。(5.11)式对 ϕ_f 求导可以得到：

$$\frac{\partial\Lambda}{\partial\phi_f} = \left[\frac{2\phi_f^2(3+\phi_h)-8\phi_f(1+\phi_h)+(1+\phi_h)(3+\phi_h)}{(1+\phi_h-2\phi_f)^2(1-\phi_f)^2}\right]$$
$$\left(\theta-\frac{1}{2}\right)+\frac{2(1-\phi_h)\phi_f^2-1+\phi_h^2}{(1+\phi_h-2\phi_f)^2(1-\phi_f)^2} \tag{5.19}$$

(5.19)式右边的第一项为国际贸易成本下降对国家间母国市场效应的影响，第二项为国际贸易成本下降对基础设施效应的影响。简单的分析可以发现(5.19)式的第一项为正，第二项为负。于是产生一个自然而然的问题就是：上述两种效应的相对强弱在对外开放程度变化的过程中将会如何变化？注意到上述两种效应的相对强弱是一个严重依赖于本国市场规模的变量，于是选择本国市场规模作为突破口进行分析，可以得到下述性质。

性质一：随着国际贸易成本的下降，母国市场效应和基础设施效应的强度都将增强，但是在不同的国际贸易成本水平下，二者增加的幅度并不相同。

(1)当本国市场规模比较小的时候，$\frac{1}{2}<\theta<\frac{2}{3+\phi_h}$，基础设施效应始终强于母国市场效应，本国的产业和资本份额将会随着国际贸易成本的下降始终流失；

(2)当本国市场规模比较大的时候，$\frac{2}{3+\phi_h}<\theta<\frac{2(1+\phi_h)}{3+3\phi_h-2\sqrt{\phi_h}}$，本国的产

业和资本份额将随着国际贸易成本的下降呈倒 U 型变化[①];

(3)当本国市场规模足够大的时候,$\dfrac{2(1+\phi_h)}{3+3\phi_h-2\sqrt{\phi_h}}<\theta<1$,随着国际贸易成本的下降,本国产业与资本份额始终增加。

证明详见附录 5.1。

性质一告诉我们对于本国市场规模较大但是国内基础设施较为落后的大国来说,在全球化的初始阶段,其可以依靠自身较大的市场规模赢得全球资本的青睐,吸引产业流入本国进行生产;但是当全球化进行到一定阶段后,本国落后的基础设施可能会使自身在全球产业争夺中处于不利的地位。这对我们的启示是,对于发展中国家而言,其固然可以依靠自身的市场规模优势,在全球化过程中获益,但是随着全球化的持续深入,如果发展中国家不能改善在基础设施竞争方面的不利地位的话,其在基础设施方面的缺陷将会日渐显现,这将抵消甚至掩盖其在全球化竞争中的市场规模优势。这一点应该引起发展中国家的重视。

二、对外开放对国内产业区位分布的影响

事实上,产业在本国不同区域的区位选择问题也可以表述为本国区域产业差距的变化问题。本国不同区域的产业差距问题可以分为两个方面:产业规模的绝对差距和产业规模的相对差距。为了更清楚地说明这一点,我们可以分别写出两个概念所涉及的数学表达式:

$$\frac{\lambda_1}{\lambda_2}=\frac{1}{1-\Omega}-1 \tag{5.20}$$

$$\lambda_1-\lambda_2=(2\Omega-1)\Lambda \tag{5.21}$$

(5.20)式衡量的是本国不同区域相对产业差距,可以看出它是一个关于 Ω 的严格单调增函数;(5.21)式衡量的是本国不同区域绝对产业差距,它可以看作是包含相对产业差距的函数与本国自身产业规模的乘积的形式。宋华盛等(2010)考察了对外开放对本国不同区域间绝对产业差距的影响,认为区域间产业规模的绝对差距只是区域产业差距的一个方面,并且对于我国实现区域协调发展的战略目标而言,区域间相对产业差距有着更为重要的含义。

---

① 本章研究的静态部分在模型设置上与宋华盛等(2010)类似,但是本书在此得出国内产业份额随国际贸易成本变化的情况与他们的研究结论相反,他们的研究认为随着对外开放程度的上升,国内产业份额将会呈 U 型变化。我们经过反复验算,并使用计算机画图模拟的方式,发现本国产业份额对国际贸易成本的变化是呈倒 U 型的,他们的研究在计算证明上可能存在问题。

故而本章重点考察区域相对产业差距的情况。

对外开放对本国区域间产业规模差距的影响可以由下式给出:

$$\frac{\partial \Omega}{\partial \phi_f} = \frac{2}{1-\phi_h}\left(s_e - \frac{1}{2}\right)\frac{1-\Lambda}{\Lambda} - \frac{2}{1-\phi_h}\left(s_e - \frac{1}{2}\right)\frac{1}{\Lambda^2}\frac{\partial \Lambda}{\partial \phi_f} +$$
$$\left[1 + \frac{2}{1-\phi_h}\left(\frac{1}{\Lambda}\phi_f - \phi_f + \phi_h\right)\right]\frac{\partial s_e}{\partial \phi_f} \tag{5.22}$$

由(5.22)式可知,对外开放可以通过三种不同的途径使得本国产业在不同地区间重新进行选址。第一,随着对外开放水平的提高,本国区域间的母国市场效应将会增强,其影响是比较直接的。众所周知,新经济地理学中的集聚力量来源于制造业部门规模报酬递增的技术。当对外贸易成本下降时,意味着国际市场的需求将会扩大,这会使规模报酬递增更加有效,从而导致在发达区域里会产生更多的集聚,因此这种效应也可以被称为市场规模效应。第二,对外开放水平的提高会改变本国在整个世界中的产业份额,本国占世界产业份额的改变会间接影响本国发达地区的母国市场效应强度,一般来说,当本国产业份额占世界总产业份额的比重比较大的时候,本国国内的母国市场效应将会减弱,因此这种效应也可以被称之为竞争效应。这是因为当本国规模比较小的时候,本国发达地区内部企业之间的竞争不强,于是本国发达地区的企业利润也就相对比较高,企业会有比较强的动力集聚到本国发达地区去。但是当本国自身规模比较大的时候,本国发达地区内部的竞争效应将会比较强,此时本国的企业将更倾向于分散分布。第三,我们已经知道对外开放会改变产业区位分布,产业区位分布的改变会影响研发效率和研发成本,进而影响资本收入。由于发达地区拥有资本的比较优势,本国两地区间的名义收入差距也会改变,于是来自于对产品需求方面的改变反过来又会进一步影响产业在本国不同区域的选址决策,这种效应被称为财富效应。值得指出的是,第三种效应在一般的静态模型中是不存在的,如 Behrens et al.(2007)考察的本国两区域对称分布的模型和 Zeng 和 Zhao(2010)考察的本国两区域不对称分布的模型,都忽视了我们在这里提到的财富效应的影响。这是因为在一般的静态模型中,由于缺少研发部门,资本收入往往是一个固定的常数,其收入并不会受到对外开放程度的影响。

通过对上述三种效应的分析可以发现,前两种效应对产业区位选择的影响较为直接或者在前面的章节中已有过证明,下面我们主要考察财富效应的影响。在我们的分析框架中,不同地区居民的劳动收入是稳定的,这是因为劳动者在区域间不能自由流动,劳动者的生产率不变且处于不同区域的劳动者的生产率相同。因而对外开放对收入差距的影响主要来源于对外开放的程度,其程度的提高将会改变不同区域居民的资本收入。

由(5.16)、(5.17)和(5.18)式可知,对外开放对收入差距的影响机制如下:国际贸易成本的下降通过影响产业国际布局来影响研发成本,进而影响资本收入。具体来说,当本国产业份额上升的时候,本国资本相对于劳动收入将会降低,于是收入差距下降:

$$\frac{\partial s_e}{\partial \Lambda} = -\frac{\rho\theta(2\kappa-1)}{(2\Lambda+\rho\theta)^2} \tag{5.23}$$

由以上分析,再结合性质一,我们可以得到性质二:

性质二:对外开放对本国地区收入差距的影响,依赖于本国市场规模呈现的变化规律。

(1)当本国市场规模比较小的时候,$\frac{1}{2} < \theta < \frac{2}{3+\phi_h}$,国际贸易成本的下降将会扩大收入差距;

(2)当本国市场规模比较大的时候,$\frac{2}{3+\phi_h} < \theta < \frac{2(1+\phi_h)}{3+3\phi_h-2\sqrt{\phi_h}}$,随着国际贸易成本的下降,地区间收入差距将呈 U 型变化;

(3)当本国市场规模足够大的时候,$\frac{2(1+\phi_h)}{3+3\phi_h-2\sqrt{\phi_h}} < \theta < 1$,国际贸易成本下降始终减小收入差距。

现在可以考察对外开放对本国区域间产业差距的综合影响。市场规模效应对本国区域间的产业差距有一个正向的影响,而竞争效应和财富效应对产业差距的影响则依赖于对外开放的水平。为此需要进行分类讨论。(a)如果国际贸易成本的下降使得本国产业份额上升,那么竞争效应将有助于减小本国区域间的产业差距。并且通过(5.18)式可知,本国产业份额的上升将会减小区域收入差距,进而减小两地的需求差距和产业差距。由于此时市场规模效应为正,而竞争效应和财富效应为负,所以对外贸易成本下降对本国产业差距的影响是不确定的。(b)如果国际贸易成本的下降使得本国产业份额下降,那么竞争效应将会减弱,本国区域间产业差距扩大,进而收入差距扩大,收入差距的扩大又会进一步地扩大产业差距。此时三种效应都使得本国产业差距扩大,本国的产业分布将会更加集中。由此我们可以得到性质三。

性质三:若国际贸易成本下降使得本国产业份额增加,此时对外开放对本国内地区间产业差距的影响难以确定;若国际贸易成本下降使得本国产业份额减少,此时对外开放将会扩大本国内地区间产业差距。

三、对内开放与产业区位分布

对内开放对产业区位选择的影响较为直观。首先来看对内开放对国际产业区位选择的影响。(5.11)式对 ϕ_h 求导可以得到：

$$\frac{\partial \Lambda}{\partial \phi_h} = \frac{2(1-\theta)\phi_f}{(1+\phi_h-2\phi_f)^2} \tag{5.24}$$

上式显然大于 0，故对内开放水平的提高将会使本国产业份额上升。

再来看对内开放对本国国内产业区位选择的影响。为了分析的方便，可以先假定 s_e 是一个不依赖于 ϕ_h 的常数，此时问题便可以转化为类似宋华盛等(2010)所研究过的问题。根据宋华盛等(2010)，显然有 $\frac{\partial \Omega(\phi_h, \overline{s_e})}{\partial \phi_h} > 0$。然而，事实上在先前的分析中我们已经看到，对内开放水平的提高将会通过改变国家间的产业分布状态来影响本国的地区间收入差距。联立(5.23)式和(5.24)式可知：

$$\frac{\partial s_e}{\partial \phi_h} = \frac{\partial s_e}{\partial \Lambda}\frac{\partial \Lambda}{\partial \phi_h} < 0 \tag{5.25}$$

也就是说对内开放水平的提高有助于减小本国的地区收入差距，这种影响又会使本国的地区间产业差距有一个减小的趋势。故而对内开放对本国地区间产业差距的影响是不确定的。

第五节　二重开放与经济增长

本节中我们将要求解经济系统均衡时的增长率。在我们的分析框架中，长期增长是由不断积累的知识资本所推动的，随着知识资本的积累，制造业产品的种类不断增加，由此催生增长。给定消费者的偏好，制造业产品种类的增加将会提升消费者的实际消费水平。这是因为当制造业产品种类增加的时候，所有地区的消费价格指数都将下降：

$$P_1 = K^{W\frac{1}{1-\sigma}}[\lambda_1 + \phi_h\lambda_2 + \phi_f\lambda_3]^{1/(1-\sigma)}$$

$$P_2 = K^{W\frac{1}{1-\sigma}}[\lambda_2 + \phi_h\lambda_1 + \phi_f\lambda_3]^{1/(1-\sigma)}$$

$$P_3 = K^{W\frac{1}{1-\sigma}}[\lambda_3 + \phi_f\lambda_1 + \phi_f\lambda_2]^{1/(1-\sigma)}$$

由(5.1)式和(5.14)式可知：

$$g = \frac{\dot{K}^w}{K^w} = \frac{2\Lambda L_I}{\theta L} \tag{5.26}$$

所以为了得到均衡时的经济增长率,只需得到研发部门的从业人员数即可。由(5.15)式可知,要得到研发部门从业人数,须先求得均衡时整个经济系统的总支出。将(5.11)、(5.12)式带回(5.5)、(5.6)、(5.7)式,可以得到不同地区单位资本的运营利润为: $\pi_1 = \pi_2 = \pi_3 = \frac{\mu E^w}{\sigma K^w}$。再次利用资本市场的无套利条件,可解得经济系统的总支出:

$$E^w = \frac{\theta \sigma L(\rho + g)}{2\mu\Lambda} \tag{5.27}$$

将(5.27)式带回(5.15)式,得:

$$L_I = \left[1 - \frac{\theta(\sigma - \mu)(\rho + g)}{2\mu\Lambda} \right] L \tag{5.28}$$

再将(5.28)式带回(5.26)式,得到均衡的经济增长率为:

$$g = \frac{2\mu\Lambda}{\theta\sigma} - \frac{(\sigma - \mu)\rho}{\sigma} \tag{5.29}$$

对(5.29)式的初步分析可以得出以下几点结论:首先,与以往研究类似,产业的地理分布对于经济增长仍然是重要的,具体来说,研发中心所雇佣的产业份额与经济增长之间具有正向联系,并且用于制造品的消费支出越高,经济增长越快;其次,与以往研究有所不同的是,在我们的模型中,重点考虑的是研发部门的知识溢出效应而非规模效应,因而人口的绝对规模不再影响经济增长,但国家间人口的相对规模对经济增长有重要影响。

鉴于国家间相对人口规模对经济增长的重要影响,一个自然而然的问题是:随着研发中心所在地——本国规模的增加,会对全球增长率带来怎样的影响? 从(5.29)式来看,随着本国规模的扩大,首先会对增长率有一个负面的影响,这是因为在本国产业规模既定的条件下,人均资本所有量会降低,而人均资本所有量的降低将会导致研发效率降低,进而增长率下降。但这只是短期影响,长期中,当本国人口规模扩大以后,对产业资本的吸引力也会上升,这又会对经济增长有一个正向的促进作用。均衡经济增长率在长期中的变化则取决于上述两种力量的相对强弱,将(5.11)式代入(5.29)式,求导并化简后得:

$$\frac{\mathrm{d}g}{\mathrm{d}\theta} = \frac{2\phi_f}{\theta^2(1 - 2\phi_f + \phi_h)} \tag{5.30}$$

(5.30)式显然大于0,这意味着本国市场规模的扩大总能促进经济增长。

关于对外开放对经济增长的影响,已有很多研究从不同角度对这一问题进行了分析,然而据我们所知,还没有学者在两国三地区的框架内对这一问题展开分析。从对外开放对经济增长的影响来看,主要有以下两种途径:第一,对外开放水平的提高会增强不同国家间的知识溢出水平,由此促进经济增长;第二,对外开放水平的提高会改变产业在国家间和区域间的分布,由此影响经济增长。显然,本章的模型主要是沿着第二条途径对对外开放的影响展开研究的。(5.29)式对 ϕ_f 求导得:

$$\frac{\mathrm{d}g}{\mathrm{d}\phi_f} = \frac{\mathrm{d}g}{\mathrm{d}\Lambda}\frac{\mathrm{d}\Lambda}{\mathrm{d}\phi_f} \tag{5.31}$$

由(5.31)式我们可以更清晰地看到对外贸易成本下降对经济增长的影响,这事实上可以被看作是由两个相关的过程传导作用的结果。此外,由上一节的分析我们已经知道国际贸易成本下降对本国产业份额的影响是不确定的,因而需要分类讨论。结合(5.15)式和(5.31)式,容易得到对外开放与经济增长之间的关系,由性质三给出。

性质三:国际贸易成本下降对经济增长的影响,依赖于本国市场规模大小并呈现出不同的变化规律。

(1)当本国市场规模比较小的时候,$\frac{1}{2} < \theta < \frac{2}{3+\phi_h}$,国际贸易成本下降不利于经济增长;

(2)当本国市场规模比较大的时候,$\frac{2}{3+\phi_h} < \theta < \frac{2(1+\phi_h)}{3+3\phi_h-2\sqrt{\phi_h}}$,随着国际贸易成本下降,经济增长率呈倒 U 型变化;

(3)当本国市场规模足够大的时候,$\frac{2(1+\phi_h)}{3+3\phi_h-2\sqrt{\phi_h}} < \theta < 1$,国际贸易成本下降始终促进经济增长。

性质三部分地解释了为什么在全球一体化的大背景下,广大发展中国家的增长率呈现出不同的变化趋势。

第六节 二重开放对不同地区居民福利的影响分析

本节我们将对一个更为基本也更为复杂的问题展开讨论:经济一体化究竟会对不同地区居民的福利产生什么样的影响? 在一个多地区的动态框架内对这一问题进行研究显然有着重要的经济和政治含义,这一方面有助于各个不同的经济主体了解自身在全球经济一体化的过程中的损益,从而选择执行对自身有利的经济一体化政策。另一方面,国际组织在处理全球化问题的过程中也发挥着越来越重要的作用,研究全球经济一体化对国际组织的各成员国可能带来何种影响对于国际组织更好地协调各成员国之间的关系也有着重要的现实意义。

遗憾的是,目前还并没有研究能在多地区动态框架内对上述问题进行回答。这可能是因为在多地区动态框架内考察经济一体化对不同地区居民福利的影响非常复杂,它既有直接的影响,也有间接的影响,甚至有些影响要在长期中才能观察到。第一,经济一体化水平的提高降低了不同区域之间进行贸易的成本,因而有助于各个地区消费价格指数的降低,提升居民的实际购买力。可以将这种效应称之为运输成本效应。第二,在长期的贸易成本下降之后,本国市场效应和基础设施效应的存在,会改变各个企业在不同地区的选址决策。企业选址决策的改变会影响不同地区的外贸依存度,如果一个地区因此而使得外贸依存度上升,那么在其他条件不变的情况下,该地区的居民将要为更多地消费外来商品承担更高的运输费用,因而使其消费量下降。我们将这种效应称为产业转移效应。第三,由于研发部门的研发效率取决于本国所拥有的知识量,而本国的知识又以本国的企业为载体,所以如果本国所拥有的企业数量改变的话,那么本国的研发效率也将改变,进而影响经济的增长率。我们将这种效应称为增长效应。第四,研发效率的改变同时也影响着研发成本和资本的价值,进而影响居民的资本收入。我们将这种效应称为财富效应。第五,各种不同的效应之间可能存在着交互影响,例如产业转移效应可能会影响财富效应,同时,当各地区的相对支出份额发生变化之后又会反过来影响不同地区的产品需求,进而改变产业资本的区位选择。

由此可见,经济一体化对居民福利影响的渠道和机制都非常复杂,甚至难以在一般均衡的框架下证明经济一体化对不同地区居民的福利究竟是促进的还是抑制的。然而,我们仍然可以通过借助数值模拟的方法对这一问题进行探讨,并从中得出一些有益的启示。在开始这项工作之前,还需要对不同地区间的经济一体化问题区别对待,这是因为国家间贸易成本的下降和本国内区域间贸易成本的下降对福利的影响大不相同,所以从国家和区域两个维度上考察上述问题是必要的。记三个地区居民的福利分别为 V_1,V_2,V_3,则有

$$V_1 = \frac{\mu}{\rho(\sigma-1)}\ln(\lambda_1 + \phi_h\lambda_2 + \phi_f\lambda_3) + \frac{1}{\rho}\ln\left(1 + \frac{\theta\kappa\rho}{\Lambda}\right) + \frac{\mu g}{\rho^2(\sigma-1)} + C_1$$

$$(5.32)$$

$$V_2 = \frac{\mu}{\rho(\sigma-1)}\ln(\phi_h\lambda_1 + \lambda_2 + \phi_f\lambda_3) + \frac{1}{\rho}\ln\left(1 + \frac{\theta(1-\kappa)\rho}{\Lambda}\right) + \frac{\mu g}{\rho^2(\sigma-1)} + C_2$$

$$(5.33)$$

$$V_3 = \frac{\mu}{\rho(\sigma-1)}\ln(\phi_f\lambda_1+\phi_f\lambda_2+\lambda_3)+\frac{1}{\rho}\ln\left(1+\frac{\theta\rho}{2\Lambda}\right)+\frac{\mu g}{\rho^2(\sigma-1)}+C_3$$

$$(5.34)$$

其中，$C_i(i=1,2,3)$是常数项。

一、对内开放的福利分析

首先考察对内开放对不同地区居民福利的影响。对内开放水平的提高有利于本国内部运输成本的下降，但对外国的运输成本效应影响为零。随着本国内部基础设施水平的提高，运输成本逐渐下降，产业发展环境的竞争力增强，产业资本将会更多地向本国转移，进而有助于降低本国的研发成本，促进增长。与此同时，由于研发效率的提高，新的企业将会以更快的速度产生，从而竞争加剧，资本收益下降，于是财富效应为负。综上所述，对内开放对各个地区居民福利的影响途径及方向如表5.1所示。

为了考察对内开放对不同地区居民福利的综合影响，将(5.32)、(5.33)和(5.34)式分别对ϕ_h求导并化简后得：

$$\frac{dV_1}{d\phi_h}=\frac{2(1-\theta)\phi_f}{(1-2\phi_f+\phi_h)^2}\left[-\frac{\theta\kappa}{\Lambda^2+\theta\kappa\Lambda\rho}+\frac{2\mu^2}{\theta\rho^2\sigma(\sigma-1)}\right]+$$
$$\frac{\mu[s_e(\phi_h)+(1+\phi_h-2\phi_f^2)s_e{}'(\phi_h)]}{\rho(\sigma-1)(1+\phi_h-2\phi_f^2)s_e(\phi_h)}\qquad(5.35)$$

$$\frac{dV_2}{d\phi_h}=\frac{2(1-\theta)\phi_f}{(1-2\phi_f+\phi_h)^2}\left[-\frac{\theta(1-\kappa)}{\Lambda^2+\theta\rho(1-\kappa)\Lambda}+\frac{2\mu^2}{\theta\rho^2\sigma(\sigma-1)}\right]+$$
$$\frac{\mu[1-s_e(\phi_h)-(1+\phi_h-2\phi_f^2)s_e{}'(\phi_h)]}{\rho(\sigma-1)(1+\phi_h-2\phi_f^2)[1-s_e(\phi_h)]}\qquad(5.36)$$

$$\frac{dV_3}{d\phi_h}=\frac{2(1-\theta)\phi_f}{(1-2\phi_f+\phi_h)^2}\left[-\frac{\theta}{2\Lambda^2+\theta\Lambda\rho}+\frac{2\mu^2}{\theta\rho^2\sigma(\sigma-1)}-\frac{\mu(1-\phi_f)}{\rho(\sigma-1)(1-\Lambda+\phi_f\Lambda)}\right]$$

$$(5.37)$$

表 5.1　对内开放对不同地区居民福利影响的效应分解

效应	本国发达地区	本国欠发达地区	外国
运输成本效应	+	+	无
产业转移效应	+	不确定	−
增长效应	+	+	+
财富效应	−	−	−

103

不难证明(5.35)式与(5.36)式总是大于 0 的，这与静态的多区域模型的结果一致：随着对内开放水平的提高，本国各个地区居民的福利都将随之提高(宋华盛等，2010)。

然而在本章的研究框架中，本国发达地区和欠发达地区居民福利的差距可能会因为国内贸易成本的下降而收敛，这与已有研究的结论有很大的不同。已有研究虽然也认为在动态框架内，产业向发达地区集聚有可能通过实现更高的增长率而使欠发达地区的居民也获利，但依旧认为发达地区居民和欠发达地区居民的相对福利差距会扩大，如 Fujita 和 Thisse(2003)。而我们的研究却发现产业向发达地区集聚本身并不必然扩大地区差距，相反，在产业向发达地区集聚的同时 $\frac{\partial \Omega}{\partial \phi_h}>0$，欠发达地区居民福利的上升幅度可能大于发达地区居民福利的上升程度 $\frac{\partial V_2}{\partial \phi_h}>\frac{\partial V_1}{\partial \phi_h}$，如表 5.2 所示。

表 5.2 中的第一行，我们通过选择一组参数作为基数，并根据这组基数计算出相应的产业分布状况、增长率以及各个地区居民福利变化情况等。以下各行我们分别改变其中的一个参数，并计算相应的结果。表 5.2 中的最后三列分别考察了对内开放对各个地区居民福利的影响，比较 $\frac{\partial V_1}{\partial \phi_h}$ 和 $\frac{\partial V_2}{\partial \phi_h}$ 可以发现，即使在 $\frac{\partial \Omega}{\partial \phi_h}>0$ 的情况下，$\frac{\partial V_2}{\partial \phi_h}>\frac{\partial V_1}{\partial \phi_h}$ 也可能同时成立。

表 5.2　对内开放对经济增长与社会福利的影响

θ	κ	τ_h	τ_f	σ	ρ	μ	Λ	Ω	$\frac{\partial \Omega}{\partial \phi_h}$	g	$\frac{\partial V_1}{\partial \phi_h}$	$\frac{\partial V_2}{\partial \phi_h}$	$\frac{\partial V_3}{\partial \phi_h}$
0.65	0.6	1.2	1.35	5	0.2	0.6	0.69	0.52	$+$	7.8%	0.74	0.81	-0.06
0.6	0.6	1.2	1.35	5	0.2	0.6	0.58	0.53	$+$	5.8%	0.74	0.84	-0.05
0.65	0.55	1.2	1.35	5	0.2	0.6	0.69	0.51	$+$	7.8%	0.76	0.79	-0.06
0.65	0.6	1.15	1.35	5	0.2	0.6	0.71	0.53	$+$	8.7%	0.68	0.74	-0.05
0.65	0.6	1.2	1.4	5	0.2	0.6	0.68	0.52	$+$	7.8%	0.68	0.73	-0.07
0.65	0.6	1.2	1.3	5	0.2	0.6	0.68	0.53	$+$	7.7%	0.85	0.96	-0.05
0.65	0.6	1.2	1.35	4	0.2	0.6	0.69	0.52	$+$	14.8%	1.18	1.26	0.08
0.65	0.6	1.2	1.35	5	0.15	0.6	0.69	0.52	$+$	12.2%	1.22	1.29	0.12
0.65	0.6	1.2	1.35	5	0.2	0.7	0.69	0.52	$+$	12.5%	0.97	1.04	0.02

此外,外国居民的福利水平也有可能因为本国基础设施的改善而得到提高,这也颠覆了传统观点的看法。然而在动态框架内,上述观点并非总是成立的。对内开放对外国居民福利的影响机制及方向如表5.1中第4列所示,在静态框架内,财富效应和增长效应是缺失的,本国基础设施的改善除了争夺外国产业,对外国居民的福利水平并无促进作用,因此毫无疑问外国居民的福利水平将会因失去产业而下降。但是在我们的动态分析框架中,产业向本国的集聚却有可能通过促进增长而使得外国居民获利。并且如果增长效应的强度大于产业转移效应和财富效应的强度之和的话,那么外国居民的福利仍然有可能会提高。表5.2展示了这一情况存在的可能。表5.2的最后一列中,可以看到当经济增长率比较高时,本国国内贸易成本下降对外国居民福利的影响为正。

由此可以得到性质五和性质六。

性质五:在国内贸易一体化的过程中,产业向本国发达地区集聚,但是欠发达地区居民福利提升的幅度有可能高于发达地区居民上升的幅度。也就是说,产业向本国发达地区集聚并不必然扩大本国发达地区和本国欠发达地区居民之间的福利差距。

性质六:本国国内运输成本的下降始终有利于本国各个地区居民福利的提高,同时如果由产业向本国集聚带来的增长效应足够强的话,外国居民的福利也有可能上升。

性质五给我们的启示是,当一个国家作为一个整体参与全球竞争时,提升本国国内市场一体化程度总是有利的。在提升本国国内市场一体化的过程中,发达地区与欠发达地区之间的产业规模差距有可能因为母国市场效应等原因而扩大,但是两个地区间的相对福利水平却有可能缩小。也就是说,无论从效率角度看,还是从平等角度看,母国都应该提升国内市场一体化水平。

性质六给我们的启示是,在一个动态经济系统中,国与国之间的产业份额争夺的竞争不再是一个零和游戏,国内市场一体化水平较高的国家虽然能从产业份额竞争中争得更多的产业份额,但是这并非总是以其他国家居民福利受损为代价的。国内市场一体化水平较高的国家能够从产业集聚中获得更高的增长,如果外国也能充分分享高增长的溢出效应,那么所有地区的居民福利都将获得提升。

二、对外开放的福利分析

对外开放对各地区居民福利的影响较为复杂。这是因为对外开放对产业转移效应的影响是不确定的,而增长效应和财富效应又是基于产业转移效应衍生出来的,以上各种效应的不确定性导致了最终结果的不确定性。

将(5.32)、(5.33)和(5.34)式分别对 ϕ_f 求导数得:

$$\frac{\mathrm{d}V_1}{\mathrm{d}\phi_f}=\left[\frac{\theta}{(1-\phi_f)^2}-\frac{2(1-\theta)(1+\phi_h)}{(1-2\phi_f+\phi_h)^2}\right]\left[-\frac{\theta\kappa}{\Lambda^2+\theta\kappa\Lambda\rho}+\frac{2\mu^2}{\theta\rho^2\sigma(\sigma-1)}\right]+$$

$$\frac{\mu}{\rho(\sigma-1)}\left[\frac{1}{1-\phi_f}-\frac{4\phi_f}{1-2\phi_f^2+\phi_h}+\frac{s_e{}'(\phi_f)}{s_e(\phi_f)}\right] \tag{5.38}$$

$$\frac{\mathrm{d}V_2}{\mathrm{d}\phi_f}=\left[\frac{\theta}{(1-\phi_f)^2}-\frac{2(1-\theta)(1+\phi_h)}{(1-2\phi_f+\phi_h)^2}\right]\left[-\frac{\theta(1-\kappa)}{\Lambda^2+\theta\rho(1-\kappa)\Lambda}+\frac{2\mu^2}{\theta\rho^2\sigma(\sigma-1)}\right]+$$

$$\frac{\mu}{\rho(\sigma-1)}\left[\frac{1}{1-\phi_f}-\frac{4\phi_f}{1-2\phi_f^2+\phi_h}-\frac{s_e{}'(\phi_f)}{1-s_e(\phi_f)}\right] \tag{5.39}$$

$$\frac{\mathrm{d}V_3}{\mathrm{d}\phi_f}=\left[\frac{\theta}{(1-\phi_f)^2}-\frac{2(1-\theta)(1+\phi_h)}{(1-2\phi_f+\phi_h)^2}\right]\left[-\frac{\theta}{2\Lambda^2+\theta\Lambda\rho}+\frac{2\mu^2}{\theta\rho^2\sigma(\sigma-1)}-\right.$$

$$\left.\frac{\mu(1-\phi_f)}{\rho(\sigma-1)(1-\Lambda+\phi_f\Lambda)}\right] \tag{5.40}$$

以(5.38)式为例进行分析。(5.38)式右边的第一项是对外开放对地区1居民的财富效应和增长效应,它是两个式子乘积的形式。其中第一个中括号中的式子表达的是对外开放对国家间产业分布的影响,财富效应和增长效应就是基于这种影响发挥作用的,因此它是采取与第二个中括号的式子相乘的形式;第二个中括号由两部分构成,分别代表着财富效应和增长效应各自的影响。然后再来看(5.38)式右边的第二项,它反映的是对外开放对地区1运输成本效应和产业转移效应的大小。考虑到资本收入的变化相对于运输成本效应和产业转移效应是非常微弱的,那么(5.38)式右边第二部分的值主要依赖于 ϕ_f。可以证明当对外开放程度很低的时候,提高对外开放程度对本国各个地区居民都是有好处的;反之,当对外开放程度很高的时候,继续提高对外开放程度可能对本国居民不利。这与现有静态研究的结论相似(宋华盛等,2010;Zeng 和 Zhao,2010)。

与现有研究的不同之处在于,本章的研究发现,当本国对外开放程度达到一定水平后,进一步提高对外开放程度可能对外国居民也是不利的[①]。这是因为本国国内基础设施水平较差,当对外开放达到一定程度后,产业在进行区位选择时,基础设施效应对其的影响要强于市场规模效应,所以即使是人口规模大国也可能在全球竞争中失去产业。本国产业份额的降低又会进一步降低本国研发部门的生产率,从而增长率也随之下降,这不仅使本国居

---

① 不难证明当 ρ 足够小时,(5.40)式第二个中括号中的式子是大于0的。

民的福利受损,也可能会对外国居民的福利产生不利影响,如表5.3第六行所示。于是有性质七。

表5.3　对外开放对经济增长与社会福利的影响

θ	κ	τ_h	τ_f	σ	ρ	μ	Λ	Ω	$\frac{\partial \Omega}{\partial \phi_h}$	g	$\frac{\partial V_1}{\partial \phi_h}$	$\frac{\partial V_2}{\partial \phi_h}$	$\frac{\partial V_3}{\partial \phi_h}$
0.63	0.6	1.2	1.35	5	0.15	0.6	0.64	0.52	+	11.4%	0.29	0.26	1.11
0.63	0.6	1.2	1.35	5	0.15	0.6	0.59	0.53	+	10.2%	0.00	−0.09	0.79
0.63	0.6	1.2	1.35	5	0.15	0.6	0.65	0.51	+	11.4%	0.28	0.27	1.11
0.63	0.6	1.2	1.35	5	0.15	0.6	0.68	0.52	+	12.3%	0.66	0.67	1.29
0.63	0.6	1.2	1.35	5	0.15	0.6	0.58	0.53	+	8.6%	−1.54	−1.98	−0.14
0.63	0.6	1.2	1.35	6	0.15	0.6	0.64	0.52	+	7.0%	0.30	0.26	0.95
0.63	0.6	1.2	1.35	5	0.12	0.6	0.64	0.53	+	7.0%	0.30	0.27	0.91
0.63	0.6	1.2	1.35	5	0.15	0.6	0.64	0.52	+	15.9%	0.26	0.23	1.22

性质七:在国内经济一体化程度比较低的条件下,当对外开放程度比较低时,提高对外开放程度对本国各个地区居民均有利;当对外开放程度比较高时,提高对外开放程度对本国居民均不利,同时也有可能会使外国居民福利受损。

第七节　本章小结

本章结合中国经济的二重开放特征,发展了一个多区域的新经济地理动态分析框架,从而可以在同一框架内同时分析区域一体化和全球一体化对经济系统的影响。主要结论如下:

第一,对内开放有利于促进增长,而对外开放对经济增长的影响较为复杂,这取决于本国市场规模。总体来说:当本国市场规模比较小的时候,对外开放不利于经济增长;当本国市场规模比较大的时候,随着国际贸易成本下降,经济增长率呈倒U型变化;当本国市场规模足够大的时候,对外开放始终促进经济增长。

第二,从贸易一体化对本国地区差距的影响来看,对内开放有利于减小本国的地区收入差距,但对产业差距的影响是不确定的。对外开放对地区收入差距的影响则依赖于本国规模呈现出不同的变化规律:当本国市场规模比较小的时候,对外开放扩大收入差距;当本国市场规模比较大的时候,随着国际贸易成本下降,地区收入差距呈 U 型变化;当本国市场规模足够大的时候,对外开放始终减小收入差距。此外,如果对外开放使得本国产业向国外转移,那么此时对外开放还将会同时扩大本国地区间产业差距。

第三,与新经济地理的静态框架相比,在新经济地理的动态框架中,二重开放对不同地区居民福利影响有很大的区别。其一,当对外开放水平较低时,提高对外开放程度对所有地区居民都有利;然而如果在本国自身基础设施水平较差时,选择一个很高的对外开放水平则可能对所有地区居民都不利。其二,本国提高对内开放程度虽然会使外国失去一些产业,但也会对经济增长有利,如果此项政策对经济增长的促进作用足够强的话,外国居民的福利水平也有可能会得到提高。其三,由国内贸易成本下降所带来的产业向发达地区集聚不仅不会扩大地区差距,还有可能促进本国地区差距收敛。

这给我们的政策启示是,对于市场规模大和国内市场一体化水平高的大国来说,要积极参与全球一体化,从而推动全球经济的增长,对自身来说,不仅能够在争夺全球产业份额中获取有利地位,而且也有利于本国内部各个不同区域之间的平等。此外,如果大国产业集聚对经济增长的促进作用足够强的话,全球都可以从分享更高的经济增长中获益。然而,值得指出的是,对于国内市场一体化水平较低的大国来说,必须审慎选择是否参与全球一体化的战略问题,否则将有可能在全球一体化过程中丧失本国产业,并加剧国内区域之间的不平等,而这对于全球经济来说无疑也是灾难。面对激烈的全球竞争,我们可以率先做的是,大力提升本国国内市场一体化程度,既包括交通基础设施上的,也包括体制通道上的,甚至在一些时候,由制度原因造成的流通障碍比由基础设施供给不足带来的问题还要严重。因此,我们必须加快构建一体化的国内大市场,从而在参与全球竞争中占据有利地位。

附录 5.1:性质一的证明

证明:由(5.19)式可得:

当且仅当 $\theta > \tilde{\theta}(\phi_f) = \dfrac{2(1-\phi_f)^2(1+\phi_h)}{2\phi_f^2(3+\phi_h) - 8\phi_f(1+\phi_h) + (1+\phi_h)(3+\phi_h)}$ 时,

$\dfrac{\partial \Lambda}{\partial \phi_f} > 0$。

容易证明

$\dfrac{\partial \tilde{\theta}(\phi_f)}{\partial \phi_f} > 0$ $\phi_f = 0$ 时,$\tilde{\theta}(0) = \dfrac{2}{3+\phi_h}$;$\phi_f = \sqrt{\phi_h}$ 时,$\tilde{\theta}(\sqrt{\phi_h}) = \dfrac{2(1+\phi_h)}{3+3\phi_h - 2\sqrt{\phi_h}}$。

于是当

(i)$\theta<\tilde{\theta}(0)=\dfrac{2}{3+\phi_h}$时,$\theta<\tilde{\theta}(\phi_f)$,$\dfrac{\partial\Lambda}{\partial\phi_f}<0$;

(ii)$\theta>\tilde{\theta}(\sqrt{\phi_h})=\dfrac{2(1+\phi_h)}{3+3\phi_h-2\sqrt{\phi_h}}$时,$\theta>\tilde{\theta}(\phi_f)$,$\dfrac{\partial\Lambda}{\partial\phi_f}>0$;

(iii)当$\tilde{\theta}(0)<\theta<\tilde{\theta}(\sqrt{\phi_h})$时,存在$\widetilde{\phi}_f$,使得当$\phi_f<\widetilde{\phi}_f$时,$\theta>\tilde{\theta}(\phi_f)$,$\dfrac{\partial\Lambda}{\partial\phi_f}>0$;

$\phi_f>\widetilde{\phi}_f$时,$\theta<\tilde{\theta}(\phi_f)$,$\dfrac{\partial\Lambda}{\partial\phi_f}<0$。

证毕。

第六章 空间集聚与经济增长的实证检验

第一节　威廉姆森假说及其机制

在第四章和第五章中,我们从理论上探讨了集聚与增长的关系。研究发现集聚与增长的关系并非是单调的,而是取决于不同维度的区域壁垒以及各个区域的相对市场规模等因素。然而这一假说并没有得到广泛的来自实践的一致验证,尤其是针对中国的经验研究还非常缺乏。本章的目的即在于运用中国的数据对上述理论假说进行实证检验。

为了实现共同富裕的目标,中国的区域发展战略似乎有两条路径可供选择。一条是通过加大对中西部地区、中小城市等的扶持力度,引导劳动、资本和产业等向欠发达地区流动,从而实现共同富裕,如西部大开发战略、振兴东北老工业基地等;另一条是继续推进经济向沿海地区和大城市集聚,使大城市获得更加持久与高速的增长,并充分发挥大城市的溢出效应,使广大中小城市共享经济发展的成果,从而实现在集聚中走向人均意义上的平衡。值得指出的是,虽然两条路径似乎都为中国经济的未来描绘了一幅美好蓝图,但是这两条发展路径似乎又都遇到了一些问题。第一条路径虽然可以使中西部地区和中小城市获得相对更快的发展,但却有可能牺牲东部沿海地区和大城市的发展,继而使中国失去进一步增长的动力源泉;第二条路径虽然有利于东部地区和大城市继续实现高速的增长,但却有可能使广大内地以及中小城市陷入非常贫穷的境地,甚至不利于社会稳定。面对以上争议,一个自然而然的问题是,从中国经济社会发展的实践经验来看,空间集聚与经济增长之间的相互关系是怎样的? 进一步的,在中国经济持续发展的过程中,二者之间的关系是否发会发生变化？如果发生了变化,发生了哪些变化？发生这些变化的机制和影响要素又是怎样的？

目前已有大量文献采用不同国家和地区的数据对空间集聚与经济增长的关系展开了广泛的研究。总体来看,现有文献在一些方面达成了一致,但仍存在着不少的分歧。大多数经验研究支持集聚促进增长的结论,如 Ciccone 和 Hall(1996)利用美国的数据,通过两种不同的模型对集聚与增长的关系进行了实证检验,发现就业率密度和生产率之间存在着正相关关系:就业率密度每翻一倍会使劳动力生产率增加 6％左右,并且美国各州间一半以上的人均产出差别可以由经济活动密度的差别来解释;Braunerhjelm 和 Borgman(2004)利用瑞典 143 个行业的数据研究发现,产业集聚程度较高区域的经济增长率显著高于其他区域,在技术密集型行业、原料使用密集度较高的行业中产业集聚对经济增长的促进效应更为显著。类似的研究还有 Dekle 和 Eaton(1999)、Cingano 和 Schivardi(2004)、Ottaviano 和 Pinelli(2006)等等,他们分别使用日本、意大利和芬兰的数据证实了集聚能够增进生产率的观点。

另外还有一些研究使用跨国数据考察了经济集聚与经济增长之间的关系。Ciccone(2002)利用法国、德国、意大利、西班牙、英国 5 国 1992 年的数据进行研究,结果表明就业密度与生产率显著正相关,劳动生产率的就业密度弹性为 5％。Brulhart 和 Sbergami(2006)分别使用全球 105 个国家的数据考察了经济集聚与经济增长之间的相互关系,也得出了集聚促进增长的结论。

然而也有一些颇具影响的研究得出了与上述研究有所不同的结论,代表性的研究有 Henderson(2003)、Bruhlart 和 Sbergami(2009)等。Henderson(2003)运用 70 个国家 1960—1990 年的面板数据考察了集聚经济对增长的影响,研究发现:当使用城市化水平指标作为集聚的代理变量时,经济增长与集聚之间并不存在显著的相关关系;而当使用大城市人口占比指标(超过百万人口的城市群人口数占全国总人口的比重)作为集聚的代理变量时,在经济发展水平较低的国家,集聚对增长有显著的促进作用。Henderson(2003)的研究为威廉姆森假说提供了来自经验的证据。Williamson(1965)认为在经济发展的早期阶段,由于基础设施比较差,产业的集聚有利于经济增长;在经济发展达到一定水平之后,基础设施也比较发达,经济集聚的拥挤效应将会超过其带来的收益,此时集聚可能不仅不利于增长,还会伤害增长。在最近的一项研究中,Bruhlart 和 Sbergami(2009)为支持威廉姆森假说提供了更为直接的证据。他们在研究中引入了关于集聚与经济发展水平(以人均 GDP 衡量)的交叉项,研究发现该交叉项的系数显著为负。也就是说随着经济发展水平的上升,集聚对增长的促进作用将会减弱,特别是他们的研究发现当人均 GDP 水平处于 1 万美元以下的时候，经济活动的空间集聚促进增长；当人均 GDP 处于 1 万美元以上的时候，集聚对增长的促进作用减弱，甚至可能会对增长产生不利影响。虽然他们的研究在一定程度上验证了威廉姆森假说，但却忽视了威廉姆森假说中另一个更为基本的问题：为什么经济发展达到一定程度后集聚会不利于增长？也就是说他们的研究并未对威廉姆森假说产生的机理进行回答。

就中国的区域经济发展实践而言，是否存在威廉姆森临界值是一个有待检验的命题①。早期的研究大多支持中国经济集聚促进经济增长的结论（范剑勇，2006；陆铭，2011）。然而，近来的一些研究却认为威廉姆森假说在中国也是成立的，如杨扬等（2010）认为我国城市经济集聚与经济增长关系的临界值在实际人均 GDP 水平 28283 元左右，这大概是 Bruhlart 和 Sbergami（2009）使用跨国数据研究所得值的一半；徐盈之等（2011）采用省级面板数据，对威廉姆森假说进行了验证，认为中国的珠三角、长三角和京津冀等经济圈已经出现了明显的过度集聚——拥挤效应。

本书认为研究者们之所以对威廉姆森假说存在与否争论不休，一个重要的原因可能就在于人们对威廉姆森假说实现的机制并不十分清楚。一个基本但却被人们忽视了的问题在于，为什么在经济发展的不同阶段，空间集聚和经济增长的关系发生了变化？本书的理论部分对这一问题给出了一个初步的解释，即在经济发展的过程中，交通和通信等基础设施获得了极大的发展，劳动者的受教育程度也不断提高，这些都将使得知识在区域间的流动变得更加容易，同时削弱集聚对增长的促进作用；另一方面，随着经济的发展，空间集聚的收益与成本都在不断上升，但是在经济活动的空间集聚程度达到一定水平之后，空间集聚的成本上升得更快。在这样一个此消彼长的过程中，最终集聚的成本超过了收益，于是总体上就表现为集聚对增长带来不利影响。遗憾的是，对上述理论的解释，来自经验研究的支持还非常有限。本章即采用中国地级城市层面的面板数据，对上述理论假说进行验证，以填补这方面的空白。

本章借鉴了 Bruhlart 和 Sbergami（2009）采用跨国数据研究所使用的方法，采用 2003—2011 年中国 286 个地级城市的数据，对威廉姆森假说在中国成立与否进行检验，并重点考察了知识溢出在影响空间集聚与经济增长相互

---

① 为了表述的方便，以下部分将集聚与增长之间的关系发生变化时的人均 GDP 水平值称作威廉姆森临界值。根据威廉姆森假说：当人均 GDP 在威廉姆森临界值之下的时候，集聚促进增长；当人均 GDP 在威廉姆森临界值之上的时候，集聚不利于增长。

关系的过程中所起的作用。与以往研究相比,本章的贡献主要体现在以下三个方面:(1)研究强调了空间集聚与经济增长之间的非线性关系,也就是说这二者之间的关系在很大程度上将受到其他条件的影响,忽视这些条件可能导致对空间集聚与经济增长的关系做出不正确的判断;(2)对威廉姆森假说实现的机制进行验证,我们能够更加全面和清晰地了解在经济发展的不同阶段经济集聚对增长产生作用的机制和途径;(3)采用我国 2003 年以来 286 个地级市的数据,对集聚与增长的关系展开研究,一方面使得数据质量更高[①],另一方面可以使我们分析中国城市空间集聚与经济增长之间发生的最新变化,因而研究结论更具现实意义。

第二节 理论假说与研究设计

一、理论假说

关于空间集聚可能带来的好处,马歇尔在 1920 年出版的《经济学原理》中有一个初步的回答,这一解释在后续关于经济集聚的研究中被广为采纳。经济集聚至少在以下三个方面有利于经济增长:一是劳动力市场共享,二是中间品投入,三是技术外溢。首先来看劳动力市场,通过将一个产业一定数量的厂商集中在一个地方,产业集中形成了一个专业技术工人共享的劳动力市场,这个劳动力共享市场对工人和厂商都有利。这是因为这个劳动力市场一方面有利于提升工人找到合适自己工作的机会,另一方面也有利于厂商便捷地找到其所需要的工人,从而降低了工人和厂商之间进行搜寻、匹配的成本,提高了经济效率,促进了经济增长。其次,一个产业中心可以提供该产业专用的多种类、低成本的非贸易投入品。一个地方性的行业可以支持当地更多专业化的供应商,这些供应商反过来又使该行业更有效率,强化了地方化(Krugman,1991)。最后,信息在当地流动比远距离流动更容易,尤其是在现代交通运输方式和通信网络比较落后的地区,由空间集聚所产生的技术外溢优势将会比空间经济活动分散的地区明显得多。例如在空间经济活动集中

---

① 由于中国城市统计年鉴仅给出了各城市的户籍人口数据,而未给出各城市的常住人口数据,我们使用各城市的总量 GDP 指标除以人均 GDP,倒推出各城市的常住人口数据。根据国家统计局的有关规定,自 2003 年之后,各城市的人均 GDP 才是使用常住人口数据计算得出的。这种权宜的处理方式得到的数据与真实数据存在偏差在所难免,但是仍然能反应许多以往被忽视了的问题。

的地区，如果一个人有一个新的想法，可以很方便地找到同行进行交流，这样既能够使其新的想法得到完善，也在无形中促进了新想法的传播。于是当处在这个地区的人们不断接收到各种不同思想，发生思想碰撞的时候，就会催生出新的思想，然后去生产新的产品，推动经济发展。

然而，产出规模的不断扩大，也可能会对经济发展带来负效应，这种负效应也可以被称作是规模不经济。规模不经济又可以分为内部规模不经济和外部规模不经济两种表现形式。内部规模不经济如当企业的生产规模扩大到一定程度后，企业的管理运营等成本就会增加，由此可能导致决策和管理信息失真等（魏埙等，2011）。集聚可能会带来的外部规模不经济包括交通拥堵和通勤成本提高等。随着经济活动的集中，城市规模将会扩大，城市越大，劳动力通勤的距离也越大，费用也随之上升，此外，很多大城市还存在着严重的交通拥堵等问题，这也会对城市经济效率的发挥带来一定的负面影响（鲍莹，2012）。在当前中国的大城市中，人口集聚程度过高可能会导致的另一个重要问题是高房价与高房租，这使得许多非常具有创新力和竞争力的企业都难以承受而不得不搬往郊区或其周边的中小城市。

鉴于空间集聚可能会同时对经济增长带来有利和不利两方面的影响，一个自然而然的问题是，空间集聚对经济增长的综合影响是怎样的。Williamson（1965）认为这个问题的答案取决于经济发展的水平。在经济发展的初期阶段，经济集聚带来的好处要大于其坏处，因而集聚能够促进增长；但是当经济发展达到一定水平之后，经济集聚带来的好处小于其坏处，因而集聚可能不利于增长。威廉姆森的这一回答也被称为威廉姆森假说，遗憾的是，威廉姆森假说并未获得广泛的来自经验的证据，这也构成了本章需要检验的第一个命题。

威廉姆森假说为我们探讨经济集聚与经济增长的关系提供了一个切入点，经济发展水平成为我们判断经济集聚与经济增长之间关系的一个重要变量。然而，如果上述假说是成立的，那么又将会给我们带来一个重要的新问题：为什么经济发展水平会改变空间集聚与经济增长之间的关系？我们之所以强调这个问题是基于以下几点理由：第一，从直觉上来讲，经济发展水平与集聚和增长之间并不存在着直接的联系渠道，我们猜测应该是在经济发展的过程中，经济系统的某些变量发生了变化，例如交通运输方式、网络技术等，这些变量的变化影响了集聚与增长的关系，所以有必要进一步找出这些变量；第二，以人均GDP衡量的经济发展水平是一个内涵非常丰富的概念，在经济发展的同时，经济系统中的居民受教育程度、交通基础设施、通信设施，甚至制度环境都会发生变化，这些变化才是经济发展过程中更为具体的内容。

检验这些变量对集聚与增长关系的影响对于我们进一步理解集聚与增长关系的作用机制是大有裨益的,同时也有利于我们对区域和城市发展问题提出更加精准的政策建议。

基于以上分析,并结合本书的理论模型,我们提出本章的第二个理论假说:随着经济的发展,以知识溢出上升为代表的区域一体化进程将会削弱空间集聚对经济增长的促进作用,最终改变集聚与增长之间的相互关系。该假说可以看作是对威廉姆森假说的进一步解释和发展,但又有所不同,我们的假说强调了知识溢出对于改变集聚与增长相互关系的作用。

经济发展水平的提高、交通基础设施的发展、移动电话的普及以及高学历人口比重增加等将会使得知识在区域之间的流动变得更加容易,也即区域之间的知识溢出水平将会上升。这是因为:一方面交通基础设施的发展和移动电话的广泛使用将会使区域之间的信息流动变得更加容易,人们甚至没有必要通过在地理上聚集在一起来获得信息获取上的优势,至少这种优势被大大削弱了;另一方面高学历人口在劳动力市场具有更高的流动性,高学历人口比例的增加使得人们能够更容易地捕捉全国各地的工作机会,而没有必要集中在少数几个大城市中竞争有限的工作机会。

下面就采用近年来中国城市层面的面板数据对以上两个理论假说进行实证检验。

二、研究设计

对经济增长进行分析的传统回归模型主要有两种,一种是巴罗式(Barro-type)横截面回归模型,它主要采用长期增长率对初始值或解释变量平均值进行回归;另一种是面板回归模型,它的优点在于既可以消除因变量短期的周期性影响(Brulhart 和 Sbergami,2009),还以使我们控制遗漏的或不可测的特定城市影响,并提供了一个解决内生性的方法(Temple,1999)。因而本章使用面板模型进行实证检验。面板模型的一般线性表达式为:

$$Y_{it} = \alpha + \beta x_{it} + \varepsilon_{it} \quad (i = 1, 2, \ldots, N; t = 1, 2, \ldots, T)$$

基于面板数据的回归模型称为面板数据模型。常用的面板数据模型主要有两种:固定效应模型(fixed effects model)和随机效应模型(random effects model)。

如何对上述模型进行选择,主要采用 Hausman 检验,其基本思路是:如果 $cov(\alpha_i, X_{it}) = 0$,则采用 OLS 估计固定效应模型和采用 GLS 估计随机效应模型得到的参数估计都是无偏且一致的,但是此时随机效应模型更有效;

如果 cov$(\alpha_i, X_{it}) \neq 0$，则采用 GLS 估计随机效应模型是有偏和非一致的，但是固定效应估计仍然是无偏和一致的。所以，如果模型误差项与解释变量之间是正交的，则应将模型设定为随机效应模型，否则设定为固定效应模型。

具体到本章的实证研究模型中，每一个城市的经济增长率通过以下几方面的变量进行估计：集聚指数、集聚指数和其他相关指标的交叉项，以及一系列控制变量。为了验证假说一，我们设置如下模型：

$$gdpg_{it} = \alpha_i + \beta agg + \gamma agg * gdpp + \delta X + \varepsilon_{it} \tag{6.1}$$

其中 $gdpg_{it}$ 为各观测点经济增长率，α_i 为截距项，agg 是集聚指数，$agg * gdpp$ 为集聚指数与人均 GDP 的交叉项，X 为一系列控制变量，ε_{it} 为随机误差项。如果在上述回归模型中 β 的系数显著为正，且 γ 的系数显著为负，那么威廉姆森假说即得证。

在上述实证模型的基础上，为了进一步探讨经济发展水平对集聚与增长关系的影响机制，设置如下两个方程：第一个方程在(6.1)式所选控制变量的基础上去除集聚指数与人均 GDP 的交叉项，同时引入集聚指数与其他相关指标的交叉项，记为(6.2)式；第二个方程在(6.2)式的基础上加入集聚指数与人均 GDP 项，作为(6.3)式，具体形式如下：

$$gdpg_{it} = \alpha_i + \beta agg + \eta agg * Z + \delta X + \varepsilon_{it} \tag{6.2}$$

$$gdpg_{it} = \alpha_i + \beta agg + \gamma agg * gdpp + \eta agg * Z + \delta X + \varepsilon_{it} \tag{6.3}$$

根据上一小节中提出的理论假说，交通基础设施、通信网络以及居民受教育程度等外部条件的改变都会影响集聚对经济增长的作用。因此，式(6.2)中，在保持(6.1)式中控制变量和集聚指标的基础上，加入集聚指标与交通基础设施、移动电话普及率、高学历人口占比、科研人员占比等指标的交叉项（用 $agg * Z$ 表示，Z 为这些指标构成的向量），以检验这些因素是否能改变集聚对增长的影响。如果这些因素的系数都显著并且为负，则说明它们会削弱经济集聚带来的好处；如果这些因素的系数为正，则说明它们会强化经济集聚对增长的促进作用；如果系数不显著，则说明这些因素不会改变经济集聚对增长的促进作用。为了检验经济发展水平对集聚与增长相互关系的影响机制是否是通过上述指标（即居民受教育程度、通信网络、交通基础设施等）起作用的，我们在式(6.2)的基础上加入了经济发展水平与集聚指标的交叉项。如果式(6.2)中向量 η 有元素为负并且显著，然而式(6.3)中 γ 显著而 η 不显著，则说明经济发展水平能够包含居民受教育程度、通信网络、交通基础设施等指标的影响，也就是说经济发展水平是通过居民受教育程度、通信网络、交通基础设施等渠道来改变集聚对增长的作用的。

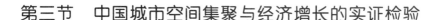

第三节　中国城市空间集聚与经济增长的实证检验

一、数据来源和说明

本章计量数据选取期限为 2003—2011 年,涉及中国的 286 个地级市[①]。之所以选择这个时间段主要是基于以下两个理由。第一,因为产业集聚机制的运转需要以自由的市场经济制度为前提,而我国改革开放后建立市场经济体制是一个渐进过程,直到世纪之交才基本建立市场经济体制(常修泽,2002)。第二,鉴于常住人口比户籍人口指标更能反映我国经济社会发展的真实情况,因而本章希望使用城市常住人口的数据对计量模型进行估计。然而在各类统计年鉴(包括《中国统计年鉴》)中并未给出各城市常住人口的数据,故我们使用其他指标进行估计的办法近似得出各城市的常住人口数据。根据国家统计局的有关要求,2003 年之后统计人均 GDP 统一使用常住人口计算得出,所以使用各城市的总量 GDP 除以人均 GDP 可以近似得出各城市的常住人口。

本章数据主要来源于 2003 年至 2012 年的《中国城市统计年鉴》和《中国统计年鉴》以及国研网,对于个别异常数据我们参照各省的统计年鉴进行了调整。

我们关注的核心变量为关于集聚的代理变量及其集聚指标与其他变量的交叉项。为了检验模型的稳健性,同时结合已有文献所采用的集聚变量的代理指标,我们分别采用了两个不同的变量作为集聚的代理变量。首先是人口密度(den)指标,使其作为集聚的代理变量,该指标在现有文献中已有比较广泛的使用,其理由也相对比较直观,在同一个国家范围内,人口密度高的地区经济密度也比较高,这一点在人口密度高的大城市表现得尤为明显。其次我们参照杨扬等(2010)的研究,使用市辖区的国内生产总值比上全市的国内生产总值(usha)作为集聚的代理变量。在城市统计年鉴中,现行的城市统计设定了两个统计范畴:市辖区(包括城区和郊区)和全市(包括市辖区,下辖的县和县级市)。对于所有地级市,"全市"栏反映了整个市行政区域内的情况,

---

[①]　在 2003—2011 年的十年间,有的地级市因为行政区划调整而取消或设立,我们以 2003 年地级市样本截面为准。

而"市辖区"栏则反映了城市包括城区和郊区内的情况。利用市辖区的国内生产总值比上全市的生产总值可以大致反应经济活动在城市中的集聚情况（杨扬等，2010）。

关于控制变量的选择主要参考了 Sala-i-Martin 等（2004）以及 Brulhart 和 Sbergami（2008）的研究。Sala-i-Martin（2004）采用了 67 个变量对 88 个国家 1960—1996 年的经济增长进行检验，研究发现其中有 18 个变量与经济增长显著相关。Brulhart 和 Sbergamai（2008）基于 Sala-i-Martin 等（2004）的研究对控制变量进行选择，并引入衡量经济集聚的指标及集聚指数与经济发展水平的交叉项，用跨国数据对威廉姆森假说进行了验证。与上述研究相比，本章在控制变量的选择上进行了一定的调整，剔除了在跨国研究中使用的一些变量，如西班牙殖民地（Spanish colony）、佛教徒（Buddhist）、东亚国家（East Asia）等。具体而言，本章模型中选择的解释变量包括：集聚指标（包括人口密度和市辖区产值占全市总产值比重）、投资占 GDP 的比重（invest）、政府支出占 GDP 的比重（govern）、FDI 占 GDP 比重（open）、第二产业产值占当地 GDP 总产值的比重（ind），以及为验证威廉姆森假说及其相关机制引入的如下交叉项，包括人口密度和人均国内生产总值交叉项（dengdpp）、人口密度和大学生在校人数占比交叉项（denhed）、人口密度和人均铺装道路面积交叉项（denfou）、人口密度和移动电话用户占全市总人口比重交叉项（denmob）、人口密度和科技从业人员占全市年末总人口比重交叉项（denkno）、市辖区产值占比和人均国内生产总值交叉项（ushagdpp）、市辖区产值占比和大学生在校人数占比交叉项（ushahed）、市辖区产值占比和人均铺装道路面积交叉项（ushafou）、市辖区产值占比和移动电话用户占全市总人口比重交叉项（ushamob）、市辖区产值占比和科技从业人员占全市年末总人口比值交叉项（ushakno）。各变量的详细定义及符号见表 6.1。

表 6.1　变量定义

变量符号	备注
$\ln gdpg$	GDP 增长率的对数
agg	den 人口密度
	gdpusha 市辖区产值占全市总产值比重
	工业区位熵

续表

变量符号	备注
net	互联网用户占比
open	开放度,用 FDI 占 GDP 比值衡量
invest	年度投资额与 GDP 比值
govern	政府支出与 GDP 比值
hedu	高校在校生人数与全市年末总人口比值
foun	人均铺装道路,用来衡量当地基础设施的发展水平
kno	科技从业人员占全市年末总人口比值,用来衡量知识溢出的水平难易
gdpp	实际人均GDP。在计算实际人均GDP的过程中,由于无法得到历年各城市的CPI指数,故而使用城市所在省份的CPI指数作代理
dengdpp	人口密度和人均国内生产总值交叉项
denhed	人口密度和大学生在校人数占比交叉项
denfou	人口密度和人均铺装道路面积交叉项
denmob	人口密度和移动电话用户占全市总人口比重交叉项
denkno	人口密度和科技从业人员占全市年末总人口比重交叉项
ushagdpp	市辖区产值占比和人均国内生产总值交叉项
ushahed	市辖区产值占比和大学生在校人数占比交叉项
ushafou	市辖区产值占比和人均铺装道路面积交叉项
ushamob	市辖区产值占比和移动电话用户占全市总人口比重交叉项
ushakno	市辖区产值占比和科技从业人员占全市年末总人口比值交叉项
pop	全市常住人口总数。使用全市GDP总量除以人均GDP估算得出。将该数据跟《中国城市统计年鉴》提供的户籍人口数据比较后发现,对于绝大多数城市来说,这两套数据提供的人口数差别不大。但是采用此法计算出的一些大城市和特大城市的人口数目与《中国城市统计年鉴》提供的户籍人口数目差别很大,如北京、上海、深圳、重庆等

二、实证结果

对面板数据进行估计的常用方法主要有两种:固定效应模型和随机效应模型。二者的区别在于如果随机效应项与某一解释变量相关,则相对应系数的估计不具有一致性。我们对方程(6.1)(6.2)(6.3)分别用固定效应模型和随机效应模型进行回归分析,然后对模型进行 Hausman 检验,检验结果拒绝随机效应模型与固定效应模型系数无系统性差异的假设,因此,本章选择使用固定效应模型的结果,相关结果由表 6.2 给出。

表 6.2 中一共包含了六个回归模型的结果,可以分为两组,分别对应两个不同集聚指标:在模型(a)(b)(c)中我们使用人口密度作为集聚的代理变量,分别对方程(6.1)(6.2)(6.3)进行估计;模型(d)(e)(f)则使用市辖区产值占比作为集聚代理变量的结果,同样对方程(6.1)(6.2)(6.3)进行估计。首先来看模型(a),本章重点关注的变量为人口密度(den)以及人口密度和人均国内生产总值交叉项(dengdpp)。容易看出,上述两个指标对经济增长的影响都在 1% 的水平下显著,且人口密度对经济增长的影响为正,人口密度和人均国内生产总值交叉项对经济增长的影响为负。这就是说人口密度上升对经济增长有一个显著的正向影响;然而随着经济的发展,即人均 GDP 的上升,人口密度上升对增长的影响逐渐减弱。为了更清楚地描述这一过程,可以将(6.1)式对人口密度(den)求导,并将模型(a)中的估计系数代入(6.1)式得:

$$\frac{\partial gdpg_{it}}{\partial den} = 0.553 - 0.121 dengdpp \tag{6.4}$$

由(6.4)式易知,当人均 GDP 较低时,$\frac{\partial gdpg_{it}}{\partial den} > 0$;当人均 GDP 较高时,$\frac{\partial gdpg_{it}}{\partial den} < 0$。更进一步分析,根据模型(a)的回归结果,还可以估计出集聚与增长相互关系发生转变的临界值,这大概相当于人民币 4.57 万元。这就是说,当城市人均 GDP 水平低于 4.57 万元时,城市人口密度的上升有利于经济增长;当城市人均 GDP 水平高于 4.57 万元以后,城市人口密度的增加不利于经济增长。也即验证了威廉姆森假说。模型的(d)在保持方程(6.1)控制变量不变的条件下,使用市辖区产值占全市产值比重作为集聚的代理指标,对威廉姆森假说进行检验。核心解释变量 usha 和 ushagdpp 都在 1% 的水平下显著,且回归结果符合预期,这同样支持了威廉姆森假说。

根据模型(a)对威廉姆森临界值的推断,可以考察在样本的初始期和结束期各城市的人均 GDP 水平相对于威廉姆森临界值的分布情况。图 6.1 和图 6.2给出了这一信息。威廉姆森临界值(4.57 万元)由图中的竖线给出,可以看出,2003 年绝大多数城市的经济发展水平都处于威廉姆森临界值之下,根据威廉姆森假说,此时推动经济集聚是有利的。到 2011 年,虽然大多数城市的经济发展水平仍然处于威廉姆森临界值之下,但是与 2003 年相比,已经有不少城市的经济发展水平超过了威廉姆森临界值,并且很多城市的经济发展水平都在威廉姆森临界值的附近。本章的研究为关于空间集聚与经济增长相互关系的争论提供了一种解释:早期的经验研究之所以认为中国空间集聚促进了增长,也许是因为就当时中国的经济发展水平而言,所选取的数据样本范围处于威廉姆森临界值的左侧。但是,随着我国经济发展水平的不断提高,集聚对增长的作用开始弱化,甚至可能不利于增长。

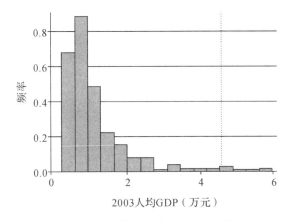

图 6.1 2003 年地级市人均 GDP 分布

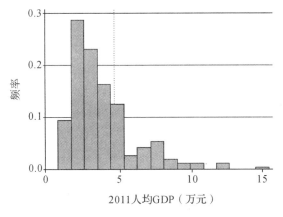

图 6.2 2011 年地级市人均 GDP 分布

接下去看模型(b),为了考察经济发展水平对集聚与增长相互关系的影响机制,在模型(b)中,去掉了人口密度与经济发展水平的交叉项,同时加入人口密度与经济发展分项指标的交叉项(包括 denhed、denkno、denfou、denmob)。研究发现,交通基础设施的改善、科研人员比重的提高以及移动电话普及率的提高都显著削弱了集聚对增长的促进作用。可以从以下几点对这一结果进行解释:第一,比起普通劳动者,科研工作者拥有更强的获取外界知识的能力,同时知识在科研工作者之间的流通也更加频繁和容易,这些都有利于生产率的提升,从而促进增长;第二,交通基础设施的改善和移动电话的普及降低了跨区域进行产品交易和要素交易的成本,同时也会增强区域间的知识溢出。综上所述,当交通基础设施改善、科研人员比重提高以及移动电话普及率提高以后,区域之间的概念被逐渐淡化了,区域间的知识外溢也会增强,集聚带来的好处将会削弱。

最后在模型(c)中,我们在模型(b)的基础上加入了人口密度与经济发展水平的交叉项。回归结果显示,人口密度与经济发展水平的交叉项继续在1%的水平下显著,同时人口密度与经济发展水平分项指标的交叉项回归系数不再显著。这就意味着经济发展水平能够包含上述分项指标的影响,也就是说经济发展水平是通过上述分项指标影响空间集聚与经济增长之间相互关系的。

模型(e)和(f)替换了模型(b)和(c)中所使用的集聚指标,重新对方程(6.2)和(6.3)进行了回归。回归结果依旧显著,且所得结论与模型(b)和(c)类似。这进一步说明,就中国城市经济发展实践而言,威廉姆森假说及其上述影响机制具有很高的稳健性。

表6.2　威廉姆森假说及其影响机制的检验

variable	(a)	(b)	(c)	(d)	(e)	(f)
invest	0.0408***	0.0450***	0.0431***	0.0429***	0.0493***	0.0466***
	(0.00460)	(0.00482)	(0.00476)	(0.00461)	(0.00492)	(0.00486)
govern	−0.0252	−0.0274	−0.0276	−0.0254	−0.0258	−0.0321*
	(0.0180)	(0.0189)	(0.0186)	(0.0180)	(0.0190)	(0.0188)
ind	0.0773***	0.0816***	0.0709***	0.0820***	0.0774***	0.0732***
	(0.0143)	(0.0148)	(0.0146)	(0.0144)	(0.0148)	(0.0147)
open	0.0149	0.00838	0.0175*	0.00220	−0.00314	0.00289
	(0.0103)	(0.0105)	(0.0104)	(0.0102)	(0.0104)	(0.0102)
den	0.553***	0.550***	0.617***			

续表

variable	（a）	（b）	（c）	（d）	（e）	（f）
	（0.102）	（0.111）	（0.110）			
dengdpp	−0.121***		−0.113***			
	（0.00986）		（0.0141）			
denhed		−1.447	1.474			
		（1.983）	（1.988）			
denfou		−0.00764**	−0.00570			
		（0.00377）	（0.00373）			
denkno		−0.259*	0.100			
		（0.157）	（0.161）			
denmob		−0.00499***	−0.000755			
		（0.000714）	（0.000881）			
usha				6.010***	7.083***	6.020***
				（1.536）	（1.593）	（1.577）
ushagdpp				−0.996***		−0.990***
				（0.0853）		（0.127）
ushahed					−1.084	21.01
					（17.26）	（17.26）
ushamob					−0.0488***	−0.00615
					（0.00716）	（0.00893）
ushafou					−0.0690*	−0.0263
					（0.0402）	（0.0400）
ushakno					−0.935	0.440
					（1.341）	（1.334）
_cons	7.006***	7.022***	7.018***	6.277***	6.074***	6.616***
	（0.741）	（0.791）	（0.779）	（0.914）	（0.949）	（0.938）
N	2560	2450	2450	2556	2446	2446

注：括号中为估计系数的标准差，*** 表示在1%的水平下显著，** 表示在5%的水平下显著，* 表示在10%的水平下显著。

第四节　本章小结

　　关于空间集聚与经济增长相互关系的讨论由来已久,然而至今为止研究者们仍未对此问题达成一致结论。虽然早期的理论和经验研究大多支持了空间集聚促进经济增长的命题,但是一些新近的经验研究却表明空间集聚与经济增长的关系并非是单调的。一个重要的原因可能正如威廉姆森所说:经济集聚与增长之间存在非线性关系,在经济发展的早期阶段,经济活动在一些地区集聚为生产带来了正外部性,从而促进了经济的增长;但是随着经济的发展,尤其是基础设施等的完善,集聚为增长带来的好处逐渐减弱,甚至当经济发展和集聚程度达到一定水平后,进一步的集聚可能会对增长带来不利影响。早期的经验研究之所以认为空间集聚促进了增长,一方面也许是因为所选取的数据样本范围处于威廉姆森临界值的以下;另一方面也许是因为忽视了空间集聚与经济增长之间的非线性关系。

　　针对以上两方面的问题,本书采用 2003—2011 年中国 286 个地级城市的数据,通过构建两种不同的集聚指标,首先对威廉姆森假说的稳健性进行了实证检验,然后在此基础上进一步对威廉姆森假说的实现机制展开了探讨。主要研究结论如下。第一,采用不同指标作为集聚的代理变量,发现空间集聚对中国城市层面的经济增长具有非线性效应,当经济发展水平较低时,集聚促进增长,随着经济发展水平的提高,集聚对经济增长的促进作用减弱,甚至当经济发展水平达到一定水平(人均国内生产总值 4.57 万元)之后,进一步的集聚会对经济增长带来不利影响。第二,在经济发展的过程中,随着交通基础设施的改善、移动电话普及率的提高以及科研人员占总人口比重的增加,知识在区域之间的流动将会变得更加容易,也即区域间知识溢出水平将会上升,这将会削弱集聚对增长的促进作用。也即证实了本书理论部分所提出的命题。

　　本书的内容对于我们思考当前中国区域经济发展实践具有一定的启示。根据本章的研究,当城市人均 GDP 达到 4.57 万元以后,城市经济集聚对经济增长的作用方向将会发生改变,而我国的一些城市目前正处于这一发展阶段附近。如果说在改革开放的前三十年,经济活动向城市尤其是大城市的聚集对我国经济增长起到了重要的推动作用的话,那么从当下看,是否还应该继续推动经济向大城市聚集则是一个需要审慎面对的问题。

第七章 中国在全球新一轮开放背景下的区域发展战略

第一节 全球化进程中的区域政策演变

从本章开始,我们分析的重点将从区域与城市经济的理论转向政府的政策实践。在政策实践领域,区域与城市经济一体化从来都不是一个简单的概念,而是涉及交通、物流、金融、商务、投资、财政、边检、海关等众多部门和多个行政主体的复杂内容。每一项致力于推进区域与城市经济一体化的政策都需要众多纵向行政部门和横向行政主体之间的协商谈判。此外,在实践中,由于区域一体化问题如此复杂,可能会从多个维度对区域一体化产生影响,因而其所产生的影响往往也较为复杂,甚至难以预料。例如,一项致力于降低不同区域间贸易成本的铁路工程可能会在更大的程度上促进人员流动,从而促进知识在区域间的流动;一项双边的自由贸易协定在促进双边贸易发展的同时,可能会对跨境资本流动产生更大的影响。

从世界范围来看,近年来最重要的区域一体化谈判莫过于以美国主导的包括日本、韩国、澳大利亚等国的跨太平洋伙伴关系协议(TPP[①])和美国欧盟间的跨大西洋贸易与投资伙伴关系协定(TTIP)区域合作谈判,这并非能用简单的一句"区域一体化"所替代的简单协议。如 TPP 最早是在

---

① 然而,TPP 协议在经过长达 14 年的漫长谈判后,可能面临重大挑战:2016 年 12 月 8 日,美国新当选总统特朗普宣布退出 TPP,奥巴马政府主导的跨太平洋战略经济伙伴关系协议 TPP 计划被正式搁置。全面系统地分析这一政策的前展及其影响超出了本书讨论的范围。

2002 年由新西兰、新加坡、智利和文莱四国发起，致力于建立一组多边关系的自由贸易协定，原名亚太自由贸易区，旨在促进亚太地区的贸易自由化。从 2008 年美国决定加入后影响范围不断扩大，到 2015 年年底，成员国已扩大到 12 个。协议涉及的范围除了传统的贸易、投资等经济领域以外，还涵盖竞争政策、食品安全、知识产权以及绿色增长和劳工保护等领域。短期来看，TPP 与 TTIP 协定一旦达成通过，显然会对中国的对外贸易投资形成某种程度的冲击。

"一带一路"倡议正是在 TPP 和 TTIP 等新一轮贸易投资规则谈判对我国构成现实压力的大背景下，由习近平主席提出的。"一带一路"是"丝绸之路经济带"和"21 世纪海上丝绸之路"的简称。它将在充分依靠中国与有关国家既有的双多边机制的基础上，借助既有的、行之有效的区域合作平台，积极拓展与沿线国家的经济合作伙伴关系，打造政治互信、经济融合、文化包容的利益共同体、命运共同体和责任共同体。"一带一路"涉及约 65 个国家，总人口约 44 亿，经济总量 21 万亿美元，人口、经济总量分别占全球的 62.5% 和 28.6%。过去 10 年中，我国与"一带一路"沿线国家货物贸易年均增长 19%，比同期我国对外贸易年均增速高 4 个百分点，2013 年，我国与沿线国家贸易额超过 1 万亿美元，占我国对外贸易总额的 1/4。

"一带一路"倡议是由我国主导，试图重塑世界经济贸易投资规则的伟大战略构想，它虽然为我们深入推进区域经济一体化勾画了一幅美好愿景，但是在实际推进的过程中，面临着极大的困难和挑战。如中欧班列为"一带一路"倡议的一项示范工程，它是指由我国开往欧洲的快速货物班列，适合装运集装箱的货运编组列车。目前铺划了西、中、东 3 条通道中欧班列运行线：西部通道由我国中西部经阿拉山口（霍尔果斯）出境，中部通道由我国华北地区经二连浩特出境，东部通道由我国东南部沿海地区经满洲里（绥芬河）出境。2015 年，中欧班列共开行了 156 班，运输总货重 6.28 万吨，辐射全国 3/4 地域，境外覆盖 20 个国家 108 个城市，在国内外都引起了巨大的反响。但是，对于中欧班列的质疑也不绝于耳，尽管中欧班列的行程仅有海运的 1/4、价格仅为空运的 1/5，但是由于中欧班列回程"空驶率"高、补贴退出机制不完善等问题，大部分中欧班列线路都处于亏损状态，仅仅依靠市场主体运营难以为继。另外，2015 年所有中欧班列的总货值仅有 7.21 亿美元，相对于我国数万亿美元的对外贸易总量来说可谓九牛一毛。

另外值得指出的是，当我们开始讨论区域政策问题的时候，除了区域间的一体化问题以外，对于政府而言，区域增长极核的打造也非常重要。例如我国的国家自主创新示范区、自由贸易园区、国家级新区等都是政府实施区域发展政策的有力抓手,它们本身也是区域经济增长的极核,享有众多政策上的先行先试机遇,这些先行先试的政策条件,对于率先推动区域开放与经济增长是大有裨益的。以上海自由贸易区为例,其总面积 120.72 平方公里,2016 年上半年,上海自由贸易试验区海关特殊监管区域实现进出口总值 3626 亿元,同比增长 4.7%,占同期上海市进出口总值的 27.7%,比很多省区市全年的贸易总额还要多很多;自由贸易试验区入驻持牌金融机构 788 家,新兴金融机构 4823 家,当年累计账户收支总额近 2.3 万亿元。

我们强调实践中区域政策的复杂性并不是要否认理论研究的价值,相反我们认为理论研究非常重要,但是当将其用于指导区域一体化实践的时候必须非常小心。本章我们首先对全球经济发展的新动态进行讨论,我们将会看到,不仅区域一体化本身包含了很多复杂的内容,而且区域之间也并非总是向着更加融合的方向发展的,尤其是近年来,新的贸易保护主义有抬头趋势,去全球化现象明显,这将给全球范围内的经济一体化进程带来严峻挑战,同时也影响着产业在全球范围内的重新布局。接下来,我们重点分析为应对全球经济发展的这些新特征,中国政府所实施的一些重大区域发展战略,主要包括"一带一路"倡议、长江经济带战略和城市群战略。这些战略不仅内涵丰富、涉及面广,而且将会对全国甚至全球经济地理格局产生重大影响。最后,我们结合本书前面章节所提出的理论,为推进这些战略提供一些有价值的意见与建议。

第二节　全球经济增长格局的调整及其影响

全球经济并非总是向着贸易投资成本越来越低和越来越便利的方向演进的,2008 年金融危机以后全球经济持续低迷,在这样的背景下,逆全球化有抬头趋势。从英国公投脱欧到特朗普成功当选新一任美国总统后要求退出跨太平洋伙伴关系(TPP),贸易保护主义在世界主要发达国家开始变得严重,这将有可能进一步恶化本就已经非常低迷的世界经济形势。

国际金融危机后世界经济增长格局发生重大调整。当今世界正在经历复杂深刻的变化,国际金融危机深层次影响仍将继续显现,世界经济缓慢复苏、发展分化。总体来看,发达经济体经济增速趋缓,新兴经济体崛起势头明显。根据国际货币基金组织(IMF)预测,2016—2020 年世界经济潜在增长率大约在 3.9%,较金融危机以前世界经济潜在增长率下降 20% 以上。从发达经济体来看,美国经济复苏态势较为明显,近年来美国就业数据持续变好,美元不断走强,美元加息预期强烈。但是 2016 年以来,美国经济增长开始乏力,经济增长速度开始低于其潜在的经济增长率。欧元区是能源和大宗商品价格下跌的受益者,但 2016 年在能源和大宗商品价格持续低位运行的情况下,欧洲经济增长依然乏力,经济复苏之路仍然步履艰难。日本作为世界第三大经济体,经济复苏长期前景尚不明确,IMF 预计日本 2016 年经济仅增长0.5%。韩国政府正面临严重危机,以三星集团为代表的传统优势企业面临严峻考验。另一方面,新兴经济体经济增速在整体放缓中出现分化。亚太、西亚北非、中欧等地区地缘政治的深刻变化,加大了世界经济走向的不确定性。2016 年,俄罗斯和巴西等被西方唱衰的国家表现出较强的韧性和反危机能力,经济企稳迹象明显。亚洲新兴经济体继续表现出较强的韧性,2016 年上半年,印度经济同比增长位居世界主要经济体之首。非洲国家积极应对能源和大宗商品价格暴跌产生的负面影响,促进经济多元化,一些非资源出口国如埃塞俄比亚、肯尼亚和塞内加尔等经济增速都将超过 5%。总体来看,长远来说,全球经济增长格局的调整是利大于弊的,尤其是有利于以中国为首的新兴经济体抓住机遇,乘势而上,构建全球新的经贸投资规则,形成全球经济新的发展格局。

在全球区域经济版图大调整的过程中,逆全球化趋势有所加强,不论是发达国家还是发展中国家,都出现了形形色色的贸易和投资保护主义。由于世界市场需求不足,主要发达经济体以及部分发展中国家贸易保护主义措施日趋增多。根据有关数据,2008 年至 2016 年 5 月,G20 成员共采取了 1583 项贸易限制措施,目前为止只取消了约 25%,仍有 1196 项在执行之中。世贸组织、经合组织和联合国贸发会发布的《G20 贸易投资措施报告》显示,近一年来 G20 成员平均每月新采取的贸易限制措施数量达到 2009 年以来最高数量。

各国为了摆脱本国经济低迷形势,纷纷寻找对策,新一轮贸易投资规则的谈判正是在这样的背景条件下孕育而生的,这也使得原有国际贸易规则越来越趋于碎片化。以世贸组织等国际机构为标志的全球贸易一体化成果受到侵蚀,跨太平洋伙伴关系(TPP)、跨大西洋贸易和投资伙伴关系(TTIP)、区域全面经济伙伴关系(RCEP)等区域性贸易组织不断涌现。以世贸组织为代表的原有贸易规则被逐步打破,新的国际贸易、投资、服务标准正在确立。这一过程涉及世界主要经济体尤其是老牌发达国家与新兴经济体之间的博弈与对抗,呈现出漫长而反复的特征。一方面,发达国家为实现本国经济利益最大化,意图通过改变原有国际规则,推进贸易、投资、金融等方面标准的全面升级,在国际市场获得更多利益。尤其是英国于 2016 年

6月举行脱欧公投,脱离了欧盟,给金融市场带来较大震动,长期影响虽还远未显现,但是对于欧盟一体化却造成了重大打击。在英国之后,意大利、法国等欧洲主要国家支持脱离欧盟的声音引发了越来越多人的关注,欧盟一体化进程艰难,前途并不乐观,可能会发生严重倒退。在重构国际贸易新规则的过程中,各国之间的竞争更加激烈,各方利益协调难度加大,如2016年9月,包括总统奥朗德在内的多名法国高层官员表示将中止对欧盟授权,单方面退出美欧自贸协定谈判,德国副总理兼经济部长也公开表示"TTIP谈判已在事实上失败"。国际贸易与投资制度体系重塑将深刻影响中国进一步参与全球化进程以及未来面临的国际贸易环境。此外,近年来,发达国家再工业化的呼声很高,部分技术含量高的生产环节回流到国内,这直接导致了国际贸易的下降,虽然产业回流规模相对较小,但对贸易增量的影响依然相对较大。

全球经贸投资的不确定性也加剧了全球金融市场的动荡。其一,主要经济体货币政策分化。美国启动加息程序,欧洲、日本等国家继续实施量化宽松并推出负利率政策,全球货币政策分化导致的溢出和回溢效应日益突出,跨境资本异常流动及金融市场大幅波动的风险逐步扩大并深化。其二,全球信贷疲弱。美元汇率走强、新兴市场低迷以及金融市场不确定性增强打击了信贷需求,根据国际清算银行的数据,当前针对美国以外债务人的美元计价银行贷款同比下降,为自国际金融危机爆发以来首度减少;同时针对非欧元区国家债务人的欧元贷款出现了自2014年以来的首次下滑,反映出欧元区银行业的新一轮疲软;针对新兴市场的美元贷款也在收缩。国际金融市场动荡将进一步增加全球贸易复苏的不确定性。

值得指出的是,在全球经贸投资大环境动荡的同时,新一轮科技革命呼之欲出,以互联网为代表的新经济形态正在为全球化注入新的内涵。"这次不同了"是一个经常被滥用甚至错用的金句,但是把这句话用来描述此次科技革命,则是再合适不过了(施瓦布,2016)。新一轮科技革命正在以加速度的方式颠覆传统产业的形态甚至整个世界。例如,全球最大的出租车公司优步没有一辆车,最大的社交媒体公司 Facebook 不制作任何内容,最有价值的零售商阿里巴巴没有任何存货,最大的住宿提供商 Airbnb 名下没有任何房产。互联网企业以逼近于零的信息成本优势,加快了经济、社会在全球范围内的整合与重组,颠覆了很多行业,也创造了很多新的行业,特别是一些巨无霸企业顺势而生。互联网企业以其高效便捷的平台优势为众多个人、小微企业提供了一个创业创新的平台,从这个意义上说,即使身处一些"外围"地区小城镇的人们,也能分享互联网经济发展的红利,如自媒体、网络主播、淘宝卖家等，都不需要在大城市，但却可以为全国任何地方的网民提供服务。然而，从另一个层面看，互联网平台本身的开发却需要众多一流的软件工程师共同完成，甚至许多新的互联网公司的创业者都来自于原有大的互联网公司，因此互联网企业的总部又会呈现高度集聚的特征。互联网经济的这些特点使其对空间经济的影响变得非常复杂。可以肯定的是，信息的分享让这个世界变得越来越扁平化，只是互联网企业在让一些信息变得更加平等的同时，却又滋生了许多新的信息"不平等"。

面对复杂的国际经济形势，我国始终坚持扩大开放、互利共赢。2017年1月，习近平主席出席世界经济论坛年会。这也是中国国家主席首次出席世界经济论坛年会。习近平主席发表题为《共担时代责任 共促全球发展》的主旨演讲，习主席在演讲中强调，"世界经济的大海，你要还是不要，都在那儿，是回避不了的。想人为切断各国经济的资金流、技术流、产品流、产业流、人员流，让世界经济的大海退回到一个一个孤立的小湖泊、小河流，是不可能的，也是不符合历史潮流的"。这向世界明确表明中国将继续扩大开放，积极推进全球化。目前，我国正在加快主导推动"一带一路"倡议，若能抓住全球贸易投资规则重建的有利机遇，参与到新一轮国际规则秩序的制定中，将有望获得更高的发展位势，实现更高层次、更主动的开放发展。

第三节　当前中国主要区域发展战略

中国的全球化进程是与区域一体化和城市化交织在一起进行的。党的十八大以来，全球化进程在曲折中前进，中国在继续实施西部大开发、振兴东北、促进中部地区崛起等区域战略的基础上，又重点实施了"一带一路"倡议、长江经济带战略和京津冀一体化战略，并将它们上升为国家重大战略进行推动。这些战略的实施无论是对国内还是国外都产生了重大的影响。如果说过去四大区域发展战略更加侧重的是各大板块各自的发展，新阶段的国家三大区域总体战略则更加重视跨区域的协调发展问题。这三大战略对于重塑我国内部的区域经济版图甚至全球经贸格局的影响都是难以估量的。除此之外，为了能够在不降低大城市效率的同时，防止单一城市片面扩张带来的城市病等问题，《国家新型城镇化规划（2014—2020年）》（以下简称《新型城镇化规划》）明确提出以城市群为主体形态推进新型城镇化。

本节将对这些重大区域战略与城市发展战略展开讨论，并着重回答以下几个问题：这些重大区域战略与城市发展战略是在什么样的背景下提出的？

致力于解决什么问题？目前进展到了什么阶段？在国际国内产生了什么样的反响？按照新经济地理动态理论的观点，从理论上如何看待这些战略实施的前景？为了实现上述战略目标，还存在着哪些关键的问题？有什么更好的办法可以更加有力地推进这些战略的实施？

一、以"一带一路"倡议为引领重构国际经贸规则

（一）"一带一路"倡议提出的背景与发展现状

"一带一路"倡议的提出既是应对美国主导的 TPP 和 TTIP 的考虑，也是我国作为新的大国崛起的现实需要。2013 年 9 月和 10 月，习近平主席相继提出建设"丝绸之路经济带"和"21 世纪海上丝绸之路"，强调相关各国要打造互利共赢的"利益共同体"。

在世界经济增长重心东移、全球能源版图重心重新调整，以及美国主导推进的新一轮贸易投资规则谈判对我国构成现实压力的大背景下，习近平主席提出的"一带一路"倡议，将有利于我国与"一带一路"沿线国家实现互利共赢、共享机遇、共创繁荣。"一带一路"沿线国家大多是新兴经济体或发展中国家，人均 GDP 大约 3868 美元，不到我国人均 GDP 的 60%，我国与"一带一路"沿线国家在要素禀赋和比较优势产业上存在着显著差异，这为双方开展互利合作提供了广阔的空间。第一，"一带一路"倡议是我国对外开放区域结构转型的需要。自 1978 年改革开放以来，我国对外开放重点集中在东南沿海一带，广东、江苏、浙江、上海等省市成为开放的"领头羊"和最先的受益者，这也在一定程度上造成了东、中、西部的区域失衡。"丝绸之路经济带"起始于西部，也主要经过西部通向西亚和欧洲，这必将使得我国对外开放的地理格局发生重大调整，由中西部地区作为新的开放引擎的格局正在加速形成。与此同时，东部地区正在通过连片式的"自由贸易区"建设进一步深化对外开放的内涵。第二，"一带一路"倡议是国际产业转移的需要。改革开放前三十年，我国以引进外资为主，引进的外资企业对于带动中国的经济发展、产业升级、技术进步和管理现代化起到了巨大的推动作用。而今，尽管国内仍然有大规模有效投资和技术改造升级的需要，但我们同时也具备了产业与资本输出的能力，而"一带一路"沿线的大量发展中国家恰恰也面临着中国当年面临的问题。通过"一带一路"建设，帮助这些国家和地区修建道路、桥梁、港口等基础设施，帮助他们发展工业，比如纺织服装、家电，甚至汽车制造、钢铁、电力等，促使这些国家走上工业化进程，提高他们经济发展的水平和生产能力，

这一倡议顺应了产业国际转移的新趋势，也顺应了中国产业技术升级的需要。通过将优势富裕产能转移出去，让"一带一路"沿线国家和地区共享中国发展的成果。第三，"一带一路"倡议是建立国际经贸合作新机制的需要。2001 年，中国加入了世贸组织，抓住了全球化发展的机遇，也对我国经济的方方面面产生了巨大影响。但是，近年来国际经贸机制又在发生深刻变化并展现出了新的动向。"一带一路"倡议与中国自由贸易区战略是紧密联系的。我国在建的自由贸易区中，大部分是处于"一带一路"沿线上的，如中国—东盟自由贸易区等（缩写 CAFTA，是中国与东盟十国组建的自由贸易区）。因此，中国的自由贸易区战略必将随着"一带一路"倡议的实施而得到落实和发展。

"一带一路"倡议以政策沟通、设施联通、贸易畅通、资金融通、民心相通为主要内容。"一带一路"沿线各国资源禀赋各异，经济互补性较强，彼此合作潜力和空间很大。加强政策沟通是"一带一路"建设的重要保障。沿线各国可以就经济发展战略和对策进行充分交流对接，共同制定推进区域合作的规划和措施，协商解决合作中的问题，共同为务实合作及大型项目实施提供政策支持。基础设施互联互通是推动"一带一路"建设的优先领域。在尊重相关国家主权和安全的基础上，沿线国家宜加强基础设施建设规划、技术标准体系的对接，共同推进国际重大骨干通道建设，逐步形成连接亚洲各个区域以及亚欧非之间的基础设施网络。投资贸易合作是"一带一路"建设的主要内容。重点就是要解决投资贸易便利化问题，消除投资和贸易壁垒，构建区域内和各国良好的营商环境，中国正在积极同"一带一路"沿线国家和地区共同商建自由贸易区，释放双边与多边合作的潜力。资金融通是"一带一路"建设的重要支撑。通过深化金融合作，有利于推进亚洲货币稳定体系、投融资体系和信用体系建设。在促进资金融通的过程中，可以逐步扩大沿线国家双边本币互换、结算的范围和规模。民心相通是"一带一路"建设的根本目标和重要保障。通过传承和弘扬丝绸之路友好合作精神，广泛开展文化交流、人才交流合作、媒体合作、青少年交流、志愿者服务等活动，为深化双多边合作奠定坚实的民意基础。因为民意基础扎实了，双边贸易往来就会更加频繁，互联互通基础设施网络的构建就具备了巨大的经济价值，资金在"一带一路"沿线国家的流通也就具有了内在的动力。

专栏 7.1 "一带一路"倡议的五通

政策沟通。加强政府间合作，积极构建多层次政府间宏观政策沟通交流机制，深化利益融合，促进政治互信，达成合作新共识。充分发挥"一带一路"沿线国家政党、议会交往的桥梁作用,加强沿线国家之间立法机构、主要党派和政治组织的友好往来。

设施联通。抓住交通基础设施的关键通道、关键节点和重点工程,促进国际通关、换装、多式联运有机衔接,逐步形成兼容规范的运输规则,实现国际运输便利化。推动口岸基础设施建设,畅通陆水联运通道,推进港口合作建设,增加海上航线和班次,加强海上物流信息化合作。加强能源基础设施互联互通合作,共同维护输油、输气管道等运输通道安全。共同推进跨境光缆等通信干线网络建设,提高国际通信互联互通水平,畅通信息丝绸之路。

贸易畅通。提高贸易自由化便利化水平。拓宽贸易领域,扩大服务业相互开放,建立健全服务贸易促进体系,推动区域服务业加快发展。创新贸易方式,发展跨境电子商务等新的商业业态。优化贸易结构。推动新兴产业合作,按照优势互补、互利共赢的原则,促进沿线国家加强在新一代信息技术、生物、新能源、新材料等新兴产业领域的深入合作,推动建立创业投资合作机制。探索投资合作新模式,鼓励合作建设境外经贸合作区、跨境经济合作区等各类产业园区。

资金融通。推动亚洲债券市场的开放和发展。共同推进亚洲基础设施投资银行、金砖国家开发银行筹建。深化中国—东盟银行联合体、上合组织银行联合体务实合作,以银团贷款、银行授信等方式开展多边金融合作。支持沿线国家政府和信用等级较高的企业以及金融机构在中国境内发行人民币债券。符合条件的中国境内金融机构和企业可以在境外发行人民币债券和外币债券。充分发挥丝路基金以及各国主权基金作用,引导商业性股权投资基金和社会资金共同参与"一带一路"重点项目建设。

民心相通。深化沿线国家间人才交流合作。扩大相互间留学生规模,中国每年向沿线国家提供 1 万个政府奖学金名额。加强科技合作,共建联合实验室(研究中心)、国际技术转移中心、海上合作中心。加强旅游合作,联合打造具有丝绸之路特色的国际精品旅游线路和旅游产品,推动 21 世纪海上丝绸之路邮轮旅游合作,提高沿线各国游客签证便利化水平。

"一带一路"倡议提出以来,党中央、国务院进行了一系列战略部署(见表 7.1)。国内外积极响应参与"一带一路"倡议,已经取得了许多重要进展。

从国际来看,已经有100多个国家参与支持"一带一路"建设。从国内来看,"一带一路"更被看成是改变地区经济格局和促进经济增长的长期动力,各省区市纷纷就如何参与"一带一路"倡议提出了相应的发展思路(见附录7.1)。例如,上海、天津、广东、福建重点讨论实现"1+3"自贸区架构牵引"一带一路"的方案;江苏省集中力量组织实施港口功能提升、沿海产业升级、临海城镇培育等系列举措;还有一些地区则想借"一带一路"的东风设立自贸区或保税区。国际国内的积极响应与参与,为我国推进从沿海向内陆开放、构建双向开放格局、提升开放水平与开放平台能级开创了新局面。

表7.1　国家层面对"一带一路"进行的战略部署

时间	会议	会议文件	领导人	"一带一路"相关内容
2013年11月12日	十八届三中全会	中共中央关于全面深化改革若干重大问题的决定	习近平	加快沿边开放步伐,允许沿边重点口岸、边境城市、经济合作区在人员往来、加工物流、旅游等方面实行特殊方式和政策。建立开发性金融机构,加快同周边国家和区域基础设施互联互通建设。
2013年12月13日	中央经济工作会议	2014年经济工作的总体要求和主要任务	习近平	推进丝绸之路经济带建设,抓紧制定战略规划,加强基础设施互联互通建设。建设21世纪海上丝绸之路,加强海上通道互联互通建设。
2014年3月5日	第十二届全国人大二次会议	政府工作报告	李克强	抓紧规划建设丝绸之路经济带、21世纪海上丝绸之路,推进孟中印缅、中巴经济走廊建设,推出一批重大支撑项目,加快基础设施互联互通,拓宽国际经济基础合作新空间。

续表

时间	会议	会议文件	领导人	"一带一路"相关内容
2015 年 2 月 1 日	推进"一带一路"建设工作会议	—	张高丽	重点方向:陆上依托国际大通道,以重点经贸产业园区为合作平台,共同打造若干国际经济合作走廊;海上依托重点港口城市,共同打造通畅安全高效的运输大通道。内容涉及基础设施、投资贸易、金融合作、人文交流、生态环境等方面。

"一带一路"倡议为我们深入推进国际经贸投资合作,构建国际经贸投资新规则描绘了一幅宏伟蓝图。从新经济地理动态理论的研究成果来看,"一带一路"倡议所描述的愿景也有着强大的理论支撑。

第一,"一带一路"倡议有利于深化我国与周边沿线国家的经贸联系,使得周边国家分享我国经济发展的成果,辐射带动其实现又好又快的增长。"一带一路"倡议的实施将促进要素、商品在国际高效自由流通,实现要素资源优化配置。特别是能够帮助周边欠发达国家与地区扩大开放,通过建立国际大市场,帮助这些国家和地区充分利用国际先进技术与资本发展自身产业,并依托国际大市场,发挥各个国家的比较优势,出口本国商品。更重要的是,国际化程度的提高,可以使欠发达国家和地区充分分享发达国家经济发展的成果,实现更高的增长,对于普通民众来说,也将获得更高的幸福感。

第二,"一带一路"倡议的实施有助于我国依托市场规模优势和产业先发优势,实现高端要素资源进一步集聚。我国毫无疑问是"一带一路"沿线的大国,通过进一步扩大开放,降低对外贸易成本,我国就能在母国市场效应的作用下进一步壮大自身产业规模。这是因为企业往往倾向于在市场需求较大的地区选址,向市场需求较小的地区出口商品,这样就能降低总的运输成本。特别是随着区域间运输成本的下降,市场规模的优势也将会进一步放大。同时,我国目前很多高新技术产业都达到了与发达国家接轨的水平,特别是在新一代信息技术等领域已经形成了一定的产业规模和产业发展配套环境,通过降低国际人才、资本、技术的流动成本,就能进一步吸引国际高端要素到我国集聚,从而有利于抢夺新一轮科技革命的制高点,促进经济增长。

第三,"一带一路"倡议还是一个向西开放的战略,进一步打开了我国西部地区对外开放的大门,从而有利于东中西部协调发展。中缅、中老泰、中巴、中吉乌四条跨国铁路的开工建设,打通了我国经南亚通往印度洋的铁路运输通道。在"一带一路"倡议主导下,我国新疆成为"一带一路"的核心区,中欧班列由我国东部、中部出发经这里走出国门,驶向中亚、欧洲,商品在这里大集聚、信息在这里大融合、物流在这里大发生,这些都为中西部地区新一轮发展带来了无限的想象。

第四,从点上来看,海港、空港、陆港城市也将受益于"一带一路"倡议而获得更高水平的发展。海港、空港、陆港是进行国际贸易的重要节点,或者也可以说成是国际贸易在现实世界中的"交割地"。国际经贸投资的大发展必将带来国际节点城市的大发展,特别是对于我国这样有着明显政策主导痕迹的国家,这些海港、空港、陆港城市往往是对外开放的改革高地,从而享有政策上许多先行先试的机遇。如上海、天津、厦门、广州、深圳等自由贸易试验区都是拥有大型空港、海港的城市,在"一带一路"倡议下,这些城市可以依托自由贸易区的政策平台进一步开展开放型经济领域的改革,如签证的便利、跨境资本流通的便利等等,从而使得这些城市能够更好地集聚国际高端要素,提升经济产出效率。

(二)"一带一路"倡议推进实施存在的主要问题

当前,我国"一带一路"倡议还处于起步阶段,由于"一带一路"沿线涉及国家众多、法律法规以及宗教民族文化各异,不可避免会产生很多问题,因而在经贸投资合作中也会有一定的风险,这些都需要我们在今后的合作实践中逐步解决。尤其值得指出的是,从国际合作的经验与实践来看,由不同的政治、文化、法律制度所导致的区域间分割的影响,可能比由交通、信息基础设施等物理分割导致的区域分割的影响要大得多。

国际产能合作作为"一带一路"倡议实施的重点领域,其体制机制还不完善。首先表现在促进国际产能合作的体制机制不完善。国际产能合作是"一带一路"倡议的主要内容,其核心目的就是要推动我国优势富裕产能在全球范围内再布局,同时吸引国外优势产业进入我国市场,并加强与沿线国家在资源、能源等领域的合作。然而,很长时间以来,我国对企业进行海外投资采取比较谨慎的限制体制,在投资审批、外汇管理等方面的管理都非常严格,存在诸多制约,这就在很大程度上抑制了产业资本的跨国流动,也就不利于跨国产业投资合作的开展。党的十八大以来,党中央、国务院加大了对境外投资体制改革的力度,加快推动实行备案管理体制,简化境外投资审批管理程序,逐步清理取消束缚对外投资的各种不合理限制和收费。但是,目前促进跨国产能合作的政策体系仍然很分散且不成体系,政策支持力度还远远不能满足跨国产业投资合作的需要,已有政策执行效果也不甚理想。特别是涉及国有企业的海外投资管理体制机制仍处于摸索之中。主要表现在对外产能合作的信息服务网络、统计监测系统、预警机制等支持体系建设严重滞后,不利于政府对产能合作进行总体部署和调整,对境外产业投资合作面临的风险难以及时发布预警。笔者在对浙江企业"走出去"的调研中也发现,在企业开展境外投资的过程中,需要面对与国内迥异的政策环境与法律环境,如果处理得不好,将有可能在生产经营过程中遭受重大损失,而我国企业在这方面经验普遍不足。特别是在一些国家和地区,除了要面对陌生的商业习惯和政策法律环境外,许多境外投资项目还要面对来自境外国家民间的压力。国际项目经验的缺乏往往容易导致项目落地困难、额外罚款等事件,给企业境外生产经营带来许多不必要的损失和麻烦。此外,目前的"一带一路"建设具有比较明显的 G2G 特点,即"政府对政府"。G2G 的合作方案重点关注了政府(或者说执政党),但对各国的市场、对各国老百姓的好处还一下子难以被民间所广泛认同。我国过去在缅甸、越南、澳大利亚以及非洲地区等都遭遇到来自民间的抵抗,一些重大投资项目因受到抵制而被迫停止。产能合作技术标准不对接也是进行国际产能合作的难点问题。以中东国家为例,虽然一些国家与地区自身技术能力较弱,但是却推崇欧洲与美国的工业技术和标准,尤其是在电力、石化、交通运输及其他基础设施建设领域,已经形成庞大既得利益集团,使得我国企业进入这些地区的市场面临较大挑战。一些国家电力项目甚至明确规定不使用中国标准,而是采用日韩或者欧美标准。

其次,非正式制度形成的区域壁垒也是造成"一带一路"建设推进缓慢的重要原因。由于"一带一路"沿线以发展中国家为主,在这些国家与地区除了法律制度不健全、腐败现象严重以外,一些国家还时常发生政治动乱,许多国家主权信用状况不佳,因而境外各类风险可能将长期存在。风险重点包括政治风险、社会风险和环境风险等。"一带一路"涉及全球多个高风险地带,如阿富汗和中东地区等局势紧张,且恐怖主义、极端主义势力及跨境犯罪等问题在部分"一带一路"沿线国家较为集中。同时,许多"一带一路"沿线国家还面临着领导人交替、民主政治转型、民族冲突等多重矛盾,其颁布的法律政策的有效性存疑。"一带一路"沿线国家与地区民族、文化、宗教信仰构成复杂,不同的民族文化信仰造成了国家与国家之间的沟通障碍,进而也会影响产业的跨国投资等。特别是对于一些大规模的基础设施建设而言,哪怕途经国家与我国政治基础较好,但是由于文化等的巨大差异,这些投资的预期效果仍然面临很大的不确定性。再加之"一带一路"沿线还有不少国家在大肆渲染"中国威胁论",导致这些国家的民众对我国的认识存在较大偏差,极大地增加了我国对外产能合作的成本。此外，尽管中国"走出去"的过剩产能都是优质产能，并非淘汰的落后产能，短期内我国一些高耗能、高污染的钢铁、水泥、建材、化工等产业，转移到工业化程度较低的国家受到欢迎，但是长期内潜藏着巨大的环境保护风险。我国重化工业跨国产能合作应警惕因侥幸心理引发的环保纠纷问题。

最后，货币国际化作为我国参与全球经济一体化的重要战略内容，由于我国金融市场国际化程度不高，人民币国际化依然任重道远。其一，在资本项目下，人民币尚不能实现自由兑换。在"一带一路"合作背景下，境外国家与地区购买我国的金融服务以满足自身资金和结算的需求不断提升，但由于我国金融行业国际化发展水平较低，人民币跨境结算仍然有许多不便。其二，目前使用人民币进行清算和流通时，各部门收取的手续费仍然处于比较高的水平，人民币跨境结算的代理行较少，这在很大程度上难以满足各国贸易的需求，抑制了人民币在"一带一路"沿线国家作为支付货币所应发挥的功能。其三，由于人民币跨境结算相关的金融市场和工具不完善，境外企业难以提高预防人民币头寸风险及实现保值服务的能力，从而境外投资者的投资意愿会受到很大不利影响。

二、以长江经济带为依托深入推进区域市场整合

(一)长江经济带战略提出的背景与发展现状

长江通道是我国国土空间开发最重要的东西轴线，在区域发展总体格局中具有重要战略地位。长江经济带以长江黄金水道为主轴，以长江三角洲城市群、长江中游城市群、成渝城市群为三大极核，覆盖上海、江苏、浙江、安徽、江西、湖北、湖南、重庆、四川、云南、贵州等11省市，面积约205万平方公里，人口和生产总值均超过全国的40%，是我国综合实力最强、战略支撑作用最大的区域之一。2014年3月两会期间，李克强总理在《政府工作报告》中明确提出"依托黄金水道，建设长江经济带"，标志着长江经济带战略上升为国家战略。2014年9月，国务院正式出台《国务院关于依托黄金水道推动长江经济带发展的指导意见》(以下简称《指导意见》)和《长江经济带综合立体交通走廊规划(2014—2020年)》。根据《指导意见》要求，长江经济带建设以处理好政府与市场、地区与地区、产业转移与生态保护的关系为重点，旨在推动发展空间从沿海向沿江内陆拓展，从而形成上中下游优势互补、协作互动格局。

在当前经济下行压力依然严峻的条件下，依托长江黄金水道打造新的中

国经济支撑带和具有全球影响力的开放合作新平台具有重要意义。首先,长江流域天然的"黄金水道"能够大大降低运输成本,以此来带动产业有序转移衔接和优化升级,并促进新型城镇化建设集聚发展,实现上下游之间的一体化,形成覆盖6亿人的强大发展新动力。其次,长江上游的西部地区,如云南、四川等省市对外开放的广度和深度都远远不够,通过打造长江经济带,可以借助东部纽带,实现中西部地区更高水平的开放。第三,长江沿线各省市之间的行政分割和市场壁垒依然较高,通过长江经济带的建设可以加快推进长江沿线省市建立有效的协调机制,从而推进区域市场整合,推动经济要素有序自由流动、资源高效配置,进而实现区域经济协同发展。第四,长江上游是整个长江流域的生态屏障,同时也是生态较为脆弱和经济发展水平较低的地区,通过促进人口自由流动把生态脆弱地区的人口转移出来,就能够在帮助中西部地区实现脱贫致富的同时改善长江流域生态环境。

为了实现上述目标,长江经济带建设必然也是一项复杂的综合性工程。长江经济带以长江黄金水道为依托,通过高起点高水平建设综合立体交通走廊,打通长江沿线各省市的铁路通道、公路通道和水路通道,建立高效便捷航空网络。通过交通基础设施的互联互通,就能加强长江沿线地区的产业联系,引导长江上中下游产业有序转移、上中下游地区分工协作。同时以优化城镇空间格局为主要内容,促使农业转移人口市民化,形成城乡统筹发展的格局。以构建全方位开放新格局为新引擎,加强与"一带一路"沿线国家与地区融合,加强南北互动合作,促进沿海沿江沿边全面开放。以创新区域协调发展机制为保障,通过推进重点领域改革,建立一体化的市场体系、区域互动合作机制和公共服务协调机制,从而确保长江经济带建设中的各项举措能够落到实处。

长江经济带战略提出以来,沿线11省市纷纷布局"新机遇"(见附录7.2)。如南京提出加快与长江中上游城市港口联盟实质运行,打造长江区域性航运物流中心;重庆提出要打造长江上游金融中心和商贸中心,构建大通道、大通关、大平台开放体系。随着长江黄金水道作用的发挥,沿江高效立体综合交通走廊的建立,为打造沿江高效便捷的交通运输通道奠定了扎实的物理基础。同时随着沿江各省市的积极参与,为打破区域间行政壁垒,促进生产要素和产业在区域间有序转移创造了条件,长江沿线覆盖6亿多人口的统一大市场正在加快形成。

长江经济带战略将会对国际国内空间发展格局产生广泛而深远的影响。首先,长江经济带战略作为一个战略被提出来,长江沿线省市的区域一体化进程将会加快,这将会提升长江经济带作为一个整体的竞争力。这意味着长江沿线区域相对其他区域的竞争力将会增强,从中长期看,其在我国 GDP 中所占比重可能进一步上升。其次,长江经济带沿线三大城市群集聚度将会增强,对于长江经济带这样一个广阔的区域而言,其一体化并不是一蹴而就的。在实践操作层面,往往以优先打造若干大型城市群为重点,即长三角城市群、长江中游城市群以及成渝城市群。这不仅仅是因为大型城市群的一体化是实现区域协调发展的关键难点领域,而且大城市群的一体化本身就是区域一体化的重要内容。在推进长江经济带建设的过程中,这些大型城市群的基础设施将优先得到发展,产业将优先得到升级以及政策上的支持,无论是在东部发达地区还是中西部欠发达地区都将如此,这是因为大型城市群不仅仅在拉动经济增长上被寄予厚望,而且也往往是辐射带动周边地区发展的关键。最后,从全国东中西协调发展格局来看,长江经济带战略不仅仅是一个长江沿线一体化的战略,它更是一个向西开放的战略。我们知道,如果长江经济带战略的实施仅仅止步于打通长江沿线省市之间的联系,那么东部地区则会在既有市场规模优势和开放优势的基础上,进一步吸引中西部地区的高端产业和高端要素向东部集聚,从而有可能加剧东中西部地区之间的不平等,或者说在这种条件下,即使东部地区对中西部地区有辐射带动作用,但却小于其对中西部的虹吸作用。因此,长江经济带战略特别强调了向西开放。如云南省积极打造沿边开放经济带,重庆成为链接"一带一路"与长江经济带的重要枢纽等。

(二)长江经济带发展中存在的主要问题

在推进长江经济带发展的过程中,由于行政区划边界分割带来的市场分割现象依然存在。长江沿线各省市在交通一体化、产业有序布局、区域协调合作等方面仍存在明显不足,这些区域间的分割既有基础设施等物理方面的,也有体制方面的,甚至后者更为关键。

首先,长江经济带沿线畅通便捷的集疏运交通物流体系还未形成。从基础设施层面来看,长期以来由于沿江各省市间的物流在很大程度上依赖于长江水运大通道,而使得对沿江铁路建设投入不足。以从四川宜宾到上海的长江两岸为例,共有 30 多个地级市与县城,但却没有一条高铁将它们联通起来。沿江铁路建设已成为长江经济带战略在交通领域的主要短板。此外,从长江航道的输运功能来看,长江航道由于受南京长江大桥的限制,万吨级海轮由长江中上游只能到达南京,长江黄金水道的航运潜能还远远不能得到发挥。在水陆运输衔接方面,干流沿岸的横向铁路未能全线贯通,目前还是以公路运输为主,加上几种运输方式分属不同的管理部门,多式联运还存在诸多体制机制方面的阻碍。因此,总体上看,畅通的水运网络建设和便捷的水铁公多式联运体系建设仍显不足(刘毅等,2015)。

其次,产业无序发展导致恶性竞争。长江经济带是我国重要的工业走廊,集中了一大批产业集聚区和特大型企业,长江经济带沿线区域汽车产量占全国的40%,家电产量占全国的60%,微型计算机产量占全国的80%,建材产量占全国的40%。但9省2市存在一定程度的产业同构,制造业结构相似系数均超过0.7,最高为上海—重庆制造业结构相似系数达到0.89(见表7.2)(刘毅等,2015)。从中远期产业发展规划展望来看,各地产业规划也有比较明显的同构化现象。以汽车产业为例,目前长江经济带沿线有十堰、上海、武汉、重庆、南京、芜湖、南昌、成都等地,都把汽车工业作为重点发展产业,部分省市还在政府采购中保留带有保护本地汽车产品销售的政策规定,通过行政手段进行不公平竞争。产业的同构化造成同质化竞争,降低了长江经济带区域内的整体协作效率,为抢占发展资源导致各地区之间缺乏协作,一些省市甚至采取以邻为壑的政策,严重破坏了整个长江经济带范围产业链条的连接和延伸。

表7.2 长江经济带产业结构相似系数

地区	系数	地区	系数
上海—浙江	0.7	湖北—贵州	0.73
上海—江苏	0.86	重庆—四川	0.74
上海—重庆	0.89	贵州—云南	0.83
浙江—江苏	0.86	长三角—中游	0.83
安徽—江西	0.81	中游—上游	0.93
湖北—湖南	0.78	长三角—上游	0.85

资料来源:刘毅等(2015),第1349页。

再次,长江经济带沿线区域一体化体制机制尚未健全。长江经济带各省市之间相互协调还存在一定困难,许多涉及长江经济带共同发展的问题,省级政府层面都难以达成一致。如湖北黄梅县与江西九江市隔江相望,由九江长江大桥相连通,虽然湖北省、江西省进行了多次的协调,希望各自取消九江长江大桥的过路费,但却一直未能出台有效的解决办法。除了交通运输领域之外,长江经济带各省市之间在其他领域也同样存在着众多需要协调推进的问题,如上中下游之间水资源分配与水环境保护及生态补偿,海进江船舶标准化与海、河港协作,陆路交通和水路交通资源的共享与协作,重大水利设施工程修建及环境影响评估,产业转移与资源共同开发,以及港口功能定位与港口资源合作开发、区域环境合作治理等其他涉及公共资源开发与共享共治的一些问题等。

三、以城市群为主体形态推进新型城镇化

(一)我国城市群发展背景和现状

随着经济全球化与区域一体化的发展,国家与区域之间的竞争越来越集中地表现为城市之间的竞争,特别是具有较强国际影响力的特大城市群之间的竞争。城市群作为世界主要国家参与全球竞争与国际分工的重要地域单元,其发展深刻影响着国家综合竞争力。目前已知的世界级城市群包括以纽约为中心的美国东北部大西洋沿岸城市群、以芝加哥为中心的北美五大湖城市群、以东京为中心的日本太平洋沿岸城市群、以伦敦为中心的英伦城市群、以巴黎为中心的欧洲西北部城市群。这些大型城市群地区被认为是最成熟的世界级城市群地区,也是这些国家经济、社会、政治、文化最发达的地区。如日本太平洋沿岸城市群,包括东京、大阪、名古屋三大都市圈,虽然区域面积占全国面积的 10%左右,但人口数却占全国总人口的 48.6%,国民生产总值占全国的 66.2%,工业生产占全国的 68.9%,同时分布着日本 80%以上的金融、教育、出版、信息和研究开发机构等。

党的十八大以来,我国高度重视城市群建设工作(见表 7.3)。2013 年 12月,中央城镇化工作会议首次指出,要优化布局,根据资源环境承载能力构建科学合理的城镇化宏观布局,把城市群作为主体形态,促进大中小城市和小城镇合理分工、功能互补、协同发展。2014 年 3 月,中共中央、国务院发布《国家新型城镇化规划(2014—2020 年)》,明确提出以城市群为主体形态,推动大中小城市和小城镇协调发展,要按照统筹规划、合理布局、分工协作、以大带小的原则,发展集聚效率高、辐射作用大、城镇体系优、功能互补强的城市群,使之成为支撑全国经济增长、促进区域协调发展、参与国际竞争合作的重要平台。2015 年 12 月,中央城市工作会议在时隔 37 年后召开,会议强调,结合"一带一路"建设、京津冀协同发展、长江经济带建设等战略,以城市群为主体形态,科学规划城市空间布局,明确我国城市发展空间布局、功能定位,实现紧凑集约、高效绿色发展。2016 年 2 月国务院发布《国务院关于深入推进新型城镇化建设的若干意见》,进一步强调要加快城市群建设,编制实施一批城市群发展规划。2016 年 3 月,《中华人民共和国国民经济和社会发展第十三

个五年规划纲要》发布(以下简称《第十三个五年规划纲要》),提出要建立健全城市群发展协调机制,推动跨区域城市间产业分工、基础设施、生态保护、环境治理等协调联动,实现城市群一体化高效发展,重点提出规划建设19个城市群,并明确提出"建设京津冀、长三角、珠三角世界级城市群"。

表 7.3　党的十八大以来中央关于城市群建设的相关会议与文件

时间	会议或文件	主要内容
2013 年 12 月	中央城镇化工作会议	根据资源环境承载能力构建科学合理的城镇化宏观布局,把城市群作为主体形态,促进大中小城市和小城镇合理分工、功能互补、协同发展。
2014 年 3 月	《国家新型城镇化规划(2014—2020 年)》	要按照统筹规划、合理布局、分工协作、以大带小的原则,发展集聚效率高、辐射作用大、城镇体系优、功能互补强的城市群,使之成为支撑全国经济增长、促进区域协调发展、参与国际竞争合作的重要平台。
2015 年 12 月	中央城市工作会议	以城市群为主体形态,科学规划城市空间布局,明确我国城市发展空间布局、功能定位,实现紧凑集约、高效绿色发展。
2016 年 2 月	《国务院关于深入推进新型城镇化建设的若干意见》	编制实施一批城市群发展规划。
2016 年 3 月	《中华人民共和国国民经济和社会发展第十三个五年规划纲要》	要建立健全城市群发展协调机制,推动跨区域城市间产业分工、基础设施、生态保护、环境治理等协调联动,实现城市群一体化高效发展,提出要规划建设 19 个城市群和建设京津冀、长三角、珠三角世界级城市群。

科学谋划和推动城市群建设是推进我国新型城镇化的必然选择。城市群能够在不降低大城市效率的同时,防止单一城市片面扩张带来的城市病等问题,同时也可以避免土地浪费、生态环境破坏等一系列问题。我国人口多,地域面积广,生态环境相对来说也比较脆弱,如果违背规律片面发展中小城市和小城镇,会造成巨大的资源浪费,这决定了我国不可能走分散型城镇化道路。另一方面,根据 2014 年的《世界城镇化展望报告》,世界上 28 个人口超1000 万的城市中,中国已有 6 个,如果再这样发展下去,将来需要治理的城市

病问题肯定会越来越多。因此，科学的做法是依托城市群这个平台，通过城市间分工协作，促进大中小城市和小城镇协调发展。

根据各大城市群的影响力能级，我们将《第十三个五年规划纲要》提出的19个城市群分为三个层级。其中，重点建设五大国家级城市群，包括长江三角洲城市群、珠江三角洲城市群、京津冀城市群、长江中游城市群和成渝城市群；稳步建设八大区域性城市群，包括哈长城市群、山东半岛城市群、辽中南城市群、海峡西岸城市群、关中城市群、中原城市群、北部湾城市群和天山北坡城市群；引导培育六大新的地区性城市群，包括呼包鄂榆城市群、晋中城市群、宁夏沿黄城市群、兰西城市群、滇中城市群和黔中城市群。截至目前，已有4个跨区域城市群规划获得中央层面批复，即《京津冀协同发展规划纲要》《长江中游城市群发展规划》《哈长城市群发展规划》和《成渝城市群发展规划》，其他城市群发展规划也在加紧编制中。已通过的城市群发展规划对各大城市群的功能定位进行了明确，例如京津冀区域被定位为以首都为核心的世界级城市群、区域整体协同发展改革引领区、全国创新驱动经济增长新引擎、生态修复环境改善示范区，长江中游城市群则要打造中国经济新增长极、中西部新型城镇化先行区、内陆开放合作示范区、"两型"社会建设引领区。

我国城市群规划与发展现状主要呈现出以下一些特点。第一，各大城市群的经济和人口都呈现高度集聚。以五大城市群为例，五大国家级城市群以我国东部沿海和长江流域为轴，横跨东、中、西三大区域，面积102万平方公里，约占全国总面积10.6%，聚集了全国40%的人口，占全国GDP的52%，足足占据了全国的"半壁江山"。第二，各大城市群内交通一体化程度高。以中心城市为核心的两小时交通圈可以覆盖城市群内的绝大部分地区，为城市群的一体化发展提供了有力支撑。第三，共同市场程度高。由于区域文化相似、市场经济发展程度相近、产业需求客户相同，通过长期发展，各大城市群形成了相对属于自己圈内的共同市场。城市群的这些特点有利于在通过集聚获得动态效率的同时，在更大的区域范围内整合资源要素，促进城乡和区域协调发展，对我国高水平推进新型城镇化建设具有重要意义。

毫无疑问，城市群已经是一个国家参与国际竞争的重要空间载体，并且这一特点将会随着经济社会的进一步发展越来越得到强化，那么研究城市群自身的空间结构如何演化就变得越来越重要了。从物理交通上来看，城市群内部的"1小时交通圈"①已经具备一定基础，并且可以预期在政府与市场力量

---

① "1小时交通圈"即以城市群的核心城市为起点，到其他区域中心城市的通勤时间在1个小时以内。

的共同作用下,能在不远的将来成为现实。以长三角城市群为例,目前长三角城市群已经形成了较为密集的高铁网络,几乎所有的地级市都已设立了高铁站点①,"十三五"时期将进一步推进高铁的建设,力争县县通高铁。除此之外,随着低空领域的逐步放开,通用航空产业利好政策不断出台,长三角主要地市都在加紧布局通用机场,相信不远的将来,在长三角城市群的上空就会出现繁忙的低空出行网。从城市群的空间形态来看,交通网络的一体化将加快城市群内部各大都市圈的形成与发展。仍然以长三角城市群为例,目前长三角城市群除了上海都市圈以外,还有杭州都市圈、宁波都市圈、南京都市圈、苏锡常都市圈和合肥都市圈。各大都市圈的中心城区的功能将会得到不断强化,并以中心城区为核心,由内及外地对周边区域形成辐射带动作用。如杭州都市区,随着其中心城区功能的不断强化,周边的余杭、萧山、德清、海宁、临安等区(县、市)都先后加快了融入杭州的步伐。

(二)我国城市群发展的主要问题

虽然我国城市群发展基础良好且未来潜力空间巨大,但是在推进城市群建设过程中,呈现的问题也非常突出,主要表现在以下几个方面。

第一,人口市民化步伐缓慢,尤其是在特大城市表现得更为明显。2014年7月24日,国务院印发《关于进一步推进户籍制度改革的意见》(以下简称《户籍制度改革的意见》),标志着进一步推进户籍制度改革进入全面实施阶段。根据《户籍制度改革的意见》,到2020年,基本建立与全面建成小康社会相适应,有效支撑社会管理和公共服务,依法保障公民权利,以人为本、科学高效、规范有序的新型户籍制度,努力实现1亿左右农业转移人口和其他常住人口在城镇落户。然而自《户籍制度改革的意见》印发以来,各地推进速度依然缓慢。以上海为例,2015年,上海常住人口2415万人,户籍人口1433万人,户籍人口不足常住人口的60%,此外,与2014年相比,2015年上海户籍人口仅增加万余人,约为非户籍常住人口的千分之一,人口市民化速度过于缓慢。由于户籍制度在经济生活的各个方面都会带来严重的分割,人口市民化缓慢将会对社会公平与和谐带来不利影响,这已然成为全面建设小康社会过程中的重要短板。

第二,城市群内部不同城市之间以及城乡之间收入差距仍大,尤其是在欠发达地区更为明显。以长江中游城市群为例,2014年,武汉市人均生产总值为9.8万元,而距武汉80公里的黄冈市人均生产总值仅为2.3万元,二者

---

① 舟山由于是海岛的原因,目前还没有通高铁,但是已经在加紧建设中。

相差四倍多;与此同时,黄冈市市辖区人均生产总值又是非市辖区人均生产总值的两倍多。可见在城市群内部不同城市之间以及城乡之间的收入差距都很大。值得一提的是,虽然长三角的人口和经济集聚程度远高于长江中游城市群,但上述两种收入差距在长三角城市群则要小得多。如2014年,作为长三角的龙头城市,上海人均生产总值9.7万元,仅略高于浙江和江苏。已有研究表明,中西部地区非市场化原因导致的资源要素过度集中非常明显。我们认为这种由行政力量引发和推动的经济集聚,使得优质人口资源配置不均问题日益严重,对要素在不同城市之间自由流动形成阻碍,从而在不同城市和不同人群之间人为地制造出一种"制度性"差距;同时也会制约中心城市对周边城市辐射带动作用的发挥。

第三,产业同质化带来城市群内过度竞争,致使市场对资源优化配置的功能难以充分发挥。以成渝城市群为例,在产业分工上,迄今成渝两地在多个方面仍有非常激烈的直接竞争,其中最明显的例子是在IT产业上。成都曾制定"到2015年成都高新综合保税区将形成5000亿元产值的IT产业集群"的发展计划,而重庆在《重庆市电子信息产业三年振兴规划》中则提出,到2015年电子信息产业销售收入10000亿元,占全国总量的10%,占重庆工业产值的三分之一,使电子信息产业成为重庆的第一支柱产业。事实上,除了中心城市,周边的卫星城市往往都有严重的产业同质化。城市群内各大城市之间的过度竞争不仅会制约城市群规模经济优势的发挥,也会带来重复建设等问题,导致资源浪费严重,投入产出效率低下。

第四,地方保护阻碍市场相互深度开放,城市群一体化与行政权力分割之间的矛盾日益凸显。在城市群统一规划协调后,每个城市适合发展什么、应该发展什么才能实现群内最优化发展,涉及各城市的产业调整、主体功能调整都将会对各城市的经济增长速度、财政税收以及发展利益产生深远影响。在现有的考核激励制度背景下,各大城市之间很难达成共识。此外,从我国发展的实际情况来看,无论是国有企业、集体企业,还是民营企业,每个地方都有自己长期辛苦养大的"亲儿子"。这种根植于地方的企业与政府之间的非正式制度关联,将成为阻碍市场相互深度开放的障碍。

第四节　推进区域一体化的政策建议

"一带一路"倡议、长江经济带战略以及城市群等都是希望在构建一体化经济体系的同时,打造新的增长极。通过区域与城市规划的协调,充分促进区域与区域、城市与城市之间的联动发展,加速区域与城市空间组织的演进,进而实现区域内部功能高效互补、专业分工深化、制度创新协同等目的。区域发展战略能否顺利实现从愿景到现实,最重要的就是要建立一种新型的区域协作机制,这种机制既要依托于现在的行政区,又要超脱于现在的行政区,可以让区域与区域之间、城市与城市之间以合作共赢的方式解决共同的问题。

第一,要加快战略性基础设施的建设,这是推动区域一体化的先决条件。从现代基础设施对区域一体化发展的支撑性作用来看,高铁的作用是无可替代的。高铁的开通能够通过改善区域内商品、人力、资本、技术、信息等要素流动,提高沿线区域劳动力水平、工资水平、服务水平,以促进产业结构的优化升级,带动当地经济快速增长。截至 2016 年,我国高铁里程已超过 2 万公里,我国的高铁建设处于世界领先水平。高铁在促进商品要素高效便捷流动的同时,也成为重塑经济地理版图的重要力量,而高铁沿线的一些地市则将高铁的开通看成是转变自身发展方式的重大机遇。从"面"上来看,北京、上海、深圳等国家枢纽城市依托高铁的建设,加快打造具有世界影响力的大都市区,其辐射范围和影响力不断加强;从"线"上来看,高铁将促进沿线城市形成城镇带(经济走廊);从"点"上来看,新的高铁站点(新区)成为城镇化发展新的增长点,如很多正在建设高铁的市县都在积极谋划高铁站点开通后带来的发展机遇。航空港是促进大区域交通一体化的又一重要力量。航空货运量虽然无法跟高铁、公路、海运等相提并论,但是航空货运价值却非常庞大。据估算,航空货运量以占全球 0.5% 的货物贸易量贡献了占全球 36% 的贸易货值,在美国几乎三分之二的货运是经空中快运完成的。此外,航空港由于其在经济社会发展中特殊的战略地位,依托空港建设的空港经济区往往也成为集聚发展航空运输业、高端制造业和现代服务业的特殊经济区域,在带动区域经济发展中具有突出地位。已有研究显示,空港经济区比其所在城市的经济增长率平均要快 8% 左右。随着"互联网+"战略的深入实施,互联网已深深渗入到普通民众工作与生活的方方面面。信息化对区域一体化的促进作用已远远超出了传播信息这样一个简单的范畴,随着信息一体化程度的提高,资源要素在区域间的配置更加高效,新的需求不断被创造出来,产业结构也加快了转型升级的速度。

第二,要建立跨区域协调机构,并制定具有普遍约束力的区域发展政策。考虑到在现实世界中,各个区域、城市有各自的利益所在,难以同时实现辖区内发展与辖区间协调两个目标,区域间"非合作博弈"不可避免。为了约束和规范各辖区政府的行为,实现区域整体优先发展的目标,创建跨区域的实质性合作机制和合作组织非常有必要。区域一体化发展需要有一个统一明确的发展战略规划，更需要建立区域协调机构，以制定促进区域一体化的区域发展政策，确保区域发展战略规划落到实处。通过促进区域一体化，在政府引导和市场力量的共同作用下，形成一批新的产业集群，构建起跨区域的产业转移与承接机制，实现区域产业转型升级。对于我国内部的区域与城市群来说，可以探索建立以整个区域或者城市群为基本单元的新的激励和考核方式。目前来看，一个可行的办法是建立一个跨越城市之上又与城市政府不存在行政隶属关系的综合协调机构，形成多种利益集团、多元力量参与，政府组织与非政府组织相结合，体现社会各阶层意志的新公共管理模式，就区域与城市群有关发展问题进行统筹规划、协调政策与利益，以有效推动区域与城市群的发展。此外，还要建立区域与城市群横向利益分享机制和利益补偿机制，建立区域与城市群公共财政制度与公共财政储备机制。虽然要真正建立这样一个跨区域的协调机构困难重重，但是可以先选择一些领域进行探索和突破。如为促进京津冀区域交通一体化，京津冀三省市政府与铁路总公司成立了京津冀城际铁路投资有限公司；此外，河北省政府印发的《关于加快金融改革发展的实施意见》中提出，促进设立京津冀开发银行，重点支持回报期较长的基础设施及其他重大项目。

第三，要打破商品要素跨区域流动的体制障碍，继续加大力度促进要素自由流动，推动区域与城市群实现市场高度一体化。区域与城市群的深度融合要求生产要素必须能够在各个城市之间自由流动，这样各类生产要素将在市场作用的推动下，自动实现生产要素在区域与城市间的优化配置和空间均衡，从而实现经济高度一体化。对于资本和劳动力来说，在核心城市向心引力作用下，它们会自动向核心城市集聚，使得核心城市和中小城市经济总量规模差距变大。现有的区域与城市发展经验和理论表明，这种差距不可避免，甚至有利于效率的提升。但是，只要生产要素能够在不同城市间自由流动，位于不同城市的生产要素就能够获得相同的实际回报率，那么经济系统就能在集聚的过程中实现人均意义上的均衡，并且这种均衡是更高效率的动态均衡。为此，在推进区域一体化和城市群建设的过程中，必须淡化行政区划观念、冲破行政壁垒和地方保护主义，坚定不移地破除区域与城市群内部各城市之间限制资本、人才、技术、劳动力等生产要素自由流动的体制机制障碍，降低生产要素流动和交易的成本，创造公平、公开、统一的竞争与合作环境，充分发挥市场对资源要素配置的决定作用，推动各种要素按照市场规律在区域内自由流动和优化配置，使得各个区域、各级城市之间能够实现优势互补。

第四,要构建跨区域产业链,提升区域与城市群整体竞争力。加快培育跨域产业链,是区域与城市群一体化的重要依托和增长潜力。应根据各城市的特点和资源禀赋特征,合理确定其地位,通过城市功能合理定位促进城市分工,使各城市积极主动参与区域分工体系和全球价值链,促进产业链各环节在区域内的合理分配,实现产业链、供应链、价值链中各经济体的良性互动,构建合作共赢的区域价值链。只有这样才能提升区域与城市群发展的合力和竞争力,同时实现区域与城市群内所有城市同发展共进步的"多赢"局面。借鉴其他国家和地区的经验,各个城市之间要加强科技合作、产业分工与协作、环境政策、法规、技术、人才、信息等方面的交流与合作,着力提升与加工贸易密切相关的生产性服务业发展水平,为企业提供投资洽谈、产权交易等合作平台,鼓励企业通过相互投资、兼并重组、缔结联盟等方式,实现区域产业重构与区域生产力布局的统筹,联动推进区域协调发展。如京津冀城市群发展基础较好,未来发展空间依然很大,但现在面临的生态环境问题非常突出,国际竞争力还不够强,下一步方向是优化功能布局、推动协同发展。要实现协同发展,核心是要促进中心城市功能升级,解决路径就是把非核心功能疏散出去,为核心功能升级留出空间,同时也能帮助周边地区在承接功能的过程中同步升级,使相互间建立起分工协作和一体化发展机制,最终实现整体优化升级。也就是说解决北京的问题,光靠北京是解决不了的,对北京来说,需要疏散城市功能,不仅仅是单纯的产业功能,还有城市其他非核心功能,把这些功能疏散到周边地区,为周边地区的转型升级提供支撑,同时也为自己的功能升级留出空间。

第五,要大力推进户籍制度改革,高水平推进人口市民化。户籍改革是一个复杂的系统工程,其核心在于打破由户籍制度造成的存在于各类不同身份居民之间的各种分割,从而实现所有城市居民享有同等福利。从我国城乡和区域发展实践来看,由户籍制度所导致的分割可以分为以下四类:一是地理上的分割,主要表现形式有城市中心和农村外围之间的分割,以及城市里的城中村等;二是劳动力市场上的分割,主要表现形式有就业市场上户籍人口和非户籍人口之间存在着不公平竞争;三是城乡公共服务上的分割,主要表现形式有非户籍人口无法享有与户籍人口一样的教育、医疗资源以及社会保障等;四是政策话语权上的分割,主要表现为城市的发展政策主要由拥有城市户口的居民制定,而非户籍人口参与度较低。因此,新一轮户籍改革必须在以下几个方面进行突破:促进非户籍人口与户籍人口享有同样的公共服务,消除非户籍人口在就业过程中遇到的歧视,畅通城市中各类人群的利益诉求机制,以及加大对非户籍人口的社会保障力度等。最后,从户籍改革的实现路径来看，可以从以下几个层面协同推进：第一，彻底消除同一城市内农业户口与非农业户口之间的差别。第二，着力缩小同一城市内户籍人口与非户籍人口享有的福利差别，包括促进非户籍人口按照规定享有义务教育、社会保险、住房、基本公共卫生、资格评定等服务待遇，并逐步消除非户籍人口与户籍人口之间的公共服务差别。第三，加快推进特大城市常住人口市民化，尤其是对具有合法稳定就业和合法稳定住所、连续参加城镇社会保险多年的常住人口，要加快推进使其在大城市落户。第四，也是在整个新型城镇化建设中非常关键的问题，要逐步消除城市群内不同城市人口之间享受公共服务的差别，重点是要提升中小城市教育、医疗、社会保障等方面水平，使中小城市能享受到同大城市一样的基本公共服务，这样在确保实现社会平等的同时，也能避免人口向大城市过度集聚。

第五节　本章小结

无论是物理上还是体制上，区域间的分割总是存在的，区域政策研究也因此而生。与区域经济理论研究相比，区域政策研究非常复杂。区域政策通常包含以下几个层次：交通基础设施一体化、要素市场一体化、产业发展一体化、公共服务一体化，以及为了推进更深层次的开放、创新而采取的一系列改革政策。区域政策的复杂性就在于不仅仅实施过程中存在着高昂的物质成本问题，而且在推进区域体制一体化的过程中往往涉及众多利益主体，区域政策带来的各方利益格局重大调整会让区域政策的实施举步维艰。

为了有效推动区域政策的实施，建立"上下联动"的区域协调发展机制是非常必要的。"上"要加强顶层设计，并建立具有一定行政约束力的跨区域协调发展组织。这是因为依靠市场力量无法完全解决现有区域协调发展中存在的问题与矛盾，例如农业转移人口市民化的问题，农村与城市之间的博弈谈判耗时漫长，难以形成均衡，并且城市政府与农村政府本身也都不是市场主体，这时候就需要有更高层级的行政力量介入来建立新的制度安排。"下"要有强大的推力，这是推动建立新的区域协调发展机制的主导力量。在经济社会发展过程中，原有区域间的关系渐渐地不能适应新的经济发展方式、生活方式的需要，于是企业、个人以及基层政府就有强大的诉求改变这种不合时宜的区域间关系，这便是推动建立新的区域协调机制的原生动力。

以"一带一路"为代表的开放战略，有助于我国依托市场规模优势和产业先发优势,实现高端要素资源进一步向我国集聚。通过进一步扩大开放,降低对外贸易的运输成本和体制成本,我国就能在母国市场效应的作用下进一步壮大自身产业规模。同时,我国目前很多高新技术产业都达到了与发达国家接轨的水平,特别是在新一代信息技术等领域已经形成了一定的产业规模和产业发展配套环境,通过降低国际人才、资本、技术的流动成本,就能进一步吸引国际高端要素到我国集聚,从而有利于抢夺新一轮科技革命的制高点,促进经济增长。

长江经济带战略的实施有助于我国加快整合国内市场,促进国内商品要素高效配置,形成一个高度一体化的大市场,这也是我国在国际竞争中占据有利地位的重要保障。长江经济带战略通过建设水、铁、公、空综合立体交通走廊,大大提升了长江沿线省市交通一体化程度,首先利好的当然是长江沿线省市,从中长期看,长江经济带沿线省市在全国 GDP 中所占比重可能进一步上升。此外,由于长三角地区拥有先发的区位、产业、财政等方面的优势,为了更好地推动区域协调发展,在实施长江经济带战略的过程中,中央政府更加注重鼓励西部地区加大改革开放力度,并在财政转移支付上给予一定支持,从而极大地促进了西部地区的发展。

城市群既是区域经济发展的增长极,也是推进区域一体化的有力抓手,更是推动实现区域一体化的重点和难点。我国五大国家级城市群以占全国十分之一的面积,聚集了我国一半以上的 GDP,是引领全国发展当之无愧的龙头。推进区域一体化重点在大型城市群,难点也在大型城市群。不仅大型城市群与全国其他区域之间的发展差距较大,大型城市群内部不同城市之间的差距也不容忽视。长期以来关于优先发展大城市还是中小城市的争论就没有停止过,而城市群可以较好地解决这一问题。大型城市群能够在不降低大城市效率的同时,防止单一城市片面扩张带来的城市病等问题,与此同时,城市群轨道交通的快速发展使城市群内不同城市之间的通勤时间得以控制在 1 小时以内,完全可以实现同城化。

附录 7.1

各省区市在"一带一路"中的定位与举措

省区市	定位	主要举措和进展情况
江苏	江苏省，"一带一路"交汇点；连云港，海上门户	1.港口功能提升、沿海产业升级、临海城镇培育等系列举措。2.建设连云港国家东中西区域合作示范区，推进中哈（连云港）物流合作基地建设，拟申报建设中哈连云港自由贸易区、连云港自由贸易港区、"丝绸之路经济带"自由贸易区。3.建设境外产业集聚区，运作"江苏企业国际化基金"。4.制定出台《关于抢抓"一带一路"建设机遇进一步做好境外投资工作的意见》。
广东	广东省，"海丝"排头兵；广州，"海丝"排头兵；深圳，"海丝"桥头堡和枢纽城市	1.自贸区方面，前海侧重金融创新和人民币国际化，横琴新区侧重发展七大战略性新兴产业，南沙侧重发展加工制造业、物流业等，白云空港在"境内关外"、保税展示等方面享有税收优惠。2.建设海洋强省。3.深圳方面，制定《关于大力发展湾区经济建设 21 世纪海上丝绸之路桥头堡的若干意见》，发展湾区经济建设海上丝绸之路桥头堡的《发展规划》，重点抓好自贸园区战略实施，全方位构建国际友城网络；加快打造国际创新中心。

续表

省区市	定位	主要举措和进展情况
福建	福建省,"海丝"桥头堡;泉州,"海丝"先行区;福州,战略枢纽城市;漳州,统筹推进	1.加强与东盟国家在港口码头、物流园区、集散基地和配送中心等方面的合作,建设厦门东南国际航运中心。2.推进跨境光缆等通信网络设施建设,搭建面向东盟国家的跨境电子商务及物流信息共享平台。3.拓宽双向投资渠道,支持企业在境外建设经贸合作区。4.突出海洋特色,推动设立"中国—东盟海洋合作中心",加快建设马尾"中国—东盟海产品交易所"、马尾东盟海洋产业园等,加快建成一批境外远洋渔业生产基地、冷藏加工基地和服务保障平台;探索与东南亚国家互设"南洋产业园"或"海丝产业园"等"两国双园"模式。5.加强与境外金融机构的双边、多边合作。6.突出侨台优势,推动人文深度融合;发挥平潭综合实验区先行先试作用。7.制定《福建省融入丝绸之路经济带和21世纪海上丝绸之路发展战略实施意见》和《福州市建设国家丝绸之路经济带和21世纪"海上丝绸之路"战略枢纽城市行动方案》,建设交通、经贸合作、人文交流的枢纽,力争将福州自贸区打造为一个自由港。
山东	山东省,积极参与;临沂,商贸丝绸之路;青岛,"海丝"枢纽;日照,主要节点城市	1.抓住中韩、中澳(澳大利亚)达成自由贸易协议的机遇,深化中韩地方经济合作示范区建设,积极推进青岛自由贸易港区申建工作。2.总体布局:胶东半岛努力争创对外开放新优势,鲁北地区要积极参与首都经济圈建设,鲁南地区要主动融入长三角经济发展。3.推进临沂商城国际贸易综合改革试点,创建国家进口贸易促进示范区,加快发展跨境电子商务,加强外贸公共服务平台建设。4.加快建设对外投资信息服务平台,引导企业增强国别和地区风险意识,做好市场风险评估预警。5.加快建设东亚海洋合作平台。

续表

省区市	定位	主要举措和进展情况
新疆	新疆,核心区,加快建设五大中心:区域性交通枢纽、商贸物流、金融、文化科教和医疗服务五大中心	1.成立推进"一带一路"领导小组;出台丝绸之路经济带核心区建设实施意见和行动计划。2.支持乌鲁木齐亚欧经贸合作试验区建设,加快中哈霍尔果斯边境经济合作中心及阿拉山口、喀什综合保税区建设。3.积极推动跨境人民币结算业务,扩大外汇交易币种和交易量。4.推进中欧班列集结编组中心、进出口货物分拨中心、乌鲁木齐空港陆路港建设。5.加快境外园区建设,支持内地企业依托我区发展对外贸易、境外投资、服务贸易、工程承包和劳务合作。6.提出设立自贸区的方案和构想。
宁夏	宁夏,战略支点;吴忠,黄金节点	1.以宁夏内陆开放型经济试验区为平台,用好用足中阿博览会"金字品牌",着力实施中阿博览会带动计划、开放通道拓展计划、外向型园区培育计划、贸易便利促进计划四项行动计划。2.面向阿拉伯国家和世界穆斯林地区,谋划一批能源、金融、科技、清真食品和穆斯林用品等领域合作项目,依托银川综保区,试点国际贸易单一窗口管理模式,创建中阿经贸合作示范区。
广西	广西,"海丝"新门户、新枢纽;南宁,积极参与;钦州,"海丝"物流信息平台;东兴,"海丝"先锋区	1.互联互通。推动建设中国—东盟港口群,探索建立北部湾自由贸易港,打造北部湾区域性国际航运的中心;广西高铁运营里程将超过1600公里,约占全国高铁总里程的14%。2.产业合作。加快中马钦州产业园、马中关丹产业园等国际合作园区的建设,建设中国—东盟信息交流中心等。3.商贸物流,打造中国—东盟商贸物流集散中心和中国—东盟商品交易中心,实施"电商丝路"工程,加快建设大宗商品电子交易平台,跨境点上平台以及供应链电子商务体系。4.建设金融实验区。以跨境金融业务创新为主线,以沿边金融改革试验区为契机,加强金融基础设施建设和金融服务的跨境合作,推动跨境电子商务平台建设,建立大宗商品现货和期货交易途径,建设人民币同东盟国家货币的市场交易中心。5.人文交流。包括建设联合大学、技术转移中心,缔结友好城市,加强旅游合作等。提出设立自贸区的方案和构想。
重庆	枢纽,长江上游金融中心和商贸中心	加强与"一带一路"沿线国家、国际友城和中国港、澳、台经贸往来。

资料来源:根据各省区市公开发布材料整理。

附录 7.2

各省市在长江经济带战略中的定位

省市	定位	主要举措和进展情况
上海	国际经济、金融、航运和贸易中心	积极参与、主动服务长江经济带建设,推动长三角一体化发展。加大对口支援力度,加强合作交流,更好地服务全国。
江苏	—	1.启动江北新区建设。加快制订《江北新区条例(草案)》。高标准做好空间规划、产业规划、城市设计等工作,为新区长远发展夯实基础。统筹做好新区项目谋划、招引和储备,建成六合机场,开展铁路南京北站前期工作。2.发展壮大枢纽经济。加快建设集疏运体系、物流园区和航运服务体系,加速发展航运交易、海事法律、航运经纪等服务业,推动南京与长江中上游城市港口联盟实质运行,加快打造长江区域性航运物流中心。3.强化航空枢纽功能,整合空港要素资源,推进空港综合保税区申报,重点发展航空物流、航空制造、临空关联产业,打造空港枢纽经济区。4.依托南京南站枢纽优势,大力发展商务商贸、科技研发、文化创意等产业,构建现代化智慧型高铁枢纽经济产业体系。5.对接上海自贸区,加快南京综合保税区建设。
安徽	合肥,长三角世界级城市群副中心	1.复制推广16项上海自贸区制度成果,合肥海关实现长江经济带区域通关一体化,合肥综合保税区获批设立,蚌埠(淮北)保税物流中心顺利运行,芜湖港进入国家启运港退税政策试点,合新欧国际货运班列开通,跨境贸易电子商务通关运行。2.制定推进长江经济带建设三年行动计划,开展长江、淮河干流整治前期工作,实施引江济淮航运配套工程。制定沿江、沿淮港口发展规划,大力破解港口功能单一、同质竞争问题,引导建设功能互补、联动发展的港口群。3.着力推动长江大通关建设。重点是引导有条件的市创建各类海关特殊监管区,支持芜湖出口加工区整合升级为综合保税区,做好合肥港一类口岸升级前期工作。

续表

省市	定位	主要举措和进展情况
湖北	—	1.扎实推进武汉长江中游航运中心、三峡翻坝综合运输体系、洞庭湖生态经济区等重大工程。2.依托沿江国家级开发区、高新技术园区、承接产业园区、汉孝临空经济区，打造具有全球影响力和竞争力的沿江工业走廊、现代服务业集聚区、现代农业示范区和新型工业化示范区，打造长江中游全产业链高地。3.深入推进汉江生态经济带与长江经济带协同发展，推进汉江沿江主要港口与长江港口对接。4.争取国家尽快批复长江中游城市群建设规划，健全多省会商协调机制，推进长江中游城市群全方位深度合作。
湖南	—	1.发挥岳阳作为融入长江经济带"桥头堡"的作用，将其培育成全省发展的新增长极。2.建设以洞庭湖区中心城市为枢纽、以环湖公路为纽带的综合交通体系，培育发展常德、益阳、津澧新城等中心城市，努力把洞庭湖区建设成为全省经济社会发展的新引擎。
四川	依托黄金水道推动长江经济带发展的战略腹地和重要增长极，促进长江经济带与丝绸之路经济带联动发展的战略纽带和重要依托，保障国家安全和维护民族团结的战略前沿和生态屏障	1.加快构建综合立体交通走廊。南向抓好成昆铁路扩能改造、成贵客专等项目，积极融入中国—东盟自贸区和大湄公河次区域发展；北向打通成都—西安—环渤海地区的铁路和公路，提升连接欧亚大陆桥的运输大通道；西向加快推进蓉欧快铁、中亚货运班列等国际物流骨干网络和成兰铁路建设；东向实施长江干线航道等级提升和建设岷江港航电综合工程等航运建设项目，积极融入长江黄金水道。2.在航空枢纽建设上，巩固双流机场区域性枢纽机场优势地位，加快推进成都新机场前期工作，启动乐山、巴中机场建设，加快泸州等机场建设，形成融入全球经济的快速通道。3.大力发展临港经济和通道经济，建设国家级清洁能源基地。4.建设国家重要的清洁能源化工基地和特色农产品生产基地。5.建设国家重要的生态文化旅游区。6.高起点、高标准建设绵阳科技城集中发展区，推动军民融合产业健康发展。

续表

省市	定位	主要举措和进展情况
重庆	长江上游金融中心和商贸中心	1. 至2020年,重庆预计将在基础设施等领域投入1.2万亿元,着力建设长江经济带西部中心枢纽、内陆开放高地、新兴产业高地、国家中心城市,打造连接"一带一路"和长江经济带的战略支点。2. 促进与长江经济带沿线省市协作,务实推进成渝经济区一体化,深化渝黔、渝鄂、渝湘等区域合作。

资料来源:根据各省市公开发布材料整理。

| 第八章 | **国家战略背景下地方政府应对策略——以浙江省为例** |

在中国,区域经济发展比较好的地区,往往也是享有区域政策比较多的地区,当然也有可能是因为享有区域政策比较多才使得这些地区发展比较好,无论怎样,区域政策对于中国区域经济发展而言,都是非常重要的。从全国层面来看,区域政策的重点是参与构建全球经贸投资新规则,而从地方政府来看,区域政策的重点则是如何打造自身的增长极核①。就现阶段而言,地方政府争取有利自身发展的区域政策的最佳切入口无疑是积极对接国家战略,借助国家战略实施的有利契机,加快与全国市场以及全球市场的互联互通,形成连接全球市场与国内市场的枢纽,从而构建带动新一轮开放发展的增长极核。

第一节　浙江开放型经济发展现状

"十三五"时期,浙江首次将开放型经济规划作为一个正式的命题单独提出来,并将之列为浙江省"十三五"重点专项规划。近年来,随着全球化、信息

---

① 当然,这里的增长极核并非是一个点的概念。以浙江省为例,2015 年,浙江省主要领导提出要做几件既想干又能干成的大事,其中就包括要打造义甬舟开放大通道。义甬舟开放大通道建设涉及宁波、舟山、金华、绍兴等沿线地区,面积数万平方公里,其主要目的之一就是构建一体化的开放型经济。促进义甬舟开放大通道基础设施互联互通和资源整合,着力提升宁波和金华—义乌两大都市区一体化发展水平,大力推进体制机制创新,全面推动义甬舟空间融合、体制融合、功能融合,畅通向西出境和向东出海通道,主动接轨国际投资贸易通行规则,提高综合运用国际国内两个市场、两种资源的能力,实现更大范围、更高层次的资源要素整合和产业优化布局,打造区域开放与创新共同体。

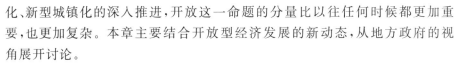

化、新型城镇化的深入推进,开放这一命题的分量比以往任何时候都更加重要,也更加复杂。本章主要结合开放型经济发展的新动态,从地方政府的视角展开讨论。

近年来,面对国际金融危机的考验,浙江开放型经济获得了快速而巨大的发展,开放型经济大省的地位在发展中逐步确立与巩固,也为浙江以开放促发展、促改革、促创新做出了巨大贡献。在"十二五"时期,浙江开放型经济发展主要表现出以下几方面的特点:

(1)浙江对外贸易规模上到新台阶,对外贸易结构也不断优化。2011—2015年,浙江对外贸易大省的地位进一步巩固,对外贸易结构得到进一步优化。对外贸易规模继续保持在全国前列,尤其是净出口规模连续多年全国第一。进出口规模从2010年的2534.8亿美元增长到2015年的3473亿美元,出口规模从2010年的1804.8亿美元增长到2015年的2766亿美元。对外贸易结构进一步优化。民营企业和新兴市场出口增幅高于平均水平,出口品牌培育加快,自主品牌出口占比达21.8%。民营企业呈现出较快的增长态势,出口增幅一直领跑全省。对外贸易新的增长点不断涌现,尤其是义乌市场采购贸易方式和跨境电子商务增长强劲。2014年,市场采购贸易方式正式落地,2015年市场采购贸易方式出口增长32%;出台跨境电子商务实施方案,跨境电商出口实现倍增;推动浙江一达通落户杭州,培育12家本省外贸综合服务平台。

(2)浙江吸引外资质量不断提升,总体效益逐步提高。2011—2015年,浙江省按照"稳量提质"的发展思路,吸引外资规模稳步扩张,质量和效益不断提升,有力推动了全省经济社会发展和产业转型升级。从外资项目规模来看,引进重大外资项目明显增多。如2014年全年新批投资总额1亿美元以上项目47个;引进世界500强项目24个,累计达到502个。从利用外资产业结构变化来看,投向生物制药、信息软件、设备制造等高技术制造业项目不断增多,投向技术服务、金融、租赁、商务服务、仓储等现代服务业比重也有明显提升,利用外资结构优化明显。从吸引外资方式来看,除直接利用外资外,以股权投资、投资基金、境外上市、融资租赁、跨境人民币投资等为代表的新型引资方式迅速兴起。

(3)浙江对外投资规模质量不断提高,企业国际化步伐加快。"走出去"步伐不断加快,"走出去"推动产业升级、稳定外需的积极作用更为明显。对外直接投资实现了高速增长。截至2014年底,浙江全省经审批和核准境外企业和机构共计7021家,累计对外直接投资额261.9亿美元,实际投资158亿美元。境外投资方式日益多样化。建立境外营销网络扎实推进,境外生产基地、境外园区、境外研发机构、境外资源开发、境外市场等新兴项目拓展步伐加快。积极推进国际营销网络建设,2014年新设境外营销企业(机构)561个,累计达到3500多个,带动出口作用明显。对外承包工程稳步增长。2014年,完成营业额51.7亿美元。

(4)服务贸易快速增长,发展潜力不断显现。从世界贸易发展的一般规律来看,服务贸易将是未来我国发展对外贸易的重要内容和主要增长点。从浙江服务贸易发展来看,2014年服务贸易进出口达到381亿美元,其中出口244.3亿美元,进口136.7亿美元。从规模上来看,2006—2014年服务贸易进出口的年均增幅高于20%,高于同期货物进出口的年均增幅。服务贸易进出口额的规模发展较快,从2006年的75亿美元发展到2014年的381亿美元,增长了508%。从服务贸易结构来看,国际旅游、国际运输、国际建筑工程承包三大传统服务出口支柱产业仍然保持较快增长,在全省服务贸易中合计进出口总额和出口额分别占总额的67.3%、67.8%。此外,服务外包发展迅速。2014年,离岸合同执行额为56.45亿美元。截至2014年底,进入商务部服务外包业务管理和统计系统注册登记的浙江省企业有3724家。

(5)开放平台不断夯实,辐射带动作用增强。2011—2015年,开发区、保税区、出口基地、境外工业园区、对台经贸合作区等开放平台辐射带动作用不断增强,成为浙江开放型经济发展的重要载体。2014年开发区实际外资占全省的58%,进出口占全省的45%,贡献了全省56%的规模以上工业增加值和31%的税收。中国(浙江)自由贸易试验区和舟山江海联运服务中心获批成立,义甬舟开放大通道也在加快建设。开发区整合提升工作在进一步深化,共完成34家开发区的深化整合提升方案。新增3个国家级开发区,新设4个省级开发区。新认定5家新兴产业示范基地和17家特色品牌园区。各类展会质量和影响力不断提升。浙洽会、消博会、义博会、食品博览会、境外"浙江周"等一批开放大平台的作用更加显现。在中国澳门特别行政区、印度尼西亚等设立了"浙江品牌产品贸易展示中心",境外营销网络体系建设不断加快。建立对外贸易预警示范点,完善了贸易摩擦应对机制。建成并逐步完善覆盖全省主要进出口企业的对外贸易监测系统,形势分析、信息服务能力不断增强。

(6)开放型经济贡献增强,推动转型升级作用明显。主要表现在以下两个方面:一是有力拉动经济增长。开放型经济是全省经济发展的重要引擎。浙江经济外向度高,与国际经济发展紧密关联,外贸出口占全球的1.22%,占全国的11%。全省外贸依存度达58.7%,出口依存度达43.1%。二是促进经济转型升级明显。外贸对推动产业升级的作用增强。一方面,通过发展一般贸易、加工贸易等方式,推动国内产业发展、升级和技术进步,实现全要素生产效率提升；另一方面，通过进口国内短缺资源、关键设备和先进技术，不断增强自主创新能力。不断满足欧美等发达国家市场高端需求已成为浙江企业技术改造、技术研发的主要动力之一。文化走出去提高了浙江软实力，扩大了影响。外资领域明显拓宽，质量、层次快速提升，"走出去"步伐不断加大对推动产业结构调整和技术升级、缓解省内产能过剩和资源短缺矛盾、实现浙江经济的转型升级和科学发展有重大意义。贸易救济服务作用突出，维护了浙江企业合法权益，保护了浙江新兴产业发展。

第二节　国家战略实施对浙江空间发展影响分析

十八大以来，我国加快了对区域发展的整合提升，以"一带一路"、长江经济带、京津冀一体化为代表的新的国家战略规划推动我国区域经济版图重构。尤其是"一带一路"倡议和长江经济带战略，横跨东、中、西三大区域板块，也因此被看作是我国由沿海开放向内陆开放的信号。

一、"一带一路"倡议对浙江空间发展的影响

"一带一路"倡议旨在推动东部沿海地区开放型经济率先转型升级的同时促进我国中西部地区和沿边地区对外开放。在"一带一路"倡议背景下，中西部地区成为中国开拓新兴市场的前沿阵地；东部沿海地区则依托"海上丝绸之路"建设，加快打造具有世界影响力的自由贸易区和港口经济区，着力建设海洋强国。"一带一路"倡议实施对浙江空间发展的影响主要体现在以下几方面。

（1）"一带一路"倡议实施有利于浙江依托海港、陆港打造海陆双向开放枢纽，成为"一带一路"建设的区域链接和航运贸易的枢纽功能区。浙江地处我国东南沿海、长江三角洲南翼，东临东海，直面太平洋，西连长江流域和内陆地区，南接海峡西岸经济区，北与江苏、上海为邻，是长江黄金水道和南北海运大通道构成的"T"形宏观格局的交汇地带，具有连接东西、辐射南北的区位优势。特别是宁波舟山港与义乌国际陆港，背靠中西部广阔腹地，区位条件突出。宁波—舟山港区是我国港口资源最优秀和最丰富的地区，是世界最大综合性港口，港域内近岸水深 10 米以上的深水岸线长约 333 公里，港口建设可用岸线约为 223 公里，其中尚未开发的深水岸线约为 184 公里，建设深水港群条件非常理想，是上海国际航运中心的重要组成部分和深水外港。宁波

舟山港是实现我国与东盟沿海港口之间基础设施互联互通的重要组成部分。宁波舟山港与世界上 200 多个国家和地区的 600 多个港口开通了 235 条航线,是国内发展最快的综合型大港。2016 年,货物吞吐量突破 9 亿吨,连续 8 年居世界海港首位,集装箱吞吐量突破 2156 万标箱,吞吐量增速居全球五大港口之首,稳居全球港口前四位。义乌是浙江唯一、全国首批陆港城市,义乌铁路口岸是目前浙江唯一获批对外开放的铁路口岸。浙江参与"一带一路"建设,对外可以依托宁波—舟山港加强海上通道的互联互通,申请设立海上丝绸之路城市联盟,扩大我国与世界各国的互利合作;对内可以通过义甬舟开放大通道建设连接"丝绸之路经济带",辐射中西部地区,以海铁联运的"无缝对接"实现中西部地区"借洋出海"(见表 8.1)的目的。

表 8.1 义甬舟开放大通道重大平台和重大工程

中国(浙江)自由贸易试验区	以油品全产业链投资便利化、贸易自由化为核心,将中国(浙江)自由贸易试验区建设成为我国提升大宗商品全球配置能力、保障国家经济安全的重要平台和提升海洋产业开放合作水平的先行区。
舟山江海联运服务中心	完善江海联运集疏运网络,增强与长江沿线及省内内河的联运能力,打造大宗商品储运加工及集装箱中转物流基地,建设国际一流的江海联运综合枢纽港,着力建成中国(浙江)大宗商品交易中心,逐步形成具有国际影响力的大宗商品综合交易、结算和定价中心。
义乌国际贸易综合改革试点区	围绕建设"世界小商品之都"和"国家级小商品国际贸易区"的目标,深化国际贸易重点领域和关键环节改革,拓展小商品贸易在全球分工体系中的独特优势和作用,形成贸易投资便利、金融服务完善、法制环境规范、监管服务高效的开放型经济新体制。
中欧和中亚班列	完善中欧班列和中亚班列的海外服务网点,支持浙江中欧和中亚班列在沿线重要城市建设、发展海外仓、物流分拨点和小商品城海外分市场,扩大境外回程货源,使其成为浙江乃至整个华东地区、中部地区制造业与全球互动的重要窗口。
宁波舟山港集装箱海铁公多式联运	以宁波舟山港为主枢纽,充分利用海上运输、浙赣湘铁路运输和节点甩挂运输方式,积极开拓江西、湖南、四川、重庆等中西部地区集装箱海铁联运市场,实现浙赣湘(渝川)集装箱海铁公多式联运,依托"无水港"等枢纽服务节点,实现集装箱货运高效管控。

续表

海上丝绸之路国际港口城市联盟	充分利用丝路国际港口合作平台,开辟"一带一路"国际航线,申请设立海上丝绸之路城市联盟,扩大"海丝航运指数"影响力,推动宁波—舟山港"走出去",与"一带一路"沿线港口城市开展合作。

资料来源:浙江省《义甬舟开放大通道建设规划》。

(2)"一带一路"倡议的实施有利于浙江加快建立适应经济全球化的开放型经济新体制,使浙江成为"一带一路"建设的开放合作先行区。浙江是我国对外开放早、开放程度高的沿海省份之一,境外投资合作位全国第一,电子商务全球领先,外贸顺差全国最大,特别是浙江与东盟的贸易居于全国的前列。同时承载着义乌国际贸易综合改革试点、舟山群岛新区、浙江海洋经济发展示范区、中国(杭州、宁波)跨境电子商务综合试验区等国家战略,2016年,中国(浙江)自由贸易试验区也获批成立,为进一步促进浙江推动大宗商品贸易自由化、提升大宗商品全球配置能力、打造油品全产业链提供了有力支撑和保障。此外,杭州、义乌、宁波等地通过举办 G20 峰会、国际投资贸易合作会、西湖博览会、国际小商品博览会、文化产品博览会等高层次会展,城市国际影响力不断加大。浙江参与"一带一路"建设,可以通过进一步整合中国(浙江)自由贸易试验区、跨境电子商务综合试验区、综合保税区等高能级开放平台,创新开放型经济体制机制,发展一批国别(地区)产业园,规划建设双边、多边合作的产业园区,继续在经贸、投资、科技、文化合作中发挥先行示范作用。

(3)"一带一路"倡议的实施有利于浙江依托海洋海岛资源优势,拓展新的发展空间。目前国内海洋资源开发重点仍是沿岸、沿海和近岸海岛,且以单项开发为主,深海资源、离岛资源开发,以及海洋资源的综合开发等,尚处于起步阶段。浙江海岛资源丰富,所辖海区内油气、矿产等资源丰富,可结合"海上丝绸之路"建设,海洋资源集约化、综合化、基地化开发潜力巨大。

二、长江经济带战略对浙江空间发展的影响

长江经济带横跨我国东中西三大区域,是我国综合实力最强、战略支撑作用最大的区域之一。长江经济带以长江黄金水道为主轴,以长江三角洲城市群、长江中游城市群、成渝城市群为三大极核。长江经济带提出的目的之一就是要推动我国发展空间从沿海向沿江内陆拓展,从而形成上中下游优势互补、协作互动格局。长江经济带战略的实施对浙江空间发展的影响主要体

现在以下几方面。

（1）长江经济带战略实施将推进浙江形成以"两核两带三区"为主体的空间发展格局。两核主要是杭州都市区和宁波都市区，两带主要是义甬舟开放大通道发展带和沿海发展带，三区主要是海洋经济区、浙皖赣闽生态旅游协作区和太湖流域治理区。其中两核是重点，两带是统筹整合全省资源的桥梁，三区是处理好与周边省市协调发展的关键。

（2）长江经济带战略实施有利于浙江率先提升杭州、宁波两大都市圈的国际化水平，成为长三角城市群重要一极（见表8.2）。浙江参与长江经济带建设首要就是做强龙头，重中之重就是要加快建设好杭州都市圈和宁波都市圈。长江经济带战略的实施有利于浙江加强对沪合作，充分分享上海全球城市的溢出效应，率先提升杭州、宁波两大都市圈国际化发展水平和辐射带动能力，高效整合嘉兴、湖州、绍兴、舟山、台州等地市资源，形成现代化、一体化、网络化的城镇体系。通过主动参与上海国际经济、金融、贸易、航运、科创中心建设，加快集聚国际资本、信息、科技、人才等高端要素，大力培育总部商务、投资运营、资产管理、产权交易、科技创新等服务功能，成为长江经济带重要的高端要素、运营机构集聚区，成为新科技、新产品、新模式、新业态的重要源头区，成为具有世界影响力的都市圈。

表8.2　长三角五大都市圈及功能定位　　　　　　　　　　　单位：亿元

都市圈	范围	功能定位	GDP
杭州都市圈	杭州、嘉兴、绍兴、湖州	加快建设杭州国家自主创新示范区和跨境电子商务综合试验区、湖州国家生态文明先行示范区，建设全国经济转型升级和改革创新的先行区。	20122
宁波都市圈	宁波、舟山、台州	全球一流的现代化综合枢纽港、国际航运服务基地和国际贸易物流中心，形成长江经济带龙头龙眼和"一带一路"倡议支点。	12664
南京都市圈	南京、镇江、扬州	区域性创新创业高地和金融商务服务集聚区。	17240
苏锡常都市圈	苏州、无锡、常州	全面强化与上海的功能对接与互动，建设苏州工业园国家开放创新综合试验区，发展先进制造业和现代服务业集聚区。	28295

续表

都市圈	范围	功能定位	GDP
合肥 都市圈	合肥、芜湖、马鞍山	发挥在推进长江经济带建设中承东启西的区位优势和创新资源富集优势,加快建设承接产业转移示范区。	9483

资料来源:根据《长江三角洲城市群发展规划》整理,并依据各省市统计年鉴数据计算。

(3)长江经济带战略的实施将促进浙江将发展空间向长江沿线区域拓展。浙江是长江经济带重要的出海通道,舟山江海联运服务中心是长江经济带的龙头龙眼,长江经济带战略实施有利于浙江打通向中西部地区的水路通道、公路通道和铁路通道,可以通过加强与长江沿线港口以及无水港的合作,扩大宁波舟山港腹地范围,提升资源要素配置能力;可以大力创新体制机制,破除地方保护主义,推动要素市场化配置,积极为要素自由流动创造良好环境,激活发展动力,保障区域协调发展。此外,浙江参与长江经济带建设还将加强浙江与中西部地区的产业有序转移与承接。浙商在浙江之外的长江经济带沿线地区的总投资规模已过万亿元,浙江可以运用资本优势加强与中西部地区的产业与科技合作,促进长江经济带的区域产业合理分工与合作,放大规模经济优势。

专栏8.1 以舟山江海联运服务中心建设点亮长江经济带龙头龙眼

长江经济带战略是打造中国经济升级版支撑带的重大决策。浙江作为沿海发达省份,不仅要抓住长江经济带建设的有利时机,积极参与共建、共享长江经济带区域大整合带来的红利,同时还要自觉承担起新时期的战略使命,走在前列、干在实处、勇立潮头,辐射带动长江经济带发展。

如果把长江经济带比作一条巨龙,那么长三角就是龙头,舟山江海联运服务中心则是其中的一只龙眼。

舟山江海联运服务中心以宁波舟山港为依托,地处我国南北海运大通道与长江黄金水道的 T 字形交汇地带,紧邻国际航运主通道,范围包括舟山群岛新区全域和宁波市北仑、镇海、江东、江北等区域,是长江经济带江海联运的重要枢纽,也是我国与 21 世纪海上丝绸之路沿线国家经贸往来和开放合作的重要前沿。

当前，宁波—舟山港一体化正在深入推进，舟山自由贸易港区也已获批成立，这些都为进一步提升舟山江海联运服务中心的发展水平创造了有利条件。但是按照《国务院批复同意设立舟山江海联运服务中心》（国函〔2016〕72号）的要求，要将舟山江海联运服务中心打造成"国际一流的江海联运综合枢纽港、航运服务基地和国家大宗商品储运加工交易基地"，则还存在着一些突出的短板。主要表现在：一是港口一体化建设有待加强。宁波和舟山两地优势的发挥和互补还不够，两地尚未形成分工合理、各具特色、优势互补的发展格局，资源配置效率有待提高，各行政主体之间的关系也还需要进一步明确。二是港口大而不强。宁波—舟山港的货物、集装箱吞吐量虽居全球前列，但在港口增值物流、集疏运配套、多式联运组织等方面仍存在短板，港航物流服务业发展相对滞后。港口物流主要以"货物集散"为特征，港口物流货物价值量不高，国际贸易资源配置能力不足，大宗商品交易有待提升和突破，高附加值商品交易市场有待开发。港航服务现代化水平不高，以航运金融保险、离岸金融、航运经纪咨询、保税增值、信息服务为代表的高端航运服务业比重较低。三是辐射带动力不强。主要体现在宁波—舟山港与长江经济带和海上丝绸之路沿线港口合作水平还不够高，尤其是作为一个"中心"的地位还远没有体现出来。

如何把握长江经济带建设机遇，提升舟山江海联运服务中心发展能级，笔者认为，可重点在以下几个方面着力：

第一，要加强与宁波共建舟山江海联运服务中心。提升舟山江海联运服务中心发展能级的重点不在于扩大港口吞吐规模，而在于增强港口辐射带动功能。因此要充分发挥宁波的产业、人才、金融、信息和腹地等优势，着力完善物流供应链，提升港口集疏运能力和大宗商品加工交易能力，最终要形成具有国际影响力的大宗商品综合交易、结算和定价中心。

第二，要建立形成辐射带动长江经济带的战略通道。这又可以分为两个层面，从交通层面来看，一方面要有序推进嘉兴港、湖州港等与宁波—舟山港的合作，打通浙北区域衔接长江经济带海河联运通道；另一方面要构建宁波—舟山港经金华、丽水、衢州西延连接衢州至丽江铁路，打通向江西、湖北、湖南等地区拓展空间，形成宁波—舟山港直通长江中上游腹地的快速铁路运输通道。从体制层面来看，要加强宁波舟山港与长江沿线港口之间的"大通关体系"建设,扩大腹地范围。

第三,要加强与"一带一路"倡议互动。舟山江海联运服务中心不仅要辐射带动长江经济带,还要"走出去",扩大在"一带一路"的影响力。其一可依托正在开展的"海上丝绸之路城市联盟"项目,申请设立海上丝绸之路城市联盟,并争取将秘书处设在宁波。同时着力增强海上丝路航运价格指数产品权威性,提升舟山江海联运服务中心作为国际一流航运服务基地的国际影响力。其二可依托义甬舟开放大通道建设,增强宁波—舟山港与义乌国际陆港直通性,并谋划与新疆阿拉山口等内陆口岸的合作,增强浙江服务丝绸之路经济带的能力。

最后,要依托舟山自由贸易港区建设进一步扩大开放。重点就是以油品全产业链投资便利化、贸易自由化为核心,加快建立我国油品自由贸易体系。油品自由贸易体系的建立在客观上又要求我们还必须扩大金融的开放,以及海洋制造业和海洋服务业的开放。此外,要建立油品自由贸易体系,仅仅依靠舟山远远是不够的,所以下一步必须争取把自贸区政策向宁波、义乌甚至全省覆盖延伸,集中优势力量打造对标国际油品最高标准的对外开放新的增长极。

画龙需要巧点睛,长江经济带,若能点亮舟山江海联运服务中心这只龙眼,就能舞动"龙头"、激活"龙身",从而实现夯实浙江海上开放门户地位与辐射带动长江经济带发展的双赢。

三、创新驱动发展战略对浙江空间发展的影响

实施创新驱动发展战略,就是要推动以科技创新为核心的全面创新,形成新的增长动力源泉。国家通过提出建设创新型国家目标,凝练实施一批重大科技项目和重大工程,大力优化与完善国家自主创新示范区和开发区的发展布局。创新驱动发展战略的实施对浙江空间发展的影响主要体现在以下几方面。

(1)以城市群为基本单元的国家自主创新示范区加快建立,为浙江推进国家自主创新示范区建设及其政策复制提供了机遇。自 2009 年北京中关村首个国家自主创新示范区批复成立以来,我国目前已有 17 个国家自主创新示范区(见表 8.3)。尤其是近年来,各主要省市以城市群为基本单元创

建的国家自主创新示范区明显增多。而浙江仅杭州两个高新区纳入国家自主创新示范区,与兄弟省市相比,浙江国家自主创新示范区覆盖范围小,享受政策的地市少,不利于抱团参与高层次竞争。此外,从兄弟省市自由贸易区和国家自主创新示范区的创建情况来看,开放平台与创新载体之间的联动性加强,上海、广东、福建、天津、湖北、陕西等省市均实现了自由贸易试验区与国家自主创新示范区之间的联动。下一步浙江在高能级平台的布局上可以有所借鉴,重点可以以杭州都市圈和宁波都市圈为龙头,整合周边嘉兴、湖州、绍兴、台州、舟山等地市创新资源要素,形成更高能级的创新创业平台。

表8.3　部分兄弟省市国家自主创新示范区

名称	设立时间	范围	战略定位
杭州国家自主创新示范区	2015年8月	包括杭州和萧山临江2个国家级高新技术产业开发区。	具有全球影响力的"互联网+"创新创业中心,努力把杭州国家级高新区建设成为创新驱动转型升级示范区、互联网大众创业集聚区、科技体制改革先行区、全球电子商务引领区和信息经济国际竞争先导区。
深圳国家自主创新示范区	2014年5月	涵盖深圳10个行政区和新区的产业用地。	科技体制改革的先行区、开放创新的引领区、创新创业的集聚区、战略性新兴产业的先导区,具有世界影响力的国际创新中心。
珠三角国家自主创新示范区	2015年11月	包括广州、珠海、佛山、惠州仲恺、东莞松山湖、中山火炬、江门、肇庆等8个国家高新区。	国际一流的创新创业中心,努力把珠三角国家高新区建设成为我国开放创新先行区、转型升级引领区、协同创新示范区、创新创业生态区。
苏南自主创新示范区	2014年10月	包括南京、苏州、无锡、常州、昆山、江阴、武进、镇江等8个高新技术产业开发区和苏州工业园区。	创新驱动发展引领区、深化科技体制改革试验区、区域创新一体化先行区和具有国际竞争力的创新型经济发展高地。
长株潭国家自主创新示范区	2014年12月	包括长沙、株洲、湘潭三个国家高新技术产业开发区。	创新驱动发展引领区、科技体制改革先行区、军民融合创新示范区、中西部地区发展新的增长极。

续表

名称	设立时间	范围	战略定位
山东半岛国家自主创新示范区	2016年3月	包括济南、青岛、淄博、潍坊、烟台、威海等6个国家高新技术产业开发区。	具有全球影响力的海洋科技创新中心，努力把山东半岛国家高新区建设成为转型升级引领区、创新创业生态区、体制机制创新试验区、开放创新先导区。
福厦泉国家自主创新示范区	2016年6月	包括福州、厦门、泉州3个国家高新技术产业开发区。	科技体制改革和创新政策先行区、海上丝绸之路技术转移核心区、海峡两岸协同创新示范区、产业转型升级示范区。
合芜蚌国家自主创新示范区	2016年6月	包括合肥、芜湖、蚌埠3个国家高新技术产业开发区。	科技体制改革和创新政策先行区、科技成果转化示范区、产业创新升级引领区、大众创新创业生态区。

资料来源：根据各个国家自主创新示范区批复文件整理。

（2）对创新平台系统性、整体性、协同性改革的要求提高，可以以此为契机创建全省全面创新改革试验区。根据国务院《关于在部分区域系统推进全面创新改革试验的总体方案》要求，承担改革试验的区域需具备的基本条件，包括已设有或纳入国家统筹的国家自主创新示范区、国家综合配套改革试验区、自由贸易试验区等各类国家级改革创新试验区。浙江省已有杭州国家自主创新示范区、中国（浙江）自由贸易试验区、义乌国际贸易综合改革试点等平台。目前宁波正在联合温州创建浙东南国家自主创新示范区，如果能够创建成功，就可以实现国家级改革创新试验区在杭州、宁波、温州、金华—义乌四大都市区的全覆盖，进而依托杭州国家自主创新示范区、中国（浙江）自由贸易试验区、义乌国际贸易综合改革试点和浙东南国家自主创新示范区，创建全省全面创新改革试验区。

开发区改革和创新发展进程加快，将推动浙江开发区以开放创新、集聚集约为导向优化布局。对于位于中心城区、工业比重低的开发区，要更加注重产城融合，积极推动向城市综合功能区转型。对于小而散的各类开发区，要加快进行清理、整合、撤销，重点鼓励以国家级开发区和发展水平高的省级开发区为主体，整合区位相邻、相近的开发区。对于海关特殊监管区域，重点将符合条件的出口加工区、保税港区等类型的海关特殊监管区域逐步整合为综合保税区。此外，以科创性特色小镇、众创空间、大学科技园、科技企业孵化器、工程（技术）研究中心、工程实验室、国家（部门）重点实验室、国家地方联合创新平台为代表的小专特创新平台大量涌现，并呈现扁平化分布的特征。

国家密集制订出台"中国制造 2025"、"互联网＋"行动计划、军民融合发展战略等一批战略和产业发展实施意见,为各地市打造新的增长极提供了机遇。杭州是全国首个跨境电子商务综合试验区,信息经济发展全国领先,信息产业对全市经济增长带动作用超过 50％。目前,浙江正在加快规划建设杭州城西科创大走廊,重点依托杭州城西科创产业集聚区、浙江大学、未来科技城、青山湖科技城和一批科技性特色小镇,高效整合高校、企业和政府资源,集聚高端人才与技术,致力于打造具有全球影响力的创新资源集聚高地、科技成果转化基地、特色高技术产业增长极,努力建设"杭州硅谷"。宁波是全国首个"中国制造 2025"试点城市,根据"中国制造 2025"的有关精神,宁波正在加快打造全国重要的制造业创新发展示范城市和智能经济发展代表城市、全球制造业创新网络枢纽节点和优势领域创新技术的重要策源地。嘉兴军民融合产业蓬勃发展,涌现出近百家骨干军民融合企业和一大批项目,形成了三大产值超百亿元的省级军民融合产业基地,在智慧城市建设、海洋装备、新材料、安全防护产品制造、核电关联产业等领域具有明显优势。

四、战略性基础设施建设对浙江空间发展的影响

高铁的快速建设将进一步夯实四大都市区的枢纽地位,同时也为高铁沿线城镇带来巨大的发展机遇。2016 年,我国高铁里程已超过 2 万公里。高铁的开通能够通过改善区域内商品、人力、资本、技术、信息等要素的流动,提高沿线区域劳动力水平、工资水平、服务水平,以促进产业结构的优化升级,带动当地经济快速增长。在促进商品要素高效便捷流动的同时高铁也成为重塑经济地理版图的重要驱动力,而高铁沿线的一些地市则将高铁的开通看成是转变自身发展方式的重大机遇。从"面"来看,杭州、宁波、温州、金华—义乌等高铁枢纽城市加快打造大都市区,随着高铁枢纽功能的增强,都市区集聚高端要素的功能也将进一步增强;从"线"来看,高铁将促进沿线城市形成城镇带(经济走廊),如甬金、甬舟铁路建设将毫无疑问会带动义甬舟开放大通道沿线地区的发展;从"点"来看,新的高铁站点(新区)成为城镇化发展新的增长点,如建德、新昌等都在积极谋划高铁站点开通后带来的发展机遇。

航空产业与航空港加快发展,有利于浙江创建杭州、宁波国家级航空港经济示范区。航空逐渐成为区域经济社会发展的战略性力量,近年来,从国

家到地方的促进航空产业发展的政策密集出台,为航空港经济区建设带来了重大机遇(见表8.4)。航空货运量以占全球0.5%的货物贸易量贡献了占全球36%的贸易货值,在美国几乎三分之二的货运是经空中快运完成的。依托空港建设的空港经济区是集聚发展航空运输业、高端制造业和现代服务业而形成的特殊经济区域,在带动区域经济发展中具有突出地位。已有研究显示,空港经济区比其所在城市的经济增长率平均要快8%左右。近年来,面对上海虹桥机场、浦东机场两个国家级枢纽机场强大的虹吸效应和南京、苏南等周边大型机场群的激烈竞争,浙江枢纽及骨干机场在全国机场主要指标排名呈现逐年下降的趋势。空港建设与城市国际化发展的要求存在不小差距,下一步有必要加强空港与空港经济区的建设,提升空港经济区在集聚国际高端要素方面的水平。

表8.4　2008年、2011年、2015年浙江与兄弟省市大型机场旅客吞吐量排名

机场	2008年		2011年		2015年	
	排名	增速(%)	排名	增速(%)	排名	增速(%)
杭州	8	8.0	10	2.6	10	11.1
温州	29	10.8	29	5.1	33	8.2
宁波	30	8.3	32	11.0	34	7.8
成都	6	−7.1	5	12.7	4	12.1
昆明	7	1.0	7	10.3	7	16.4
西安	9	4.8	8	17.5	8	12.7
重庆	10	7.6	9	20.6	9	10.7
哈尔滨	22	12.5	23	8.0	22	14.8

数据来源:中国民用航空局。

信息基础设施的迅猛发展促使信息化时代全面到来,在促进浅层次创新逐渐分散的同时推进深层次创新高度集中。《中共中央关于制定国民经济和社会发展第十三个五年规划的建议》提出,实施网络强国战略,实施"互联网+"行动计划,发展分享经济,实施国家大数据战略。实施这些战略首先要深入推进"宽带中国"建设,加快构建高速、移动、安全、泛在的新一代信息基础设施。互联网时代,信息在区域间的传播更加便捷,创业创新也呈现一些扁平化特征,特别是在浅层次的创业创新领域,如淘宝村等。

第三节　政策主导下的集聚与增长逻辑

政策在集聚与增长的过程中发挥着重要的作用。从地方政府层面来看，其政策的着力点往往侧重于解决自身的问题，对于跨省需要协调解决的问题，往往收效甚微。如湖北黄梅县与江西九江市隔江相望，由九江长江大桥相连通，虽然湖北省、江西省进行了多次的衔接，希望各自取消九江长江大桥的过路费，但却一直未能出台有效的解决办法。

从空间视角看政府的政策，往往需要依托一定的功能平台作为政策的载体。这些功能平台往往也是带动地方经济发展的增长极核，常见的有各类试验区、示范区、国家级新区、自贸区，也包括开发区等等。在政府的引导下，不仅各类基础设施会优先服务于这些功能平台的发展，大量的产业、资本、人才也会加速向这些平台集聚，甚至很多改革、开放的政策也会在这些地方先行先试，从而进一步强化产业、资本与人才在这些平台的集聚。

这与我们在本书第二部分中所阐述的集聚与增长的自我强化逻辑有所不同。在新经济地理学动态增长理论中，我们看到的人才与资本的集聚是通过提升研发效率来促进创新的，从而实现更快的增长。更快的增长反过来又会促进更多的人才与资本的集聚，从而形成了一个相互促进的循环。但是在本章中，我们所要强调的是，由于加入了政府这一新的主体，政府通过规划发展一个地区，给予基础设施、政策等方面的支持，将会促进产业、资本、人才在此集聚，产业、资本、人才的集聚通过发生一系列化学反应，实现了很好的增长。结合我国长期处于发展中国家的现状，这些政府通过规划发展的地区在发展中不可避免地又会遇到各种各样的问题，于是，为了更好地发挥这些平台区域增长极的功能，各级政府往往又会进一步赋予这些平台各类政策先行先试的权力，如上海、深圳等地，从最早的特区、浦东新区，到后来国家自主创新示范区、自贸区，它们既是我国经济发展水平最高的地区，也是最先享受各类改革开放政策的地区。从地方政府的视角，我们似乎看到了另一条不一样的集聚与增长的循环链条，即"政策特区—要素集聚—经济增长—制度瓶颈—新的政策—进一步集聚—新一轮增长"。

然而政策主导下的集聚与增长的逻辑并非总是成立的。我们无意说这是一条放之四海而皆准的真理，我们想强调的是，这是一种非常普遍的现象，至少从政府的视角看，这是各级政府促进经济增长的一种重要方式，通过这种方式使得各类政策落地，同时促进地方增长也就有了抓手。

值得一提的是,与市场力量主导的集聚与增长的过程相比,由政府主导推进的集聚大大缩短了集聚的时间。在新经济地理学中,由市场自发的力量形成的集聚与创新中心往往需要上百年的时间,但是,在政府的主导下,集聚的过程可以很快,如我国很多规划的新城,5—10年便聚集了大量的产业,也因此成为区域的增长极①。这一点在现实的政策制定过程中是如此重要,但是在理论研究却几乎被完全忽视了。现在,随着专业化分工以及市场化改革的深入,有越来越多的企业也逐渐成为产业园区规划、建设与运营的主体,从促进集聚的角度来看,这些企业所采用的方式与政府规划建设的产业园区并无显著的不同。事实上,产业园区的建设与运营是一项高度市场化的工作,越来越多的由政府设立的产业园区也在市场化的方向上加大了改革的力度。

在下一部分中,我们就结合浙江发展的情况,探讨政策如何有效地切入,从而实现促进经济集聚与增长的目的。

第四节　浙江空间发展策略的若干思考

一、开放平台的整合

在新经济地理学中,所有地方的开放性都是一致的,商品在不同区域间流动的唯一成本就是运输成本。但是在现实世界中,为了促进国际贸易投资的发展,各国政府都在本国的特定区域设置了大量的海关特殊监管区。在这些海关特殊监管区内,进行国际贸易往往享有一定的政策优势(见表8.5)。

---

① 当然,在政府规划建设的新城中,也有大量失败的例子,这些地方在政府投资的主导下,修建了相对完备的基础设施体系,建造了大量的房屋,但却因为没有吸引进来产业与人气,而被称为"鬼城"。

表 8.5　我国海关特殊监管区的功能设置及其与国外自由贸易园区比较

功能	保税区	出口加工区	保税物流园区	保税港区	综合保税区	自由贸易园区	自由贸易港区
口岸功能	无	无	区港联动	港区合一	有	不确定	有
国际中转	无	无	可拆拼箱	可拆拼箱	可拆拼箱	不确定	有
区内企业自营进出口权	有	无	无	无	无	有	有
转口贸易	有	无	有	有	有	有	有
商品展销	有	无	无	有	有	有	有
保税仓储	有	有	有	有	有	有	有
出口加工	有	有	无	有	有	有	有
航运服务	有	无	有限	有	有	不确定	有
进口保税分销	有	无	无	有	无	有	有
国内贸易	允许	不允许	不允许	不允许	不允许	允许	允许
非保税业务入区运作	允许	不允许	不允许	不允许	不允许	允许	允许
国际采购出口配送	无	有	有	有	有	有	有
开放功能	内外双向	两头在外	两头在外	两头在外	两头在外	内外双向	内外双向

　　从促开放的视角来看,地方政府的一项重要任务就是要不断提升这些开放平台的水平,这是因为这些海关特殊监管区不仅仅是地方进行对外贸易的主要阵地,也是进行开放体制改革的核心载体。自由贸易试验区是我国当前最具有前瞻性和战略性的开放平台。自由贸易试验区一般是在各类海关特殊监管区的基础上设置的。我们在下面列出了我国海关特殊监管区域与自由贸易园区在一些政策上的比较(见表 8.6)。从比较中可以看出,自由贸易试验区事实上就是各类海关特殊监管区的升级版。也因此,自由贸易试验区往往也是区域开放的龙头。

表 8.6 我国海关特殊监管区与自由贸易园区的主要政策比较

政策	保税区	出口加工区	保税港区/综合保税区	自由贸易园区
监管政策	按"境内关内"模式监管	按"境内关外"模式监管	按"境内关外"模式监管	"境内关内"或"境内关外"模式监管
国内货物入区及其退税政策	允许国内非保税货物入区,不视同出口。国内货物入区实行备案管理,实际离境后退税,即"离境退税"	不允许国内非保税货物入区。国内货物入区视同出口,实行"入区退税"	不允许国内非保税货物入区。国内货物入区视同出口,实行"入区退税"	允许国内非保税货物入区,不视同出口
区内加工税收政策	对区内加工的出口产品的增值部分增收增值税	国家对区内加工的产品和应税劳务免征增值税、消费税	区内企业之间的货物交易不征增值税和消费税	在区内加工或制造过程中形成的增值部分,免征增值税,区内货物免所有地方消费税
成品内销税收政策	区内销往境内区外的产成品可选择按其所含进口料件征税或成品征税。产成品内销成本低	区内销往境内区外的产品按制成品征税。产成品内销成本高	区内销往境内区外的产品按货物实际状态征收关税和进口环节税。内销成本高	区内企业加工制造产品销往境内区外,按所含进口料件征税
外汇政策	实行比较严格的外汇管制	实行比较严格的外汇管制	实行比较严格的外汇管制	外汇流动自由
人员进出政策	人员出入自由,经由海关指定的专用通道进出区	人员出入自由,经由海关指定的专用通道进出区	个人及行李物品进出时,应当接受海关监管和检查	人员出入自由

当前,我国正处于自由贸易试验区的建设高潮。越来越多的地方政府开始形成如下共识:开放平台的整合应以构建以城市群为基本单元的自贸区为目标,尽可能让自贸区的政策覆盖尽可能多的地区。如福建的福夏泉自贸,广东的深圳、广州、珠海自贸区等等。2016 年,浙江省委省政府审时度势,提出了要打造义甬舟开放大通道。其实质就是要依托宁波—舟山港、义乌国际陆港等浙江省内具有国家战略意义的重大平台,形成浙江版的自贸区。

按照这样一个设想,首先要把自贸区政策覆盖到义甬舟开放大通道的核心城市。其中，以舟山作为中国（浙江）自由贸易试验区的核心区块，以油品全产业链投资便利化、贸易自由化为核心，将舟山自贸试验区建设成为我国提升大宗商品全球配置能力、保障国家经济安全的重要平台和提升海洋产业的开放合作水平的先行区。为了实现这样一个目标定位，就需要加快大宗商品储运基础设施的建设，同时建立油品等储运中转自由化的体制机制，放开石油投资市场准入，并积极探索国家战略储备和商业储备相互联动，推进石油加工投资贸易便利化，加快完善上下游一体化产业链。"宁波片区"重点要依托梅山保税港区，以统筹规划建设梅山新区为契机，加快整合设立大型的宁波综合保税区①，提升梅山保税港区开放发展水平，全力推进跨境电子商务综合试验区建设，以梅山新区、大榭岛和整合后的宁波综合保税区为重点，共同参与中国（浙江）自由贸易试验区、舟山江海联运服务中心建设，加快推广自由贸易试验区政策和经验，积极争创贸易便利化试验区，并积极创造有利条件争取将其纳入中国（浙江）自由贸易试验区，力争率先在国际航运自由港、国际贸易和金融创新发展、民营经济国际合作等领域探索新的体制机制。"义乌片区"重点要围绕建设"世界小商品之都"和"国家级小商品国际贸易区"目标，继续深化国际贸易重点领域和关键环节的改革，进一步拓展小商品贸易在全球分工体系中的独特优势和作用，创新贸工联动、产业融合发展新机制，建设和拓展"浙江制造"融入国际经济、参与国际分工的平台和通道，提高"中国制造"在全球日用消费品产业价值链中的地位，形成贸易投资便利、金融服务完善、法制环境规范、监管服务高效的开放型经济新体制，并择机将其纳入中国（浙江）自由贸易试验区。

其次，要提升义甬舟开放大通道沿线地区的开放发展水平。通过加强义甬舟开放大通道基础设施互联互通和资源整合，大幅提升义甬舟沿线区域一体化发展水平，联动推进义甬舟沿线地区综合保税区、开发区、高新区、国际产业合作园、国际化特色小镇等的建设，形成一条高密度、高能级的开放带。此外，还要大力推进体制机制创新，全面推动义甬舟空间融合、体制融合、功能融合，畅通向西出境和向东出海通道，积极构建接轨国际投资贸易的通行规则，提高综合运用国际国内两个市场、两种资源的能力，实现更大范围、更高层次的资源要素整合和产业优化布局，打造区域开放与创新共同体。

再次，要着力突破依海港建自贸区的传统思维，考虑将萧山机场、萧山空

---

① 宁波是浙江省海关特殊监管区最多的地级市，但也存在着重复建设、过度竞争，以及功能效率无法满足对外投资贸易要求等多种问题。

港 B 型保税区、下沙综合保税区整合为浙江的临空经济示范区,纳入浙江自贸区"一盘棋"考虑。从国际经验看,依托大型枢纽机场建设空港新城,承载国际化高端城市功能,是国际城市和都市区发展的普遍规律之一。从国内看,河南、四川等内陆省份都将空港纳入自贸区范围,将空港作为内陆型城市开放发展的重要平台。

最后,自贸区在空间的布局形成以后,还需要进一步考虑在自贸区的开放"深度"上做文章。一个可以考虑的重要方向是,积极争取加载已经探索出的若干自贸区跨境融资政策,推动开展跨国公司本外币集中运营管理、跨境人民币结算、外资企业外汇资本金结汇管理方式等改革,争取外债宏观审慎管理、境外发行人民币债券等相关试点,切实进一步降低入驻企业的成本,为企业的跨国运营带来实实在在的好处,从而进一步集聚更多的企业。

二、创新平台的整合

政策分析中所讨论的创新平台,类似于新经济地理学中所讲的中心地区,也就是通常所说的增长极。与之有所不同的是,在新经济地理学理论中,当我们讨论"中心"地区的时候,它仅仅是一个区别于外围地区的空洞概念,既不涉及"中心"地区空间范围的大小、区域的位置等,也不涉及"中心"地区本身所包含的元素,如"中心"地区的人力资本情况、基础设施建设情况、产业结构情况、财政情况、体制机制情况等等,而这些恰恰是我们在政策分析中所要重点讨论的内容。

创新平台的整合既有从推进区域一体化方面的考虑,也有强化增长极功能方面的要求。就我国创新平台发展现状来看,创新平台的种类纷繁多样,水平参差不齐,最关键的是在地方行政分割的背景下,各类创新平台之间难以形成一种相互联动、相互促进发展的机制。如短期化的投资考核机制造成不少创新平台实际产业引入是追逐热点,陷进"引进什么项目,发展什么产业"的发展模式,导致创新平台特色不鲜明,低水平恶性竞争形势严峻;再如多头管理的现象在各类创新平台中也比较普遍,以浙江为例,为了促进产业的集聚发展,浙江设置了 15 个产业集聚区,但是产业集聚区与已有经济技术开发区的管理体制存在一定程度的交叉重叠。创新平台这种"低小散"式的分布特点,使得核心平台人才、资本、技术等高端要素集聚不足,进而也就制约了总部经济、楼宇经济、研发、设计、金融等高层次产业形态的发展。

就浙江省而言,创新平台的打造,首先应争取将主要城市纳入国家自主创新示范区"一盘棋"考虑。目前,杭州已成功创建了国家自主创新示范区,但范围仅限于杭州市域内的两个国家级高新区。杭州下一步可推动国家自主创新示范区向青山湖科技城、未来科技城及杭州城东智造大走廊覆盖,同时,结合近年来杭州都市圈的建设情况,嘉兴、湖州、绍兴与杭州深度融合进程加快,杭州直达周边城市的城际轨道交通有望在"十三五"期间建成开通,产业一体化水平与科技创新资源要素共享程度都大幅提高,这样可以进一步争取在"十三五"期间将杭州国家自主创新示范区范围覆盖至嘉兴、湖州、绍兴等国家级高新区,从而形成杭州大都市圈国家自主创新示范区。与此同时,对浙江另一个中心城市宁波来说,考虑到"中国制造2025"战略的全局重要性,以及宁波全国首个"中国制造2025"试点城市的良好基础,可以加紧谋划依托宁波高新区创建国家自主创新示范区。一个比较可行的路径是,以宁波国家级高新区为主体,联合温州国家级高新区,共同创建浙东南国家自主创新示范区。同时,加快提升舟山、台州省级高新区的发展水平,争取尽快将其提升为国家级高新区,从而也能将舟山、台州两市纳入浙东南国家自主创新示范区范畴。按照这样的战略布局构想,不但能推动杭州、宁波、温州三大都市圈上升为国家创新驱动发展战略布局的重要平台,还能带动周边的嘉兴、湖州、绍兴、台州、舟山等城市的发展,使得浙江主要城市在创新驱动发展方面形成良性联动,同时也能最大限度地激活浙江创新创业的热情。

创新平台布局的另一个重要方面可以从增强可操作性入手,力争在重点区域和关键技术领域取得突破。如杭州城西科创大走廊就是按照这一原则建设打造的。杭州城西科创大走廊以浙江大学紫金港校区、未来科技城、青山湖科技城以及梦想小镇等一批特色小镇为支撑,东西直线距离约30公里,南北纵深约3~5公里,总面积约158平方公里。杭州城西科创大走廊致力于打造以信息经济为引领、高端服务业为主导、智能制造业为支撑的大走廊产业新体系,推进产业智慧化与智慧产业化深入融合,打通从科技强到产业强、经济强的通道,成为长三角信息经济智慧应用示范区、引领全省创新发展的主引擎、领跑省内外的特色高技术产业制高点。为了实现这一宏大的目标,政府不仅在基础设施领域加大了投入①,还建立了以省政府主要领导为组长的推进机制,并在土地、财政、税收等方面对大走廊的建设给予实质性支持。

---

① 如为了便利城西科创大走廊的交通,浙江省和杭州市政府将开展杭州火车西站、城西通用机场研究和建设,并将加快大走廊地铁和城际轨道交通的建设,从而实现大走廊与杭州主城区的无缝连通。

除了杭州城西科创大走廊以外,各地市也根据自身的产业优势特点等,加快了自身辖区内低小散平台的整合提升,如绍兴的城北科创大走廊、宁波的海洋生态科技城等。

三、加快从县域经济向都市区经济转型

在全国百强县中,浙江数量位居首席,县域经济为浙江经济起飞做出了巨大的历史性贡献。但是随着区域一体化的深入,当前县域经济的局限性也日渐突出,主要表现为资源整合能力有限、行政分割造成资源浪费严重,以及中心城市创新要素和公共资源共享性较差等,使得浙江原本有限的资源要素未能实现优化配置,在一定程度上削弱了自身的区域竞争力(黄勇等,2013)。

加快从县域经济向都市区经济转型既是一个关于一体化的课题,也是一个关于增长极的构建的课题,后者是这个课题的核心。换句话说,推动县域经济向都市区经济转型只是一种手段,目的还是要做强都市区中心城区的功能。与一般的区域问题相比,这个问题的地理空间更加明确,内容也更加丰富,它不仅涉及铁路、公路、水运、航空等交通基础设施的建设领域,也涉及都市区产业链的构建、通关体制的衔接以及公共服务的融合等各个方面。

加快县域经济向都市区经济转型的政策设想与新经济地理学动态理论所描述的经济演进过程是一致的。中心城区由于在基础设施建设、人才、技术、资本以及投资环境等方面拥有较好基础,在推进中心城区与县域一体化的过程中,中心城区可以依托其已有的市场规模优势,进一步吸纳县域高端要素向其集聚,并充当整个都市区的发动机的角色。

与新经济地理动态理论研究有所不同的是,推动县域经济向都市区经济转型是一项复杂的系统工程。县域经济向都市区经济转型首先要解决的就是交通问题。从交通基础设施建设情况看,新经济地理学很少会考虑交通基础设施建设的经费来源问题,但是在现实中,一条从都市区中心通往周边郊县的城际轨道动辄就是数十亿乃至上百亿的投资,比一个普通区域一年的财政总收入还多,也恰恰是这一高昂的轨道交通建设费用使得推动县域经济向都市区经济转型缓慢。县域经济向都市区经济转型其次要解决产业一体化的问题。如宁波都市区建设中绿色临港工业占有相当大的比重,宁波长期以来在国家石化产业布局中占有重要一席,"十三五"期间,国家层面又决定在舟山布局千亿级的绿色石化产业基地,宁波与舟山同属于宁波都市区,那么如何处理宁波石化产业发展与舟山石化产业的发展之间的关系就是一个

重要的问题，也是产业一体化的核心问题。县域经济向都市区经济转型可以选择平台共建共享作为突破口。通过在市与市、县与市的行政交界区选择一些平台推动有关市县共建共享，让平台相关区域内和周边的居民切实感受到大都市区建设带来的红利，也让有关政府主体分享大都市区建设的成果，从而有利于加快促进各方形成合力，作为推动大都市区建设的突破口。

第五节　本章小结

本章主要结合浙江区域与城市经济发展的有关情况，围绕国家总体区域战略对浙江的影响以及浙江的应对策略展开分析，主要有以下几点结论：

第一，国家战略实施有利于浙江依托自身市场规模、港口以及开放体制等优势，使其海陆开放枢纽地位得到强化。在"一带一路"倡议和长江经济带战略实施背景下，浙江加强了自身海港、陆港和空港资源的整合，强化综合交通枢纽的建设，完善海铁公空多式联运体系，促进多种交通方式之间无缝对接，大幅降低企业运输的物流成本，使其成为参与全球竞争的"成本洼地"。其成本竞争的优势将会促进企业、人才、资本、技术等的进一步集聚，扩大自身的市场规模，市场规模的扩大反过来又会对基础设施和制度环境提出更高的要求，于是浙江便可以以此为契机，发动新一轮的改革和配套基础设施的建设，从而继续保持自己在全国的领先位置。

第二，政府通过建立各种平台来实施政策，集聚与增长及其之间的相互关系也在这些平台中得到了充分的体现。与市场力量自发形成的集聚相比，通过政策手段产生的集聚更为直接、见效更快，当这些平台的集聚效果开始显现，更加优惠的政策便有望进一步在这些平台上兑现，如此便形成了围绕这些平台而产生的"集聚—政策—集聚"之间的正循环。

第三，从当前区域竞争态势看，地方政府应将平台的整合提升与重点突破相结合，在促进区域深度一体化的同时打造自身的增长极。整合提升就是要鼓励以城市群和都市圈为基本单元参与区域竞争，促进资本、技术、人才在城市群和都市圈范围内实现更高水平的优化配置，促进改革的制度红利在都市圈范围内实现最大限度的共享。重点突破就是要在发展特色优势明显的地区，找出制约全局发展的关键问题，通过构建具有前瞻性、战略性的平台，将改革的方案在这些平台上先行先试，从而推动开放向更深层次拓展，如自贸区的服务业开放、负面清单等制度都属于重点突破的内容。

第九章 结论与展望

第一节 研究结论与启示

本书共分为文献回顾与评述、理论框架与实证检验，以及开放型经济发展展望与政策实践三个部分。第一部分首先按照现象—影响—政策效果的路径，对关于中国经济集聚的经验进行了全面的梳理总结和研究，并结合国际经验展开讨论。总体来说，从世界范围内各个维度来看，集聚不但是一种普遍现象，更是一种客观规律。集聚可以通过降低运输成本、促进劳动力市场共享、提升知识溢出等方面来促进生产效率提高。在中国经济发展的早期阶段无论是从产业空间集中程度还是从城市规模大小来看，中国的经济集聚程度都算不上高，因而控制经济集聚程度是缺乏效率的。然而由于地区差距（包括人均差距和总量差距）的扩大往往与经济集聚相伴随，在一些地区差距较严重的国家或经济体，以转移支付为代表的区域政策往往在重塑经济地理版图上被寄予厚望。遗憾的是，这种通过区域政策追求总量绝对平衡的美好愿望大多以失败告终。在欧洲，政策制定者们逐渐意识到，经济向中心地区集聚的力量是如此之强，以至于那些致力于发展欠发达地区的政策虽然花费巨大但收效甚微。在中国，自西部大开发以来，地区差距扩大的态势暂时得到缓解。但如果地区差距的改善仅是由中央政府对中西部地区的大规模政府支出引起的，那么东部地区向西部地区的大规模产业转移就始终缺乏内生的可持续机制，除非西部地区人力资本积累、配套基础设施建设、市场化经营环境建设等影响长期经济增长的因素得到根本好转。

研究者们越来越清楚地认识到：在区域内部，商品和资本的流动性往往

181

较劳动力流动性高出很多,在这种情况下,如果希望通过区域援助政策实现区域总量上的均衡,往往代价巨大而收效甚微。也就是说如果政府试图通过控制要素流动来控制经济集聚程度,可能不利于地区间收入差距的收敛,区域政策追求的目标不应该是总量上的平衡,而应该注重人均意义上的平衡。国际经验表明,在更发达的经济一体化市场条件下,人均收入差距并不会呈现持续扩大的趋势。由此我们推断中国目前最紧迫的任务应该是进一步整合国内市场,实现商品、劳动、资本和知识的自由流动,也即逐步消除任何不利于商品、要素和知识流动的制度障碍,特别是劳动力和资本跨区域流动的障碍,这既是优化资源配置、提升区域发展效率的关键,也是实现区域协调的关键。从这个意义上说,中央政府试图实现总量平衡发展的区域政策,以及据此对中西部地区给予的各项扶持措施,与其把钱投在物上,还不如把钱投在人和制度环境建设上(包括医疗、教育、社会保障、知识产权保护等),以促进欠发达地区人力资本的积累以及增加劳动者的流动能力。

另一方面,虽然目前人们对空间集聚与地区差距相互关系的问题达成了一些共识,但是关于空间集聚对经济增长影响的讨论仍然存在着诸多分歧。早期针对中国空间集聚的研究大多支持了中国应该鼓励集聚的结论。这些研究认为无论是从产业空间集中程度还是从城市规模分布来看,中国的经济集聚程度都算不上高,因而在中国控制经济集聚程度是缺乏效率的。然而近来有一些研究却得出了有所不同的结论,这些研究肯定了在经济发展早期阶段集聚对增长的促进作用,同时也指出,当经济发展达到一定阶段之后,进一步的集聚将不利于经济增长。

鉴于现有文献对空间集聚与经济增长之间的关系还存在较大争议,本书的第二部分首先发展了一个综合三个维度区域壁垒的两区域动态模型,并对以上分歧进行解释。研究认为区域壁垒是一个多维度的概念,为了便于分析,我们将区域壁垒简化为三个方面,即商品贸易壁垒、资本流动壁垒和知识溢出壁垒三个层面。以上三个维度的区域壁垒在经济发展的过程中并不是同步消减的,一般来说,随着经济发展水平的提高,先是商品贸易成本下降,其次才是资本流动壁垒和知识溢出壁垒的逐渐下降。基于这一经验事实,本书对区域一体化进程对产业集聚和经济增长之间的关系展开研究,研究认为:当知识溢出水平比较低或者资本流动性较低时,产业集聚促进经济增长;当知识溢出水平比较高并且资本流动性也很高时,产业集聚不利于经济增长。

更进一步的,在新经济地理框架下,空间集聚是内生的,即产业集聚程度取决于区域一体化的程度。本书继而分析了区域一体化对产业集聚、经济增长以及地区差距的影响。研究发现不同维度的区域一体化对经济系统的影

响各不相同,具体来说:商品市场的一体化总是促进经济集聚的,但对经济增长和收入差距的影响取决于区域间知识溢出的程度,当知识溢出程度比较低的时候,商品市场一体化促进增长,同时减小收入差距,反之,当知识溢出程度比较高的时候,商品市场一体化不利于增长,同时扩大收入差距;区域间知识溢出水平的上升总是促进增长,同时促进经济分散并减小收入差距程度;资本市场的一体化虽然总是促进经济分散,但对经济增长的影响则较为复杂,当知识溢出比较低的时候,资本市场一体化不利于增长,反之,当知识溢出程度比较高的时候,资本市场一体化对经济增长的影响呈 U 型变化。

作为本书理论模型的一个应用,我们利用本书的模型对中国当前所面临的空间平等与动态效率的权衡问题进行了分析。研究发现产业集聚程度与各个地区居民的福利之间存在着复杂的联系渠道,并且产业集聚程度的变化对各地区居民福利的影响也会因知识溢出的高低而呈现不同的变化。总的来看,随着产业集聚程度的提高,发达地区和欠发达地区居民福利的变化有"一个变好,一个变坏、两者都变好、两者都变坏"三种可能的组合。在知识溢出程度比较低的情况下,产业集聚程度的上升总是有利于发达地区居民福利的上升,但却很可能对欠发达地区居民福利带来不利影响,使得两地居民福利呈现一增一减的变化格局。然而如若此时由产业集聚带来的增长效应足够强的话,那么欠发达地区居民也有可能因为分享更高的增长而获得更高的福利水平,从而呈现出双赢的格局。在知识溢出比较高的情况下,产业过度向发达地区集聚可能会对经济增长带来负面影响,此时,欠发达地区不仅会因为产业流失而受损,同时还必须承受较低的增长。另一方面,如果产业过度集聚对增长的伤害很大的话,发达地区居民福利也有可能会受损。

本书的第五章是第四章的拓展,鉴于中国区域经济发展中存在着明显的国际化和对内开放特征,第五章在两区域新经济地理动态模型的基础上引入了国际市场,建立了两国三地区的动态模型。研究发现:第一,对外开放对经济增长的影响,依赖于本国市场规模大小而呈现不同的变化规律:当本国市场规模比较小的时候,对外开放不利于经济增长;当本国市场规模比较大的时候,随着国际贸易成本下降,经济增长率呈倒 U 型变化;当本国市场规模足够大的时候,对外开放始终促进经济增长。第二,当对外开放水平较低时,提高对外开放程度对所有地区居民都有利;然而如果在本国自身基础设施水平较差时,选择一个很高的对外开放水平则可能对所有地区居民都不利。也就是说,每个国家都应该根据自身市场的规模大小与经济发展状况,选择适合自身的对外开放水平。第三,本国提高对内开放程度有可能可以获得更大的国际产业市场份额,并同时会对经济增长有利,如果此项政策对经济增长的促进作用足够强的话，外国居民的福利水平也有可能会得到提高。最后，由国内贸易成本下降所带来的产业集聚不仅不会扩大地区差距，还有可能促进本国地区差距收敛。

在第六章中，为了对本书提出的理论进行检验，我们采用 2003—2011 年中国 286 个地级城市的数据，通过构建两种不同的集聚指标，对空间集聚与经济增长的关系及其二者关系发生变化的原因进行了实证检验。这一方面可以对本书提出的理论模型进行验证，另一方面也有助于了解中国城市空间集聚与经济增长的相互关系。研究发现：第一，空间集聚对中国城市经济增长具有非线性效应，当经济发展水平较低时，集聚促进增长，随着经济发展水平的提高，集聚对经济增长的促进作用减弱，特别是当人均国内生产总值达到一定水平之后，进一步的集聚会对经济增长带来不利影响。第二，在经济发展的过程中，随着交通基础设施的改善、移动电话普及率的提高以及科研人员占总人口比重的增加，知识在区域之间的流动将会变得更加容易，也即区域间知识溢出水平将会上升，这将会削弱集聚对增长的促进作用。

在本书的最后一部分中，我们从区域发展的理论转向了区域政策实践。其中，第七章重点对"一带一路"倡议、长江经济带等当前我国重大区域发展战略展开讨论。在现实世界中，无论是在物理基础设施上还是在政策体制机制上，区域间的分割总是存在的，区域政策研究也因此而生。从国际看，以"一带一路"为代表的开放建设，有助于我国依托市场规模优势和产业先发优势，实现高端要素资源进一步向我国集聚。通过进一步扩大开放，降低对外贸易的运输成本和体制成本，我国就能在母国市场效应的作用下进一步壮大自身产业规模。同时，我国目前很多高新技术产业都达到了与发达国家接轨的水平，特别是在新一代信息技术等领域已经形成了一定的产业规模和产业发展配套环境，通过降低国际人才、资本、技术的流动成本，就能进一步吸引国际高端要素到我国集聚，从而有利于夺取新一轮科技革命的制高点，促进经济增长。从国内看，长江经济带战略的实施有助于我国加快整合国内市场，促进国内商品要素高效配置，形成一个高度一体化的大市场，这也是促进我国母国市场效应得以发挥，从而在国际竞争中占据有利地位的重要保障。长江经济带战略通过建设水、铁、公、空综合立体交通走廊，大大提升了长江沿线省市交通一体化程度，首先利好的当然是长江沿线省市，从中长期看，长江经济带沿线省市在全国 GDP 中所占比重可能进一步上升。此外，由于长三角地区拥有先发的区位、产业、财政等方面的优势，为了更好地推动区域协调发展，在实施长江经济带战略的过程中，中央政府更加注重鼓励西部地区加大改革开放力度，并在财政转移支付上给予一定支持，从而极大地促进了西部地区的发展。

关于区域政策研究另一个有趣的方向是"政策特区"。对于这一部分内容的讨论我们集中在第八章,并重点结合浙江省区域经济发展的实践展开了讨论。从世界范围来看,区域政策在集聚与增长的过程中发挥着重要的作用,对中国来说尤为明显。无论是走在前列的深圳、上海,还是发展较为滞后的中西部地区,无不在其发展历程中深深地烙下了区域政策的印迹。事实上,从区域政策和产业集聚与经济增长的关系来看,其中存在着内生的相互强化的关系。在引入了区域政策后的模型中,对于集聚与增长的关系,我们得到了一种新的解释,即"政策特区—要素集聚—经济增长—制度瓶颈—新的政策突破—进一步集聚—新一轮增长"。我们无法准确地回答政策到底了在多大程度上促进了集聚与增长,但是大量的经验告诉我们,这样的逻辑链条毫无疑问是存在的。

第二节　进一步研究的方向

关于区域与城市的研究是一项长期而艰巨的任务。特别是随着经济社会的发展,区域一体化本身也在不断地被赋予新的内涵,由此而带来的对集聚与增长的影响也更加复杂。我们认为有如下几个方面值得持续跟踪研究。

首先,关于一体化内涵的研究。区域问题之所以重要正是因为区域壁垒的存在,区域一体化的过程也就是区域壁垒不断下降和消亡的过程。过去的研究更多地强调了运输费用对空间经济活动分布的影响,本书的研究认为除了运输费用以外,知识溢出、资本流动成本、劳动力流动成本等同样对经济活动空间分布有重要影响。随着经济社会的发展,产业不断转型升级,产业结构逐渐从以农业、制造业为主导向以服务业为主导转变,经济增长方式逐渐从投资驱动向创新驱动转型,经济活动的空间载体也逐渐从块状经济、县域经济向大的都市区经济、城市群经济转变。在这样一个过程中,知识溢出、资本流动、劳动力流动等对于重塑经济地理版图的影响将愈加重要,尤其是知识溢出,对于什么是知识,如何将其模型化,又如何简单地刻画其在空间中的传播路径,我们仍然知之其少。

其次,关于一体化进程内生机制的研究。在新经济地理学的分析框架中,出于简化分析的需要,研究者们往往将一体化假设为一个自然而然不断向高水平演进的外生变量,并以此来分析整个经济系统的经济绩效。然而在现实世界中,一体化本身就是一个值得探讨的重要命题,例如轨道交通、高速公路等重要交通干线的建设，往往一条干线就要花费上百亿元，在实施这些重大基础设施工程之前，决策者必须考虑这样一项工程的支出是从哪里来，以及工程实施以后可能对经济增长以及经济活动在空间中的分布有什么影响。很多时候，往往由于修一条交通干线的花费过于巨大，同时给各相关主体带来的预期收益有限，而不得不使工程搁置，更可怕的是这种状况有可能成为一种非常稳定的均衡，而使得相关区域被锁定在一个比较低的增长水平上。下一步，我们将尝试建立一个将一体化进程内生化的分析框架，以此来分析一体化、经济增长、产业集聚之间的内生关系。

第三，关于集聚的跟踪研究。过去的四十年，中国的区域经济版图已经发生了巨大的变化，并且现在仍在经历巨大的变化中，考虑到区域经济分布对于国民经济社会的巨大影响，有必要对经济集聚指数进行持续的跟踪研究。除此之外，从不同地理尺度的集聚的相关研究来看，现有研究更多的是从地级市、县（市、区）等层面对我国经济社会集聚状况进行研究并进行国际比较，然而随着大型都市圈和城市群越来越多地成为国际竞争的主要阵地，有必要在更大的地理尺度上对集聚展开研究。只是这类研究必须首先解决关于都市圈与城市群的范围边界问题，例如一个都市圈除了中心城市外，还包括周围的县、市、区甚至小城镇，而且都市圈的边界往往随着高速铁路和高速公路的大量修建而产生动态变化，因此确定都市圈的研究样本本身就是一项复杂的工作。

第四，把区域一体化的这些特质融入集聚与增长的有关研究中，系统考察区域一体化对集聚与增长关系的影响。在本书的分析框架中，出于简化的需要，我们的理论模型将劳动者假设为同质的且不能在区域间流动，然而众所周知，劳动力跨区域流动是现代区域经济发展中的重要内容。虽然现代经济学对知识溢出已经有了比较长期的研究，但事实上我们对知识溢出仍然知之甚少，比如空间因素对于不同产业知识溢出的影响是极为不同的：一些产业的知识溢出可以在很大的地理空间上几乎无损耗地发生，而一些产业的知识溢出则只能集中在非常狭小的地理空间中。令人感到惊讶的是，对于互联网这种以共享著称的产业的创新恰恰就集中在一些比较狭小的地理空间中。如何在动态框架下考虑劳动力跨区域流动以及不同产业知识溢出的影响，是本研究下一步的方向。这方面的理论研究将会非常复杂，在大多数时候我们都无法获得模型的解析解，只能得到一些关于模型的特征。此外，由制度因素导致的区域分割是我国区域经济中的一个重要现象，但是现有的新经济地理动态分析框架对这一内容几乎没有涉及，如何在新经济地理动态分析框架中考虑这一因素也是理论模型的一个重要拓展方向。

第五,关于集聚与增长相互影响机制的实证研究。关于二者相互作用的机制,我们仍然并不十分清楚。虽然有一些理论研究探讨了集聚对增长的影响机制,但是这些研究获得的经验支持却非常有限。在经验研究方面,虽然有大量实证研究检验了空间集聚与经济增长之间的相互关系,但却很少有研究深入探讨经济活动的空间集聚是以怎样的方式对经济增长产生影响的。这里面尤其重要的是,高铁、公路、电话、互联网以及市场一体化指数等因素的变化会对集聚与增长的关系产生何种影响。此外,针对不同产业集聚与增长关系的研究也有待进一步的加强。

第六,在产业集聚与经济增长的相互作用关系中引入政策变量。集聚与增长在发生相互作用的过程中也伴随着政策的变迁,同时政策的变迁也反过来影响了集聚与增长。在集聚、增长、政策三者之间显然存在着一种相互强化的内在逻辑。一个常见的经验事实是:政策倾向于覆盖到集聚度高、增长潜力大的区域,否则会是一种浪费,因为政策是一种非常稀缺的资源;产业集聚度高的地区往往是改革开放先行先试的地区以及经济增长速度较快的地区;经济增长速度快的地区往往产业集中度较高,政策平台、改革试点等也较多。遗憾的是,对于这三者之间的作用机制我们并不清楚,尤其是关于政策本身的理论研究仍然太少,可以说是一个黑箱。在经济发展的过程中,我们并不十分清楚政策是如何演进和变迁的,也难以对政策的影响进行评估,但我们相信将政策变迁引入到新经济地理动态分析框架中将是一个非常有趣的研究方向。

参考文献

［1］Au,C. C. & J. V. Henderson. Are Chinese Cities Too Small? ［J］. Review of Economic Studies,2006,73(3):549 – 576.

［2］Baldwin,R. E. Agglomeration and Endogenous Capital［J］. European Economic Review,1999,43(2):253 – 280.

［3］Baldwin,R. E. & R. Forslid. The Core-Periphery Model and Endogenous Growth:Stabilizing and Destabilizing Integration［J］. Economica,2000, 67(267):307 – 324.

［4］Baldwin,R. E. ,P. Martin & G. I. P. Ottaviano. Global Income Divergence, Trade and Industrialization:The Geography of Growth Take-Offs［J］. Journal of Economic Growth,2001,6(1):5 – 37.

［5］Baldwin,R. E. ,R. Forslid,P. Martin,G. I. P. Ottaviano & F. Robert-Nicoud. Economic Geography and Public Policy. Princeton:Princeton University Press,2003.

［6］Baldwin,R. E. & P. Martin. Agglomeration and regional growth. In: Henderson J. V. & J. F. Thisse. Handbook of Regional and Urban Economics,2004:2671 – 2711.

［7］Behrens,K. ,C. Gaigné,G. I. P. Ottaviano & J. F. Thisse. Countries, Regions and Trade:On the Welfare Impacts of Economic Integration［J］. European Economic Review,2007,51(5):1277 – 1301.

［8］Black,D. & J. V. Henderson. A Theory of Urban Growth［J］. Journal of Political Economy,1999,107(2):252 – 284.

［9］Bode, E. The Spatial Pattern of Localized R&D Spillovers:An Empirical Investigation for Germany ［J］. Journal of Economic Geography,2004,4(1):43

－64.

[10] Braunerhjelm,P. & B. Borgman. Agglomeration,Diversity and Regional
Growth,Electronic Working Paper Series,2006.

[11] Braunerhjelm,P. & B. Borgman. Geographical Concentration,Entrepreneurship
and Regional Growth: Evidence from Regional Data in Sweden [J].
Regional Studies,2004,38(8):929－947.

[12] Brakman,S. ,H. Garretsen,J. Gorter. ,A. Horst & M. Schramm. New
Economic Geography,Empirics,and Regional Policy. ERSA conference
papers ersa05p236,European Regional Science Association.

[13] Brülhart,M. & N. A. Mathys. Sectoral Agglomeration Economies in a
Panel of European Regions[J]. Regional Science and Urban Economics,
2008,38(4):348－362.

[14] Brülhart,M. & F. Sbergami. Agglomeration and growth:Cross-country
evidence [J]. Journal of Urban Economics,2009,65(1):48－63.

[15] Cerina,F. & F. Mureddu. Agglomeration and growth with endogenous
expenditure shares[J]. Journal of Regional Science,2008,52(2):324－
360.

[16] Ciccone,A. & R. E. Hall. Productivity and the Density of Economic
Activity[J]. The American Economic Review,1996,86(1):54－70.

[17] Ciccone,A. Agglomeration effects in Europe[J]. European Economic
Review,2002,46(2):213－227.

[18] Cingano,F. & S. Fabiano. Identifying the Sources of Local Productivity
Growth[J]. Journal of the European Economic Association. 2004,2(4),
pp. 720－744.

[19] Combes, P. , T. Mayer & J. F. Thisse. Economic Geography: The
Integration of Regions and Nations [M]. Oxford: Oxford University
Press,2008.

[20] Cronon,W. Nature's metropolis:Chicago and the Great West [M]. New
York:W. W. Norton &Company,1992.

[21] Démurger,S. ,M. Gurgand,S. Li & X. Yue. Migrants as Second-Class
Workers in Urban China? A Decomposition Analysis[J]. Journal of
Comparative Economics,2009,37(4):610－628.

[22] Davis,D. R. & D. E. Weinstein. Economic Geography and Regional
Production Structure:An Empirical Investigation[J]. European Economic

Review,1999,43(2):379 - 407.

[23] Davis,D. R. & D. E. Weinstein. Market Access,Economic Geography and Comparative Advantage:An Empirical Test[J]. Journal of International Economics,2003,59(1):1 - 23.

[24] Dekle, Robert & Jonathan Eaton. Agglomeration and Land Rents: Evidence from the Prefectures[J]. Journal of Urban Economics,1999, 46(2):200 - 214.

[25] Devereux,M. P. ,R. Griffith & H. Simpson. The Geographic Distribution of Production Activity in the UK [J]. Regional Science and Urban Economics, 2004,34(5):533 - 564.

[26] Dixit,A. K. & J. E. Stiglitz. Monopolistic Competition and Optimum Product Diversity[J]. The American Economic Review,1977,67(3): 297 - 308.

[27] Dupont, V. & P. Martin. Subsidies to Poor Regions and Inequalities: Some Unplesant Arithmetic[J]. Journal of Economic Geography,2006,6 (2):223 - 240.

[28] Duranton, G. & D. Puga. Nursery Cities[J]. American Economic Review, 2001,91:1454 - 1463.

[29] Ellison,G. & E. L. Glaeser. Geographic Concentration in U. S. Manufacturing Industries:A Dartboard Approach [J]. The Journal of Political Economy, 1997,105(5):889 - 927.

[30] European Commission. Third report on economic and social cohesion:A New Partnership for Cohesion [R]. http://ec. europa. eu/regional _ policy/sources/docoffic/ official/reports/cohesion3/cohesion3 _ en. htm,2004.

[31] Fujita, M. & D. Hu. Regional Disparity in China 1985—1994: The Effects of Globalization and Economic Liberalization [J]. The Annals of Regional Science,2001,35(1):3 - 37.

[32] Fujita,M. ,P. Krugman & A. J. Venables. The Spatical Economy:Cities, Regions and International Trade[M]. Cambridge,MA:MIT Press,1999.

[33] Fujita,M. & T. Mori. Frontiers of the New Economic Geography[J]. Papers in Regional Science,2005,84(3):377 - 405.

[34] Fujita,M. ,T. Mori, J. V. Henderson & Y. Kanemoto. Spatial Distribution of Economic Activities in Japan and China. In: Henderson J. V. & J. F. Thisse

(Eds.) Handbook of Regional and Urban Economics,2004:2911 - 2977.

[35] Fujita,M. & J.-F. Thisse. Does Geographical Agglomeration Foster Economic Growth? And Who Gains and Loses from It? [J]. The Japanese Economic Review,2003,54(2):121 - 145.

[36] Furusawa,T. & H. Konishi. Free Trade Networks [J]. Journal of International Economics,2007,72(2):310 - 335.

[37] Ge. Y. Globalization and Industrial Agglomeration in China[J]. World Development,2009,37(3):550 - 559.

[38] Glaeser,E. , H. D. Kallal, J. A. Sheinkman & A. Shleifer. Growth in cities [J]. Journal of Political Economy,1992,100(6):1126 - 1152.

[39] Giorgio,B. & G. I. P. Ottaviano. The District and the Global Economy: Exportation Versus Foreign Location[J]. Journal of Regional Science, 2002,42(1):107 - 126.

[40] Grossman,G. M. & E. Helpman. Quality Ladders in the Theory of Growth [J]. The Review of Economic Studies,1991 58(1):43 - 61.

[41] Head,K. & T. Mayer. The Empirics of Agglomeration and Trade[M]. In: Henderson J. V. and J. F. Thisse(Eds.) Handbook of Regional and Urban Economics,2004:2609 - 2669.

[42] Head,K. & T. Mayer,. Regional Wage and Employment Responses to Market Potential in the Eu [J]. Regional Science and Urban Economics, 2006,36(5):573 - 594.

[43] Helsley,R. W. & W. C. Strange. Matching and Agglomeration Economies in a System of Cities[J]. Regional Science and Urban Economics,1990,20 (2):189 - 212.

[44] Henderson,J. V. The Sizes and Types of Cities[J]. The American Economic Review,1974,64(4):640 - 656.

[45] Henderson,J. V. ,A. Kuncoro, & M. Turner. Industrial development in cities [J]. Journal of Political Economy,1995,103(5):1067 - 1090.

[46] Henderson,J. V. The Urbanization Process and Economic Growth: The So-What Question[J]. Journal of Economic Growth,2003,8(1):47 - 71.

[47] Henderson,J. V. & H. G. Wang. Urbanization and City Growth: The Role of Institutions [J]. Regional Science and Urban Economics,2007, 37(3):283 - 313.

[48] Hirose,K. & K. Yamamoto. Knowledge Spillovers,Location of Industry,

and Endogenous Growth [J]. The Annals of Regional Science, 2007, 41(1):17 - 30.

[49] Jaffe, A. B. , M. Trajtenberg & R. Henderson. Geographic Localization of Knowledge Spillovers as Evidenced by Patent Citations [J]. The Quarterly Journal of Economics, 1993, 108(3):577 - 598.

[50] Krugman, P. , 1991a, Geography and Trade, MA: MIT Press.

[51] Krugman, P. Increasing Returns and Economic Geography[J]. Journal of Political Economy, 1991b, 99(3):483 - 499.

[52] Krugman, P. On the Number and Location of Cities[J]. European Economic Review, 1993, 37(2 - 3):293 - 298.

[53] Krugman, P. Scale Economies, Product Differentiation, and the Pattern of Trade [J]. The American Economic Review, 1980, 70(5):950 - 959.

[54] Krugman, P. & A. J. Venables. Globalization and the Inequality of Nations [J]. The Quarterly Journal of Economics 1995, 110(4):857 - 880.

[55] Lu, J. & Z. Tao. Trends and Determinants of China's Industrial Agglomeration [J]. Journal of Urban Economics, 2009, 65(2):167 - 180.

[56] Lucas, R. E. On the Mechanics of Economic Development[J]. Journal of Monetary Economics, 1988, 22(1):3 - 42.

[57] Marshall, A. Principles of Economics. London: Macmillan, 1890, 1920, 8th edn.

[58] Martin, P. & C. A. Rogers. Industrial location and public infrastructure [J]. Journal of International Economics, 1995, 39(3 - 4):335 - 351.

[59] Martin, P. Public Policies, Regional Inequalities and Growth[J]. Journal of Public Economics, 1999, 73(1):85 - 105.

[60] Martin, P. & G. I. P. Ottaviano. Growing Locations: Industry Location in a Model of Endogenous Growth[J]. European Economic Review, 1999, 43(2):281 - 302.

[61] Martin, P. & G. I. P. Ottaviano. Growth and Agglomeration [J]. International Economic Review, 2001, 42(4):947 - 968.

[62] Maurel, F. & B. Sedillot. A Measure of the Geographic Concentration in French Manufacturing Industries[J]. Regional Science and Urban Economics, 1991, 29 (5):575 - 604.

[63] Ottaviano, G. , T. Tabuchi & J. F. Thisse. Agglomeration and Trade Revisited [J]. International Economic Review, 2002, 43(2):409 - 435.

［64］Ottaviano,G. I. P. & D. Pinelli. Market potential and productivity:Evidence from Finnish regions [J]. Regional Science and Urban Economics,2006, 36(5):636 - 657.

［65］Pflüger, M. A Simple, Analytically Solvable, Chamberlinian Agglomeration Model [J]. Regional Science and Urban Economics,2004,34(5):565 - 573.

［66］Picard,P. M. & D. Z. Zeng,Agricultural Sector and Industrial Agglomeration [J]. Journal of Development Economics,2005,77(1):75 - 106.

［67］Puga, Diego. The Rise & Fall of Regional Inequalities[J]. European Economic Review,1999,43(2):303 - 334.

［68］Romer,P. M. Increasing Returns and Long-Run Growth[J]. Journal of Political Economy,1986,94(5):1002 - 1037.

［69］Romer,P. M. Endogenous Technological Change [J]. Journal of Political Economy,1990,98(s5):S71.

［70］Samuelson, P. The transfer problem and transport costs, II: analysis of effects of trade impediments[J]. Economic Journal,1954,64(254):264 - 289.

［71］Sergio,B. ,A. Mane & S. Bertozzi. Economic Impact of Antiretroviral Therapy Prescription Decisions in the Context of Rapid Scaling-up of Access to Treatment:Lessons from Mexico[J]. AIDS,2006,20(1):101 - 109.

［72］Tabuchi, T. ,J. F. Thisse & D. Z. Zeng. On the Number and Size of Cities[J]. Journal of Economic Geography,2005,5(4):423 - 448.

［73］Temple,Jonathan. The New Growth Evidence[J]. Journal of Economic Literature,1999,37(1):112 - 156.

［74］Wan,G. ,M. Lu & Z. Chen. Globalization and Regional Income Inequality: Empirical Evidence from within China [J]. Review of Income and Wealth, 2007,53(1):35 - 59.

［75］Williamson,J. G. Regional Inequality and the Process of National Development: A Description of the Patterns[J]. Economic Development and Cultural Change,1965,13(4):1 - 84.

［76］World Bank. World Development Report 2000. New York:Oxford University Press,2000.

［77］World Bank. World Development Report 2009. New York:Oxford University Press,2009.

［78］Xavier,S. I. M. ,D. Gernot & I. M. Ronald. Determinants of Long-Term

Growth：A Bayesian Averaging of Classical Estimates（Bace）Approach [J]. American Economic Review，2004，94（4）：813 - 835.

[79] Ying，L. G. Measuring the Spillover Effects：Some Chinese Evidence [J]. Papers in Regional Science，2000，79（1）：75 - 89.

[80] Ying，L. G. Understanding China's Recent Growth Experience：A Spatial Econometric Perspective[J]. The Annals of Regional Science，2003，37（4）：613 - 628.

[81] Young，A. The Razor's Edge：Distortions and Incremental Reform in the People's Republic of China[J]. The Quarterly Journal of Economics，2000，115（4）：91 - 1135.

[82] Zeng，D. Z. Redispersion Is Different from Dispersion：Spatial Economy of Multiple Industries[J]. The Annals of Regional Science，2006，40（2）：229 - 247.

[83] Zeng，D. Z. & L. Zhao. Globalization，Interregional and International Inequalities [J]. Journal of Urban Economics，2010，67（3）：352 - 361.

[84] Zeng，D. Z. & X. Zhu. Tourism and Industrial Agglomeration [J]. Japanese Economic Review，2011，62（4），pp. 537 - 561.

[85] Zeng，D. Z. & Zhu，X. Shoulder-to-Shoulder Innovation in a Globalizing World. Mimeo，2013.

[86] 鲍莹. 我国城市规模效率的实证研究[D]. 杭州：浙江大学，2012.

[87] 保罗·克鲁格曼. 地理和贸易[M]. 北京：中国人民大学出版社，2000.

[88] 陈计旺. 影响东部地区产业转移的主要因素分析[J]. 生产力研究，2007，（5）：99 - 101.

[89] 陈建军. 中国现阶段产业区域转移的实证研究——结合浙江105家企业的问卷调查报告的分析[J]. 管理世界，2002（6）：64 - 74.

[90] 陈秀山，徐瑛. 中国制造业空间结构变动及其对区域分工的影响[J]. 经济研究，2008（10）：104 - 116.

[91] 陈秀山，徐瑛. 中国区域差距影响因素的实证研究[J]. 中国社会科学，2004（5）：117 - 129.

[92] 常修泽. 中国建立社会主义市场经济体制进程的基本判断及思考[J]. 改革，2002（4）：5 - 16.

[93] 邓慧慧. 贸易自由化、要素分布和制造业集聚[J]. 经济研究，2009（11）：118 - 129.

[94] 范子英. 中国的财政转移支付制度：目标、效果及遗留问题[J]. 南方经

济,2011(6):67 - 80.

[95] 范剑勇.市场一体化、地区专业化与产业集聚趋势——兼谈对地区差距的影响[J].中国社会科学,2004(6):39 - 51.

[96] 范剑勇.产业集聚与地区间劳动生产率差异[J].经济研究,2006(11):72 - 81.

[97] 范剑勇,李方文.中国制造业空间集聚的影响:一个综述[J].南方经济,2011(6):53 - 66.

[98] 范剑勇,谢强强.地区间产业分布的本地市场效应及其对区域协调发展的启示[J].经济研究,2010(4):107 - 119.

[99] 范剑勇,尹为醇.产业集聚、劳动力流动与区域经济协调发展.复旦大学世界经济研究所工作论文,2009.

[100] 管卫华,林振山,顾朝林.中国区域经济发展差异及其原因的多尺度分析[J].经济研究,2006(7):117 - 125.

[101] 国家统计局.中国城市统计年鉴.北京:中国统计出版社,2001—2012.

[102] 国家统计局.中国统计年鉴.北京:中国统计出版社,1978—2012.

[103] 国家统计局.中国工业统计年鉴.北京:中国统计出版社,1978—2009.

[104] 郭朝先,邓雪莹,皮思明."一带一路"产能合作现状、问题与对策[J].中国发展观察,2016(3):44 - 47.

[105] 黄玖立,李坤望.对外贸易、地方保护和中国的产业布局[J].经济学季刊,2006(3):733 - 760.

[106] 贺灿飞,潘峰华,孙蕾.中国制造业的地理集聚与形成机制[J].地理学报,2007(12):1253 - 1264.

[107] 贺灿飞,谢秀珍.中国制造业地理集中与省区专业化[J].地理学报,2006(2):212 - 222.

[108] 贺灿飞,潘峰华.中国制造业地理集聚的成因与趋势[J].南方经济,2011(6):38 - 52.

[109] 黄勇,董波,陈文杰."县域经济"向"都市区经济"转型的意义与构想[J].浙江经济,2013(1):19 - 22.

[110] 李斌,陈开军.对外贸易与地区经济差距变动[J].世界经济,2007(5):25 - 32.

[111] 李国平,范红忠.生产集中、人口分布与地区经济差异[J].经济研究,2003(11):79 - 86.

[112] 李娅,伏润民.为什么东部产业不向西部转移:基于空间经济理论的解释[J].世界经济,2010(8):59 - 71.

[113] 梁琦.空间经济学:过去、现在与未来——兼评 空间经济学:城市、区域与国际贸易[J].经济学(季刊),2005(3):1067-1086.

[114] 刘生龙,王亚华,胡鞍钢.西部大开发成效与中国区域经济收敛[J].经济研究,2009(9):94-105.

[115] 刘贵清.日本城市群产业空间演化对中国城市群发展的借鉴[J].当代经济研究,2006(5),40-43.

[116] 刘毅,周成虎,王传胜,等.长江经济带建设的若干问题与建议[J].地理科学进展,2015(11):1345-1355.

[117] 陆铭,陈钊.在集聚中走向平衡:城乡和区域协调发展的第三条道路[J].世界经济,2008(8):57-61.

[118] 陆铭,陈钊.为什么土地和户籍制度需要联动改革——基于中国城市和区域发展的理论和实证研究[J].学术月刊,2009,41(9):78-84.

[119] 陆铭,陈钊.分割市场的经济增长——为什么经济开放可能加剧地方保护?[J].经济研究,2009(3):42-52.

[120] 陆铭.土地跨区域配置:中国经济新的增长动力[J].世界经济,2001(1):107-125.

[121] 陆军,汪文姝,宋吉涛.纽约、东京与伦敦的人口规模演变[J].城市问题,2010(9):84-90.

[122] 罗勇,曹丽莉.中国制造业集聚程度变动趋势实证研究[J].经济研究,2005(8):106-115.

[123] 路江涌,陶志刚.中国制造业区域聚集及国际比较[J].经济研究,2006(3):103-114.

[124] 路江涌,陶志刚.我国制造业区域集聚程度决定因素的研究[J].经济学(季刊),2007,25(03):801-816.

[125] 金祥荣,茹玉骢,吴宏.制度、企业生产效率与中国地区间出口差异[J].管理世界,2008(11):65-77.

[126] 金祥荣,陶永亮,朱希伟.基础设施、产业集聚与区域协调[J].浙江大学学报(人文社会科学版),2012,42(2):148-160.

[127] 克劳斯·施瓦布.第四次工业革命[M].李晶,译.北京:中信出版社,2016.

[128] 宋华盛,何力力,朱希伟.二重开放、产业集聚与区域协调[J].浙江大学学报(人文社会科学版),2010(5):104-115.

[129] 陶永亮.我国城市群发展现状、问题与对策建议[J].发展规划研究,2016(6).

[130] 陶永亮.世界主要都市圈协调管理机制研究及启示[J].发展规划研究, 2016(8).

[131] 谭立力.南北贸易:综合三种贸易理论的一般均衡分析[D].杭州:浙江大学,2013.

[132] 藤田昌久,保罗·克鲁格曼,安东尼·J·维纳布尔斯.空间经济学——城市、区域与国际贸易[M].梁琦主,译.北京:中国人民大学出版社,2005.

[133] 万广华,陆铭,陈钊.全球化与地区间收入差距:来自中国的证据[J].中国社会科学,2005(3):17-26.

[134] 王美艳.转轨时期的工资差异:工资歧视的计量分析[J].数量经济和技术经济研究,2003(5):94-98.

[135] 王小鲁,樊纲.中国收入差距的走势和影响因素分析[J].经济研究,2004(10):24-36.

[136] 魏后凯,孙承平.我国西部大开发战略实施效果评价[J].开发研究,2004(3):21-25.

[137] 魏埙,蔡继明,刘骏民,等.现代西方经济学教程(第二版)[M].天津:南开大学出版社,2001.

[138] 阿尔弗雷德·韦伯.工业区位论[M].李刚剑,译.北京:商务印书馆,1997.

[139] 吴玉鸣.县域经济增长集聚与差异:空间计量经济实证分析[J].世界经济文汇,2007(2):37-57.

[140] 吴玉鸣,徐建华.中国区域经济增长集聚的空间统计分析[J].地理科学,2004(6):654-659.

[141] 徐盈之,彭欢欢,刘修岩.威廉姆森假说:空间集聚与区域经济增长——基于中国省域数据门槛回归的实证研究[J].经济理论与经济管理,2011(4):95-101.

[142] 许召元,李善同.近年来中国地区差距的变化趋势[J].经济研究,2006(7):106-116.

[143] 许政,陈钊,陆铭.中国城市体系的中心—外围模式——地理与经济增长的实证研究[J].世界经济,2010(7):144-160.

[144] 杨扬,余壮雄,舒元.经济集聚与城市经济增长——来自中国城市的经验证据[J].当代经济科学,2010(9):113-118.

[145] 殷广卫.新经济地理学视角下的产业集聚机制研究——兼论近十多年我国区域差异的成因[D].天津:南开大学,2009.

[146] 姚先国,赖普清.中国劳资关系的城乡户籍差异[J].经济研究,2004 (7):82-90.

[147] 章元,刘修岩.聚集经济与经济增长:来自中国的经验证据[J].世界经济,2008(3):60-70.

[148] 张良,吕斌.日本首都圈规划的主要进程及其历史经验[J].城市发展研究,2009(12):5-11.

[149] 赵伟.中国区域经济开放:多层次多视点的考察[J].社会科学战线,2006(6):57-63.

[150] 赵伟,张萃.市场一体化与中国制造业区域集聚变化趋势研究[J].数量经济技术经济研究,2009(2):18-32.

[151] 赵婷.产业集聚与地区生产率增进:理论分析及中国经验实证[D].杭州:浙江大学,2012.

[152] 朱希伟.偏好、技术与工业化[J].经济研究,2004(11):96-106.

[153] 朱希伟.理性的空间:集聚、分割与协调[M].杭州:浙江大学出版社,2012.

[154] 朱希伟,金祥荣,罗德明.国内市场分割与中国的出口贸易扩张[J].经济研究,2005(12):68-76.

[155] 朱希伟,陶永亮.经济集聚和区域协调[J].世界经济文汇,2011(3):1-25.

[156] 朱希伟,曾道智.旅游资源、工业集聚与资源诅咒[J].世界经济,2009 (5):65-72.

索　引

后 记

　　《空间集聚与动态效率：从理论到实践》一书可以看作是我对过去学术生涯与工作的一次总结。从大学开始，本人就致力于区域经济学和增长理论的探索，工作以后，由于从事政府发展规划研究与编制方面的工作，得以更近距离地感知经济在实践中的运行情况，发现区域问题与增长问题是如此的紧密结合、不可分割，这就进一步地坚定了我对这个主题持续探索的决心，于是就有了现在这本书。这篇书稿，诚然有许多研究不到位的地方，但是它凝结了本人十余年来对区域经济理论的思考，可以视为本人对这个庞大理论体系探索的阶段性成果。

　　回想这十多年的研究经历，需要感谢的人有很多。感谢浙江大学金祥荣教授、朱希伟教授，以及日本东北大学曾道智教授对本书关键章节给予的指导和帮助，没有你们的鼓励和支持，这本书难以完成。感谢工作单位浙江省发展规划研究院（暨浙江省发改委宏观经济研究所）在本书成稿和出版过程中给予的大力支持和资助。感谢傅金龙院长、朱李鸣副总经济师、潘毅刚处长、施纪平副所长的多年指导栽培；感谢张伟明、郎金焕、廉军伟、施定国、张娜、于蕾、王一峰、洪嵩、徐剑光、王冰鉴等同事，在他们身上我学到了很多。感谢浙江省发展和改革委员会、浙江省人民政府咨询委员会、浙江省商务厅等提供的调研便利。感谢本书责任编辑姚嘉给予的无私帮助。最后，也是最需要感谢的是我的家人，感谢父母妻子的理解和支持，使我能够顺利完成本书的写作，感谢我还未满周岁的女儿，她总是活泼可爱、充满笑容，看见她可爱的样子，内心感到无比安慰而又充满力量，他们永远是我前行路途中最坚强的后盾。